François Parra

LA NUMÉROLOGIE ET VOTRE AVENIR

1000 réponses pour réussir votre destin

Préface de Didier Colin

HACHETTE

REMERCIEMENTS

Je remercie tout d'abord ceux et celles qui, depuis que je pratique la numérologie, m'ont soutenu dans les moments difficiles, et ils se reconnaîtront.
Puis je pense à ceux qui m'ont aidé concrètement dans les tâches ardues lors de la réalisation de cet ouvrage.
Merci à Annie Petronio, numérologue à Béziers, Jean-Louis Victor, de Calamane, la famille Jean-Claude et France Boucher de Vias, Loïc Letexier de Paris, Nathalie Laudri de Béziers et Didier Colin. Sans oublier bien sûr toute l'équipe de Hachette, Jean, Sophie et Michel, qui ont fait preuve de douceur, de patience et d'intelligence.

Maquette : Michel Méline

Préface

Jusqu'au Xe *siècle, le verbe CONTER (du latin* computare *: calculer, énumérer) avait aussi bien le sens de calculer que celui de raconter. Ainsi, conter, narrer, réciter, chanter procédaient du même principe que calculer, énumérer, évaluer, estimer ; ce principe reposant lui-même sur les règles du rythme, de la logique et du paradoxe.*

☐ *En CONTANT, on faisait l'inventaire des éléments visibles et invisibles qui présidaient à la réalité toujours changeante, et pourtant toujours immuable, de ce monde et, simultanément, on racontait des histoires (contes, fables, légendes, mythes) d'hommes et de femmes ayant vécu de tout temps dans ce monde.*

☐ *Or l'Art Divinatoire s'inspire lui aussi du même principe, de ce même double sens du verbe CONTER qui, à partir du XI*[e] *siècle, (le siècle des Capétiens, des che-*

valiers et de la féodalisation) se scinde en deux sens distincts : CONTER (raconter) et COMPTER (calculer). Dès lors, le visible et l'invisible sont séparés. Le Chiffre (de l'ancien latin sifr, *qui est aussi à l'origine du mot zéro) appartient à l'univers du secret, du mystère, du divin, de l'invisible ; tandis que le Nombre est utilisé pour énumérer, pour calculer, pour organiser une nouvelle harmonie du monde visible en divisant, en sélectionnant, en ordonnant, c'est-à-dire en créant un nouvel ordre fondé sur des règles et des lois qui ont d'ailleurs fait leurs preuves. En effet, aujourd'hui encore, elles influencent, régissent et gouvernent toute notre interprétation de la réalité et du monde dans lequel nous vivons.*

□ *La Numérologie, Art Divinatoire des Temps Modernes, en utilisant ces règles et ces lois mathématiques, redonne aux verbes COMPTER et CONTER leur double sens originel. C'est ainsi qu'en COMPTANT les Nombres qui sont contenus dans nos noms, dans nos prénoms et dans nos dates de naissance, nous découvrons les Chiffres clés qui sont inscrits en nous, lesquels nous CONTENT l'histoire de ce que nous sommes et de ce que nous pouvons faire de nous-mêmes.*

□ *Compter sur soi, c'est souvent un bon calcul ; compter avec les autres aussi. À condition de savoir compter et de posséder tous les éléments nécessaires pour obtenir le ou les résultats que nous escomptons. Hélas ! L'enseignement des mathématiques ne suffit pas à nous révéler l'art des bons calculs. Nous passons plus de temps à additionner, à cumuler, à posséder, à rechercher le plus et le meilleur en tout qu'à soustraire pour aller à l'essentiel. D'ailleurs, la soustraction engendre en nous une résonance péjorative. Nous n'aimons pas soustraire. Quand nous le faisons, nous nous sentons amoindris, diminués, appauvris, lésés, trahis, invalides.*

☐ *En Numérologie, l'addition et la soustraction ne sont que des instruments. On n'y fait référence que pour poser des opérations. En réalité, on opère une union ou une réduction. Ici, unir ne signifie pas rassembler, augmenter ou agrandir, mais intensifier, c'est-à-dire aller à l'essentiel, lequel se révèle dans la fusion, dans l'alchimie des éléments en présence ; et réduire ne signifie pas diminuer, restreindre ou contraindre, mais, de même, intensifier, c'est-à-dire aller à l'essentiel. Lequel se révèle aussi dans la fusion, dans l'alchimie inversées des éléments en présence.*

☐ *Donc, en Numérologie, l'union et la réduction sont des opérations identiques qui conduisent au même résultat : révéler le Chiffre ! L'addition et la soustraction, quant à elles, sont des opérations qui s'opposent et dont le but est de nous révéler un Nombre toujours plus grand ou toujours plus petit, à l'infini.*

☐ *Nous devons comprendre (ou plus exactement nous devons nous rappeler) que la loi des Nombres n'est pas la loi du plus grand nombre. Il n'y a pas de plus grand que… ou de plus petit que… 9 est plus grand que 7, qui est lui-même plus grand que 4, etc.* A priori, *cela nous paraît simple et évident. Encore faut-il le démontrer, c'est-à-dire l'expliquer et le prouver. Le plus appelle le moins, et réciproquement…*

☐ *Mais oubliez cela. Considérez plutôt que chaque Chiffre a son unité propre qui ne le rend ni comparable, ni supérieur, ni inférieur à un autre. A l'instar de l'être qu'il marque de son signe, il représente une unité parfaite qui ne peut ni s'additionner ni se soustraire. Toutefois, comme lui, il est réceptif et il aspire à la fusion, à la transformation, à l'évolution.*

☐ *Avec le livre de François Parra, trouvez donc le Chiffre de votre vie !*

DIDIER COLIN

Comment utiliser ce livre

Pour établir votre Thème Numérologique et disposer des éléments nécessaires à la recherche des informations contenues dans la deuxième partie de ce livre, vous avez besoin de vos *nom(s)*, *prénom(s)*, *jour*, *mois*, et *année de naissance*, et de savoir faire une addition et une soustraction.

Inscrivez très lisiblement sur une feuille de papier vos *nom(s)*, *prénom(s)*, *jour*, *mois* et *année de naissance*, et procédez comme suit.

A. Établissez votre *Grille d'inclusion* :
La Grille d'inclusion — qui va vous permettre de définir votre personnalité en vous donnant la possibilité de découvrir vos atouts et vos handicaps — est une grille de référence, composée de neuf cases qui contiennent les *neuf nombres* qui vont être déterminés d'après vos nom(s) et prénom(s).
Pour établir correctement votre Grille d'inclusion, vous devez utiliser tous les nom(s) et prénom(s) inscrits sur votre état civil et ceux-là uniquement.

Vous ne tiendrez aucun compte des pseudonymes. Toutefois, si vous utilisez un prénom usuel — autre que celui qui est inscrit dans votre état civil — avec lequel vous vous sentez en accord, tenez-en compte en établissant votre Grille d'inclusion.

Si vous changez de nom et/ou de prénom au cours de votre existence, vous abandonnerez les anciens pour ne prendre en considération que votre nouveau nom et/ou votre nouveau prénom, du jour où ceux-ci seront officiellement inscrits sur votre nouvel état civil.

Ceci ne concerne pas les femmes qui changent de nom lors de leur mariage. En effet, les femmes mariées ne doivent tenir compte que de leur *nom de jeune fille*, inscrit sur leur état civil.

Exemple : Madame DURAND, née FOURCADE, doit uniquement se servir, pour établir sa Grille d'inclusion, de son *nom de jeune fille*, c'est-à-dire FOURCADE.

Pour établir votre Grille d'inclusion, référez-vous au tableau ci-dessous dans lequel sont inscrites les correspondances entre les *lettres* et les *nombres*.

Chaque *lettre* a une correspondance numérique.

Exemple : A = 1, C = 3, N = 5, Y = 7, etc.

1	2	3	4	5	6	7	8	9
A	B	C	D	E	F	G	H	I
J	K	L	M	N	O	P	Q	R
S	T	U	V	W	X	Y	Z	

Ce tableau de correspondances, applicable dans toutes les langues qui utilisent l'alphabet latin, va vous permettre par la suite de définir, à partir des lettres de vos nom(s) et prénom(s), les *neuf nombres* qui vont s'inscrire dans votre Grille d'inclusion. Vous devez donc toujours vous y référer.

Écrivez sur une même ligne vos nom(s) et prénom(s) en lettres majuscules légèrement espacées.
En vous référant au tableau de correspondances, alignez au-dessous de chaque lettre de vos nom(s) et prénom(s), le nombre correspondant.

Voici, à partir de l'exemple de DAVID BOULE, comment procéder :

nom : BOULE
prénom : DAVID
2e prénom : JEAN

Il n'y a pas de 3e prénom. Mais si vous avez plusieurs prénoms, vous devez tous les mentionner à la suite.

On obtient donc :

BOULE DAVID JEAN

Inscrivez au-dessous de chaque lettre des nom(s) et prénom(s) sa correspondance numérique, en vous référant au tableau des correspondances entre les lettres et les nombres :

B O U L E   D A V I D   J E A N
2 6 3 3 5   4 1 4 9 4   1 5 1 5

A partir de là, vous allez pouvoir établir votre Grille d'inclusion. Toutefois, avant de franchir cette étape, vérifiez bien de n'avoir commis aucune erreur. N'hésitez pas à vous reporter plusieurs fois au tableau de correspondances entre les lettres et les nombres.
Ensuite, dessinez sur votre feuille de papier un tableau de neuf colonnes numérotées de 1 à 9.
Dans chacune d'elles, inscrivez les quantités de 1, de 2, de 3, de 4, de 5, de 6, de 7, de 8 et de 9 obtenues selon les correspondances entre les lettres et les nombres de vos nom(s) et prénom(s). Si, pour un ou plusieurs des neuf nombres, la quantité est 0, inscrivez 0 dans la ou les colonnes correspondantes.

Exemple :	B O U L E	D A V I D	J E A N
	2 6 3 3 5	4 1 4 9 4	1 5 1 5

3 lettres correspondent à 1 ; vous inscrivez 3 dans la colonne 1.
1 lettre correspond à 2 ; vous inscrivez 1 dans la colonne 2.
2 lettres correspondent à 3 ; vous inscrivez 2 dans la colonne 3.
3 lettres correspondent à 4 ; vous inscrivez 3 dans la colonne 4.
3 lettres correspondent à 5 ; vous inscrivez 3 dans la colonne 5.
1 lettre correspond à 6 ; vous inscrivez 1 dans la colonne 6.
Aucune lettre ne correspond à 7 ; vous inscrivez 0 dans la colonne 7.
Aucune lettre ne correspond à 8 ; vous inscrivez 0 dans la colonne 8.
1 lettre correspond à 9 ; vous inscrivez 1 dans la colonne 9.

Ainsi, vous obtenez le tableau suivant :

1	**2**	**3**	**4**	**5**	**6**	**7**	**8**	**9**	← Colonnes
3	1	2	3	3	1	0	0	1	← Quantités

Désormais, vous allez pouvoir établir votre Grille d'inclusion.
Dessinez-la selon le modèle qui vous est proposé ci-dessous :

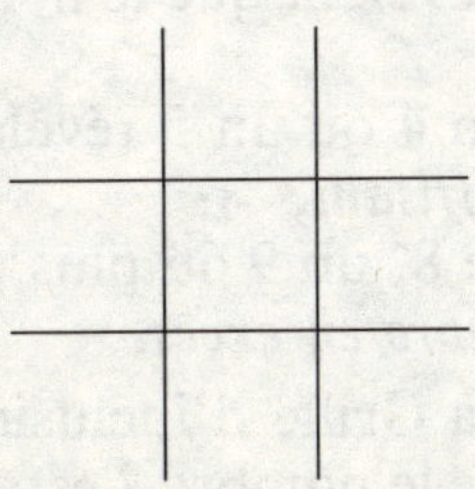

Elle est composée de *neuf* cases dans lesquelles vous allez disposer les quantités correspondant à chaque *nombre*.

Pour ce faire, il vous suffit de reporter le *nombre* de la colonne 1 dans la case 1, le *nombre* de la colonne 2 dans la case 2, etc., selon l'ordre indiqué ci-dessous.

1	2	3	4	5	6	7	8	9

case 1	case 2	case 3
case 4	case 5	case 6
case 7	case 8	case 9

La Grille d'inclusion de DAVID JEAN BOULE se présente donc ainsi :

3	1	2
3	3	1
0	0	1

B. Interprétez votre *Grille d'inclusion* :

Pour interpréter votre Grille d'inclusion, vous devez en dégager les *nombres manquants*, *suffisants* ou *en excès* selon la règle suivante.

- dans la case 1 de la Grille d'inclusion :
  — un 0 ou un 1 révèlent que le nombre 1 est un *nombre manquant*,
  — un 2, un 3, un 4 ou un 5 révèlent que le nombre 1 est un *nombre suffisant*,
  — un 6, un 7, un 8, un 9 ou plus révèlent que le nombre 1 est un *nombre en excès*.
- dans la case 2 de la Grille d'inclusion :
  — un 0 révèle que le nombre 2 est un *nombre manquant*,
  — un 1, un 2 ou un 3 révèlent que le nombre 2 est un *nombre suffisant*,

— un 4, un 5, un 6, un 7, un 8, un 9 ou plus révèlent que le nombre 2 est un *nombre en excès*.

• dans la case 3 de la Grille d'inclusion :
— un 0 révèle que le nombre 3 est un *nombre manquant*,
— un 1, un 2 ou un 3 révèlent que le nombre 3 est un *nombre suffisant*,
— un 4, un 5, un 6, un 7, un 8, un 9 ou plus révèlent que le nombre 3 est une *nombre en excès*.

• dans la case 4 de la Grille d'inclusion :
— un 0 révèle que le nombre 4 est un *nombre manquant*.
— un 1, un 2 ou un 3 révèlent que le nombre 4 est un *nombre suffisant*,
— un 4, un 5, un 6, un 7, un 8, un 9 ou plus révèlent que le nombre 4 est un *nombre en excès*.

• dans la case 5 de la Grille d'inclusion :
— un 0, un 1 ou un 2 révèlent que le nombre 5 est un *nombre manquant*,
— un 3, un 4, un 5 ou un 6 révèlent que le nombre 5 est un *nombre suffisant*,
— un 7, un 8, un 9 ou plus révèlent que le nombre 5 est un *nombre en excès*.

• dans la case 6 de la Grille d'inclusion :
— un 0 révèle que le nombre 6 est un *nombre manquant*,
— un 1, un 2, un 3 ou un 4 révèlent que le nombre 6 est un *nombre suffisant*,
— un 5, un 6, un 7, un 8, un 9 ou plus révèlent que le nombre 6 est un *nombre en excès*.

• dans la case 7 de la Grille d'inclusion :
— un 0 révèle que le nombre 7 est un *nombre manquant*,
— un 1, un 2 ou un 3 révèlent que le nombre 7 est un *nombre suffisant*,
— un 4, un 5, un 6, un 7, un 8, un 9 ou plus révèlent que le nombre 7 est un *nombre en excès*.

• dans la case 8 de la Grille d'inclusion :
— un 0 révèle que le nombre 8 est un *nombre manquant*,
— un 1, un 2 ou un 3 révèlent que le nombre 8 est un *nombre suffisant*,
— un 4, un 5, un 6, un 7, un 8, un 9 ou plus révèlent que le nombre 8 est un *nombre en excès*.

• enfin, dans la case 9 de la Grille d'inclusion :
— un 0 ou un 1 révèlent que le nombre 9 est un *nombre manquant*,
— un 2 ou un 3 révèlent que le nombre 9 est un *nombre suffisant*,
— un 4, un 5, un 6, un 7, un 8, un 9 ou plus révèlent que le nombre 9 est un *nombre en excès*.

Exemple d'interprétation avec la Grille d'inclusion de DAVID JEAN BOULE :

3	1	2
3	3	1
0	0	1

— Un 3 apparaît dans la case 1 de la Grille d'inclusion de DAVID JEAN BOULE, le nombre 1 est donc un *nombre suffisant*.
— Un 1 apparaît dans la case 2 de la Grille d'inclusion de DAVID JEAN BOULE, le nombre 2 est donc un *nombre suffisant*.
— Un 2 apparaît dans la case 3 de la Grille d'inclusion de DAVID JEAN BOULE, le nombre 3 est donc un *nombre suffisant*, etc.
Pour découvrir les informations relatives à votre Grille d'inclusion, reportez-vous à la p. 27 : « Étude de votre personnalité ».

C. Calculez votre *Chemin de vie* :

Le Chemin de vie est un *nombre* que vous obtenez en additionnant les chiffres de vos *jour*, *mois* et *année de naissance*. Les nombres de Chemin de vie sont : 1, 2, 3, 4, 5, 6, 7, 8, 9, 11 et 22. Ainsi, tant que le résultat que vous obtenez ne correspond pas à l'un de ces nombres, vous devez le réduire.

GILLES VERY
7 93351 4597

A ETE LOUÉ

Dans votre résidence

Sud Immo

Avignon - Villeneuve

74, Rue Guillaume Puy - 84000 Avignon

Tél : 04.90.82.82.82

Email : location@sudimmo-avignon.fr Site : www.sudimmo-avignon.fr

Votre conseiller Cédric ABRARD

En sous-sol de la résidence

Sécurisé

Disponible pour Mars

web

Vous aussi faites-nous confiance pour la location de votre bien.

Vous avez un projet immobilier ? Contactez-nous au **04.90.82.82.82.**

Placez toujours votre addition en colonne.

Exemple pour DAVID JEAN BOULE, né le 7 mars 1970.

Posez votre addition : 7
+ 3 (mars, 3e mois de l'année)
+ 1970
= 1980

Pour réduire le résultat, vous devez faire la somme de tous les chiffres qui le composent, soit 1 + 9 + 8 + 0

Posez votre addition : 1
+ 9
+ 8
+ 0
= 18

18 n'étant pas un nombre de Chemin de vie, réduisez-le encore, soit : 1
+ 8
= 9

Le *nombre* de *Chemin de vie* de DAVID JEAN BOULE, né le 7 mars 1970 est donc 9.

Exemple de nombre de Chemin de vie 11 pour une personne née un 6 avril 1900 :

Posez l'addition suivante : 6
+ 4 (avril, 4e mois de l'année)
+ 1900
= 1910

Réduisez le résultat obtenu en posant une nouvelle addition : 1
+ 9
+ 1
+ 0
= 11

Le nombre 11 étant un *nombre* de *Chemin de vie*, vous ne devez pas le réduire.

Exemple de nombre de Chemin de vie 22 pour une personne née un 6 mai 1964 :
Posez l'addition suivante :

$$\begin{array}{r} 6 \\ +\quad 5 \\ +1964 \\ \hline =1975 \end{array}$$

Réduisez le résultat obtenu en posant une nouvelle addition :

$$\begin{array}{r} 1 \\ +9 \\ +7 \\ +5 \\ \hline =22 \end{array}$$

Le nombre 22 étant un *nombre* de *Chemin de vie*, vous ne devez pas le réduire.

Pour découvrir les informations relatives à votre *Chemin de vie*, reportez-vous à la p. 35 : « Votre Chemin de vie ».

D. Calculez vos *Défis* :

Les Défis permettent de découvrir les informations relatives aux comportements qu'il vous est conseillé d'adopter dans les différentes circonstances de la vie.
Il existe *neuf Défis*. Toutefois, sur ces *neuf Défis* existants, seuls trois vous concernent personnellement.
Pour calculer vos *Défis*, vous devez utiliser les chiffres de vos *jour*, *mois* et *année de naissance*, que vous allez réduire à un seul *nombre* entre 1 et 9.
Procédez comme suit :
— Réduisez d'abord à un seul nombre compris entre 1 et 9 le chiffre de votre *jour de naissance.*
— Réduisez ensuite à un seul nombre compris entre 1 et 9 le chiffre de votre *mois de naissance.*
— Réduisez enfin à un seul nombre compris entre 1 et 9 le chiffre de votre *année de naissance.*

Exemple pour DAVID JEAN BOULE, né le 7 mars 1970 :
— jour de naissance : 7 (vous n'avez pas à réduire ce nombre puisqu'il est compris entre 1 et 9) ;
— mois de naissance : 3, car mars est le 3e mois de l'année (vous n'avez pas à réduire ce nombre puisqu'il est compris entre 1 et 9) ;
— année de naissance : 1970 (vous devez réduire ce nombre : posez l'addition des 4 chiffres qui le composent, comme cela vous a été expliqué lors du calcul de votre Chemin de vie), soit :

$$\begin{array}{r} 1 \\ +\ 9 \\ +\ 7 \\ +\ 0 \\ \hline =17 \end{array}$$

Le résultat obtenu ne correspondant pas à un nombre compris entre 1 et 9, vous devez le réduire encore, soit :

$$\begin{array}{r} 1 \\ +7 \\ \hline =8 \end{array}$$

Le nombre 8 étant compris entre 1 et 9, vous n'avez plus à le réduire.
En résumé, les 3 chiffres réduits des jour, mois et année de naissance de DAVID JEAN BOULE sont 7, 3 et 8.

Vos trois chiffres réduits étant établis, vous allez pouvoir calculer les trois nombres de vos trois Défis.

a) Pour calculer le nombre de votre *premier Défi*, trouvez la différence entre le chiffre réduit de votre jour de naissance, et le chiffre réduit de votre mois de naissance.

Exemple : la différence entre 7 (le chiffre réduit du jour de naissance de DAVID JEAN BOULE et 3 (le chiffre réduit du mois de naissance de DAVID JEAN BOULE) est 4.

Remarque : il s'agit bien d'une différence et non d'une soustraction. En effet, dans notre exemple, si nous avions eu affaire à un chiffre réduit de jour de naissance 3 et à un chiffre réduit de mois de naissance 7, le résultat obtenu aurait été le même, c'est-à-dire 4.

Le nombre du *premier Défi* de DAVID JEAN BOULE est donc 4.

b) Pour calculer le nombre de votre *deuxième Défi*, trouvez la différence entre le chiffre réduit de votre mois de naissance et le chiffre réduit de votre année de naissance.

Exemple : la différence entre 3 (le chiffre réduit du mois de naissance de DAVID JEAN BOULE) et 8 (le chiffre réduit de l'année de naissance de DAVID JEAN BOULE) est 5.
Le nombre du *deuxième Défi* de DAVID JEAN BOULE est donc 5.

c) Pour calculer le nombre de votre *troisième Défi*, trouvez la différence entre le nombre de votre *premier Défi* et le nombre de votre *deuxième Défi*.

Exemple : la différence entre 4 (le nombre de premier Défi de DAVID JEAN BOULE) et 5 (le nombre du deuxième Défi de DAVID JEAN BOULE) est 1.
Le *nombre* du *troisième Défi* de DAVID JEAN BOULE est donc 1.

Si l'un des deux premiers Défis correspond à 0, la différence obtenue entre un nombre 0 d'un Défi et un nombre compris entre 1 et 9 de l'autre Défi correspond à ce dernier nombre compris entre 1 et 9.

Exemple : premier Défi 3
deuxième Défi 0
La différence entre le nombre 3 du premier Défi, et le nombre 0 du deuxième Défi correspond à 3.

Dans le cas inverse, où le premier Défi serait égal à 0 et le deuxième Défi à un nombre compris entre 1 et 9, la différence est évidemment ce dernier nombre compris entre 1 et 9.

Si les deux premiers Défis correspondent à des nombres identiques, le nombre du troisième Défi sera, bien sûr, égal à 0.
Exemple : premier Défi 9
deuxième Défi 9

La différence entre le nombre 9 du premier Défi et le nombre 9 du deuxième Défi correspond à 0. Le nombre du troisième Défi est donc 0.
Si vos 3 Défis correspondent à 0, c'est qu'il n'y pas de Défi inscrit dans vos jour, mois et année de naissance.
Dans ce cas, vous devez calculer vos Défis dans les nombres correspondant aux lettres de vos nom(s) et prénom(s) usuels.
Pour ce faire, reportez-vous à vos nom(s) et prénom(s) — que vous avez précédemment inscrits sur une même ligne en lettres majuscules pour calculer votre Grille d'inclusion — et aux nombres qui correspondent à ces lettres.
a) Pour calculer votre *premier Défi*, trouvez la différence entre le nombre qui correspond à la première voyelle de votre prénom usuel et le nombre qui correspond à la dernière voyelle de votre nom usuel.

Exemple pour JEAN MOREL, né le 9 septembre 1962 : d'après ses jour, mois et année de naissance, JEAN MOREL obtient trois nombres de Défi 0.
En effet, le chiffre réduit de son jour de naissance est 9 ; le chiffre réduit de son mois de naissance est 9 ; le chiffre réduit de son année de naissance est 9.
Le nombre de son *premier Défi* est donc 0 ; le nombre de son *deuxième Défi* est également 0 ; et, bien sûr, le nombre de son *troisième Défi* est encore 0.
Pour calculer les 3 Défis de JEAN MOREL, il faut donc utiliser ses nom et prénom usuels.
Référez-vous aux correspondances entre les lettres et les nombres.

M	O	R	E	L		J	E	A	N
4	6	9	5	3		1	5	1	5

La première voyelle de son prénom (E) correspond au nombre 5.
La dernière voyelle de son nom (E) correspond au nombre 5.
La différence entre le nombre 5 (première voyelle de son prénom) et le nombre 5 (dernière voyelle de son nom) est 0.
Le nombre du *premier Défi* de JEAN MOREL est donc 0.

b) Pour calculer votre *deuxième Défi*, trouvez la différence entre le nombre qui correspond à la première consonne de votre prénom usuel, et le nombre qui correspond à la dernière consonne de votre nom usuel.

Exemple pour JEAN MOREL :
La première consonne de son prénom (J) correspond au nombre 1.
La dernière consonne de son nom (L) correspond au nombre 3.
La différence entre le nombre 1 (première consonne de son prénom) et le nombre 3 (dernière consonne de son nom) est 2.
Le nombre du *deuxième Défi* de JEAN MOREL est donc 2.

c) Pour calculer votre *troisième Défi*, additionnez le nombre de votre premier Défi et le nombre de votre deuxième Défi.

Exemple pour JEAN MOREL :

nombre du premier Défi 0
\+ nombre du deuxième Défi 2
= nombre du troisième Défi 2

Le nombre du *troisième Défi* de JEAN MOREL est donc 2.

Ainsi, les nombres des trois Défis de JEAN MOREL sont 0, 2 et 2.

Remarque : si vous obtenez un nouvelle fois trois nombres de Défis 0 d'après vos nom et prénom usuels (c'est assez rare, mais cela peut se produire), reportez-vous aux informations relatives à votre Grille d'inclusion, lesquelles soulignent alors l'importance de votre libre-arbitre dans votre destinée.

Pour découvrir les informations relatives à vos trois *Défis*, reportez-vous à la p. 47 : « Vos Défis ».

E. Calculez votre *Nombre clé*

Le Nombre clé est à la base des calculs qui vont vous permettre d'obtenir vos prévisions sur l'année, le mois et le jour qui vous intéressent.

Véritable repère, il vous guidera quand vous consulterez les informations relatives à vos prévisions annuelles.
Pour calculer votre Nombre clé, vous devez additionner le chiffre de votre jour de naissance et le chiffre de votre mois de naissance et réduire le résultat obtenu à un seul nombre compris entre 1 et 9.

Exemple : calcul du Nombre clé de DAVID JEAN BOULE, né le 7 mars 1970 :

jour de naissance	7
+ mois de naissance	3
= nombre clé	10

Le résultat obtenu étant supérieur à 9 vous devez le réduire, soit :

1
+ 0
= 1

Le *Nombre clé* de DAVID JEAN BOULE est donc 1.

F. Calculez votre *Nombre d'année personnelle* votre *Nombre de mois personnel* et votre *Nombre de jour personnel*

a) Calculez votre Nombre d'année personnelle pour obtenir les prévisions relatives à l'année qui vous intéresse.
Ce nombre s'obtient en additionnant le chiffre de l'année qui vous intéresse et votre Nombre clé. Le résultat obtenu doit être réduit à un seul nombre compris entre 1 et 9.

Exemple : DAVID JEAN BOULE souhaite obtenir ses prévisions pour l'année 1992.

Nombre clé de DAVID JEAN BOULE :	1
+ année qui l'intéresse :	1992
= son nombre d'année personnelle :	1993

Ce nombre étant évidemment largement supérieur à 9, vous le réduisez :

$$\begin{array}{r} 1 \\ +\ 9 \\ +\ 9 \\ +\ 3 \\ \hline =22 \end{array}$$

Ce résultat étant encore supérieur à 9, il faut à nouveau le réduire :

$$\begin{array}{r} 2 \\ +\ 2 \\ \hline =\ 4 \end{array}$$

En 1992, le *Nombre d'année personnelle* de DAVID JEAN BOULE sera donc 4.

b) Calculez votre Nombre de mois personnel, pour obtenir les prévisions relatives à un mois qui vous intéresse.
Le Nombre de mois personnel s'obtient en additionnant le chiffre du mois qui vous intéresse et votre Nombre d'année personnelle (dont le calcul est expliqué au paragraphe a) ci-contre). Le résultat de cette addition doit être réduit à un seul nombre compris entre 1 et 9.
Exemple : DAVID JEAN BOULE souhaite obtenir ses prévisions pour le mois de juin 1992.
Pour ce faire, vous devez reprendre le Nombre d'année personnelle de DAVID JEAN BOULE que vous avez calculé précédemment, soit :

Mois qui l'intéresse :	6
+ son Nombre d'année personnelle :	4
= son Nombre de mois personnel :	10

Ce résultat étant supérieur à 9, il faut le réduire :

$$\begin{array}{r} 1 \\ +\ 0 \\ \hline =\ 1 \end{array}$$

En juin 1992, le *Nombre de mois personnel* de DAVID JEAN BOULE sera 1.

c) Calculez votre Nombre de jour personnel, pour obtenir les prévisions relatives à un jour qui vous intéresse.
Le Nombre de jour personnel s'obtient en additionnant le chiffre du jour qui vous intéresse et votre Nombre de mois personnel (dont le calcul est expliqué au paragraphe b) ci-dessus). Le résultat de cette addition doit être réduit à un seul nombre compris entre 1 et 9.

Exemple : DAVID JEAN BOULE souhaite obtenir ses prévisions pour le 21 juin 1992.
Pour ce faire, vous devez d'abord reprendre le Nombre de mois personnel de DAVID JEAN BOULE que vous avez calculé précédemment, soit :

jour qui l'intéresse :	21
+ son Nombre de mois personnel :	1
= son Nombre de jour personnel :	22

Ce résultat étant supérieur à 9, il faut le réduire :

$$\begin{array}{r} 2 \\ +\ 2 \\ \hline =\ 4 \end{array}$$

En juin 1992, le *Nombre de jour personnel* de DAVID JEAN BOULE sera 4.

Pour découvrir les prévisions relatives à une année qui vous intéresse (*Nombre d'année personnelle*), reportez-vous à la p. 55 : « Votre année personnelle ». En consultant vos prévisions annuelles, n'oubliez jamais de vous référer à votre *Nombre clé* (voir paragraphe E, page 20).
Pour découvrir les prévisions relatives à un mois qui vous intéresse (*Nombre de mois personnel*), reportez-vous à la p. 167 : « Votre mois personnel ». En consultant vos prévisions mensuelles, n'oubliez jamais de vous référer à votre *Nombre d'année personnelle* (voir paragraphe F, b), page 22).
Enfin, pour découvrir les prévisions relatives au jour qui vous intéresse (*Nombre de jour personnel*), reportez-vous à la p. 259 : « Votre jour personnel ». En consultant vos prévisions journalières, n'oubliez jamais de vous référer à votre *Nombre de mois personnel* (voir paragraphe F, c) ci-dessus.

G. Réalisez votre *Calendrier personnel*

Dans ce livre, vous disposez d'un encart qui vous permettra de réaliser vous-même votre Calendrier de prévisions personnelles au jour le jour.
En ayant toujours ce calendrier avec vous, vous saurez à tout instant si vous êtes, ou non, dans un moment favorable à la réussite de vos entreprises ou de vos démarches.
Pour constituer votre *Calendrier prévisionnel personnel*, procédez comme suit :

4 symboles autocollants vous sont proposés :

●

Un rond noir qui signifie : prenez du recul. Tenez-vous en retrait. Évitez de vous engager.

○

Un rond blanc qui signifie : prudence ! Toutes les activités menées ne portent pas les fruits escomptés.

☆

Une étoile violette qui signifie : bonne période pour prendre des initiatives.

☆

Une étoile verte qui signifie : très bonne période pour entreprendre, démarcher et intervenir.

Pour placer ces symboles autocollants dans les *Créneaux horaires*, et dans les 4 *Cycles horaires* (1er de 0h à 8h, 2e de 8h à 12h, 3e de 12h à 18h, 4e de 18 h à 24h), et constituer ainsi votre *Calendrier personnel* jour après jour, reportez-vous, pour chaque jour, aux prévisions relatives au jour qui vous intéresse (voir paragraphe E, c) : calculez votre Nombre de jour personnel pour obtenir les prévisions relatives au jour qui vous intéresse.

Consultez d'abord la grille des Créneaux horaires relative au jour qui vous intéresse, et qui vous est présentée sous chaque texte de vos jours personnels. Placez dans le jour de votre Calendrier personnel correspondant au jour qui vous intéresse, tous les symboles tels qu'ils sont positionnés dans la grille qui vous est proposée.
Opérez de la même façon pour les sept jours de la semaine.
Ensuite, selon la nature de vos préoccupations (affectives ou professionnelles), placez les symboles dans les *Cycles horaires* du jour en question dans votre Calendrier personnel, en fonction du climat général qui transparaît du texte prévisionnel du jour qui vous intéresse.
Opérez de la même façon pour les sept jours de la semaine.

Vous disposerez ainsi d'un *Calendrier personnel* d'une durée d'une semaine, susceptible de vous aider dans vos démarches et dans vos entreprises.
Ce Calendrier personnel ainsi constitué, deux types de consultations vous sont proposés :
a) les symboles relatifs aux 4 *Cycles horaires* vous renseignent sur le climat et l'ambiance dans lesquels vous évoluez, à tout moment de la journée ;
b) les symboles relatifs aux *Créneaux horaires* vous renseignent sur les heures favorables ou non à la réussite de vos entreprises, de vos démarches et de vos initiatives.

ATTENTION !
Si le Cycle horaire d'une journée est marqué d'un symbole négatif, tandis que le Créneau horaire correspondant révèle simultanément un moment favorable à l'action, considérez que, malgré le climat difficile dans lequel vous baignez, vous avez le privilège de pouvoir agir d'une manière positive et profitable à l'heure indiquée.
À l'inverse, si le Cycle horaire se révèle positif, mais que le Créneau horaire correspondant est marqué d'un symbole négatif, considérez que, malgré un climat favorable, la plus extrême prudence est requise dans vos démarches et dans vos entreprises, à l'heure indiquée.

ÉTUDE DE VOTRE PERSONNALITÉ

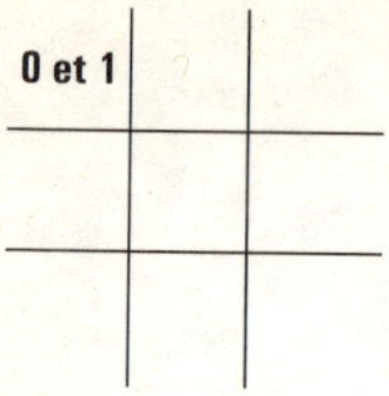

Nombre 1 manquant ou insuffisant

Vous n'avez pas confiance en vous et vos proches percevront cet état comme de la paresse et un manque de personnalité. Cela vous freinera aussi bien dans votre vie professionnelle qu'affective.
Avec un peu de volonté, vous arriverez à vaincre votre égoïsme et à surmonter vos limites. Faites du sport : c'est une façon très saine de se surpasser, d'aller au-delà de ses capacités tout en apprenant à se maîtriser.
En résumé, pour pallier à un manque de 1, il faut vous affirmer et vous imposer.

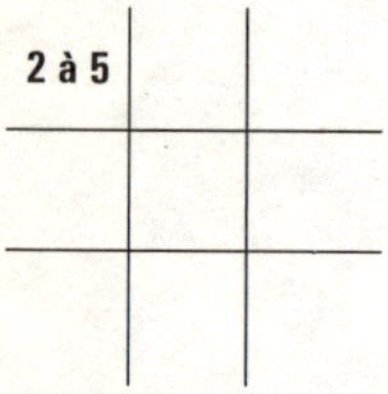

Nombre 1 suffisant

Vous avez beaucoup de capacités qui serviront votre ambition et contribueront à votre indépendance.
Plein d'initiatives, vous êtes un fonceur, persévérant jusqu'à ce que vous ayez atteint votre but, aidé en cela par une volonté et un enthousiasme qui vous sont propres.
Vos réflexions sensées, votre clarté d'esprit, votre sens moral développé et votre persévérance sont la preuve de votre solide équilibre psychologique et intellectuel.

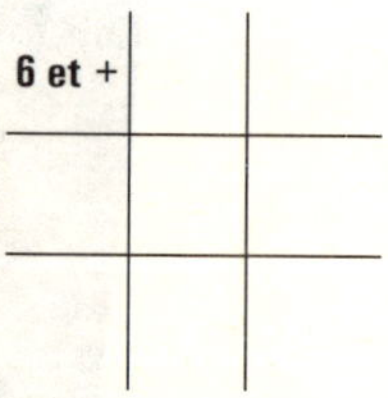

Nombre 1 en excès

Vous êtes le meilleur. Vous le pensez et vous le montrez souvent avec une certaine agressivité, en imposant à vos proches vos pensées, vos actes, et cela sans aucun égard pour ce qu'ils sont, ressentent ou pensent.
Mettez un peu d'eau dans votre vin. Vous vous éviterez ainsi bien des tracas, comme des pertes financières, de situation ou de statut social.
Votre violence, quelle que soit la façon dont elle se manifeste, ne restera pas impunie. Le destin se chargera de vous le faire comprendre à vos dépens, afin que vous en preniez conscience et que vous vous amélioriez.
Penchez-vous donc sur la philosophie et la sagesse des Anciens ; elles vous aideront à mieux vous connaître et ainsi, à mieux vivre en harmonie avec les autres.

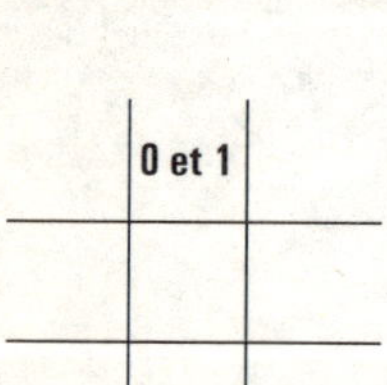

Nombre 2 manquant ou insuffisant

Ce nombre manquant dans votre grille fait de vous un être trop sensible, hypersensible même.
Souvent affecté par des peccadilles, vous ennuierez vos proches que ce soit en amour, en amitié ou dans le travail. Ils finiront par vous rabrouer ou vous éviter. Vous « brillez » parfois par un entêtement abusif qui, en fait, vous nuit.
Prenez garde à votre sensibilité exacerbée qui laisse apparaître vos sentiments et vous dessert. Maîtrisez-la à chaque instant et dans quelque domaine que ce soit.

Nombre 2 suffisant

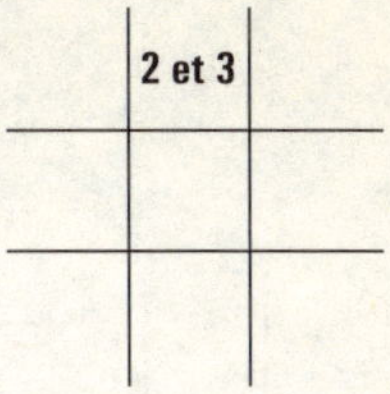

Vous êtes un partenaire idéal, tant dans le milieu professionnel que dans la vie affective.
Vous possédez tact et diplomatie qui sont vos privilèges. N'hésitez pas à vous en servir.
De plus, vous êtes doté d'une facilité d'adaptation à tout milieu, qui donne de vous l'image d'un être sensible et intelligent.

Nombre 2 en excès

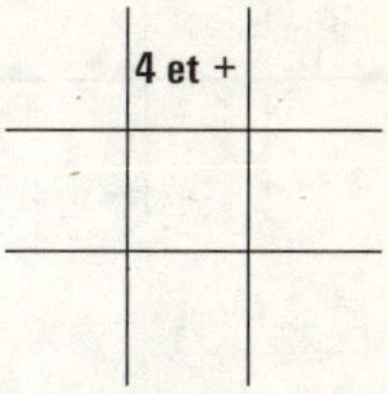

Vous avez des difficultés à agir seul, et vous devez pourtant y arriver, malgré les obstacles que vous rencontrerez. Tel est votre destin.
Mais votre tendance est plutôt de vous reposer sur les autres jusqu'à devenir dépendant. Professionnellement, cela pourrait vous nuire.
Vous êtes doté d'un bon sens de la communication, mais cela peut être ressenti comme de la bassesse. Donc, faites en sorte d'allier douceur, fermeté et franchise.
En revanche, ce nombre 2 en excès (surtout avec un 7 et un 4 manquant) vous poussera à un usage abusif des jeux, d'actions perverses et d'expériences marginales. Soyez attentif à ne pas tomber dans ces pièges.

Nombre 3 manquant ou insuffisant

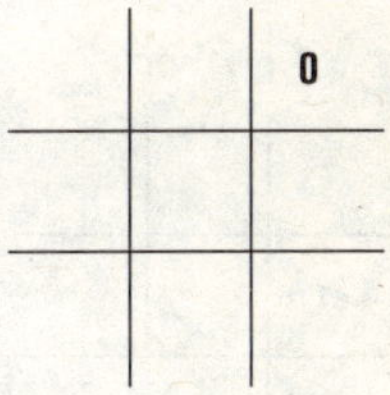

Vous avez des difficultés à vous extérioriser dans tous les domaines. Votre langage est compliqué ; votre pensée est confuse. Cela peut même entraver vos relations sociales, professionnelles et affectives, pouvant aller aussi jusqu'à de petits problèmes d'ordre sexuel.
Pour y remédier, passionnez-vous pour un passe-temps ayant trait à l'art et vous verrez que, doucement, vous ne ressentirez plus ces gênes.

Nombre 3 suffisant

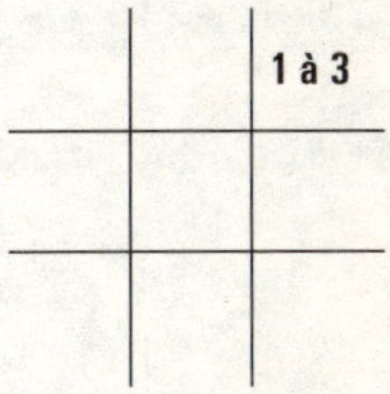

Doté de bonnes capacités d'invention, de création, de conception, vous êtes un peu artiste, aidé en cela par votre intuition.
Vous avez le sens de la communication. Votre compagnie est recherchée pour votre bonne humeur, votre complaisance, votre façon de voir le bon côté des choses tout en gardant les pieds sur terre, et votre faculté à trouver des solutions aux problèmes.
De plus, vous aimez tout ce qui flatte les sens, aussi bien la vue, l'ouïe, le toucher que l'odorat.

Nombre 3 en excès

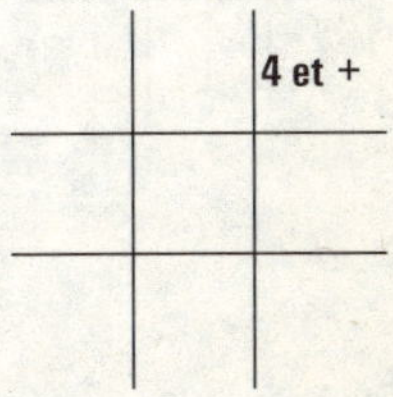

Vous aimez que l'on vous admire, et pour cela, vous en faites trop : vous discourez sans cesse et exagérez la vérité pour tenir votre auditoire en haleine. Mais attention, les gens finiront par se lasser et par ne plus vous croire. Vous vous retrouverez dans votre monde imaginaire.
Soyez prêt à reconnaître vos erreurs et vos méprises ; c'est le plus efficace des antidotes contre l'orgueil, très souvent masqué.
Votre facilité à vous imposer et à vous affirmer, donnera l'impression que vous êtes fort et efficace ; vous aimez ça, mais vous savez que peu

d'actions suivront. Il est vrai que votre côté théâtral et votre goût pour le paraître vous pousseront vers des métiers liés au spectacle, où vous vous épanouirez pleinement.

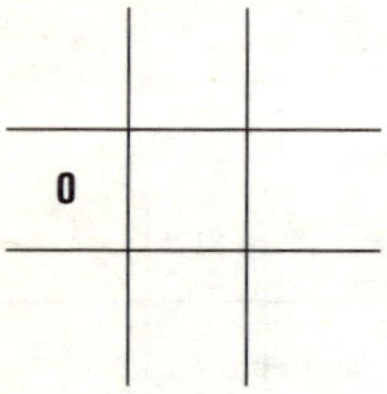

Nombre 4 manquant ou insuffisant

L'organisation et la minutie dans le travail ne sont pas votre fort, car cela vous ralentit.
N'essayez pas de mettre la charrue avant les bœufs, vous n'iriez pas plus vite, au contraire ! Votre instabilité vous met dans des situations impossibles.
Si vous empruntez les voies les plus ardues, vous ne serez satisfait ni de vous, ni de vos résultats. Soyez plus simple pour devenir plus efficace.

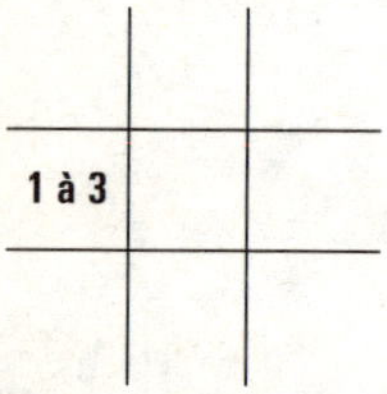

Nombre 4 suffisant

Le travail bien fait, et dans ses moindres détails, est votre apanage. Organisé, pratique, dévoué à chaque instant de la vie, loyal, vous êtes un être en qui l'on a confiance. Votre logique impartiale vous permet de cerner les choses avec beaucoup de facilité, tout en respectant les autres.

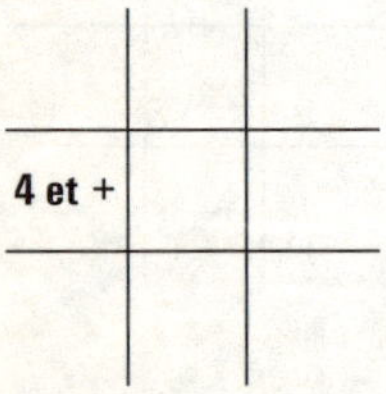

Nombre 4 en excès

La tolérance envers les autres et leurs idées n'est pas l'une de vos qualités majeures. Vous avez plutôt tendance à être imbu de votre personne. Même quand vous avez raison, vous devez vous dominer : l'agressivité qui est en vous est toujours prête à prendre le dessus. Attention, ce côté « voyou » (vulgarité, manque de respect, violence) vous jouera de mauvais tours. Le destin saura y mettre bon ordre en vous plaçant dans des situations d'humiliation et de souffrance.
Soyez plus modéré dans vos actions et moins rancunier ; vous y gagnerez en noblesse et en savoir-vivre.

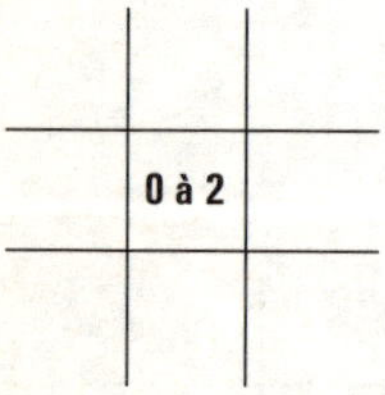

Nombre 5 manquant ou insuffisant

Timoré, dépendant des choses et des gens, vous ne vous adaptez ni aux changements, ni aux transformations. Votre attachement maladif vous fera souffrir, émotionnellement, tant sur le plan affectif que sexuel (difficultés à vivre une relation physique équilibrée).
Vous avez trop tendance à vous laisser guider par vos passions, vos émotions et votre extrême possessivité. Soyez-en plus conscient.

Nombre 5 suffisant

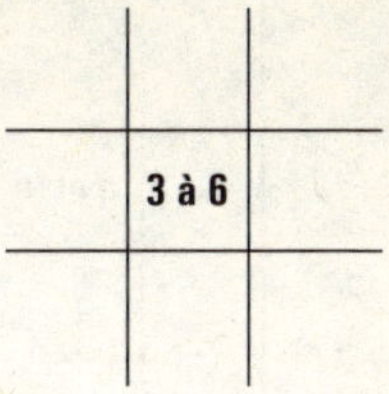

Vous avez soif de connaissances, vous êtes insatiable, souple, vivace intellectuellement, toujours à l'affût de nouveautés techniques, sensuelles, gastronomiques ; vous sautez sur toutes les occasions.
Votre vie n'est que mouvement, besoins de voyages et, surtout, de liberté. Vous prônez cette liberté, autant pour vous que pour les autres, et vous ne pensez certainement pas pouvoir vivre sans elle.

Nombre 5 en excès

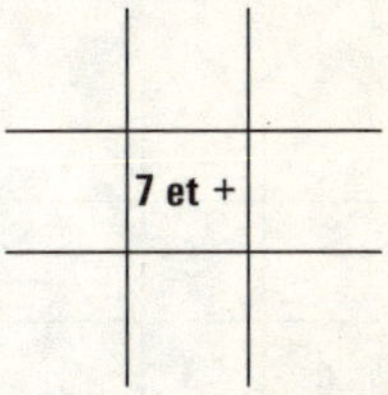

Vous attachez beaucoup d'importance à la sensualité, à la sexualité et, en général, à tous les plaisirs quels qu'ils soient.
Votre vivacité physique et intellectuelle vous pousse toujours à rechercher des sensations de plus en plus fortes. Le danger est là, la dépendance vous guette. Modérez-vous, sinon vous risquez de tout perdre, et de vous perdre avec. Toujours en quête d'un mieux, il se peut que vous vous retrouviez avec moins.
Apprenez donc à vous renouveler, à vous régénérer, en exploitant vos acquis.

Nombre 6 manquant ou insuffisant

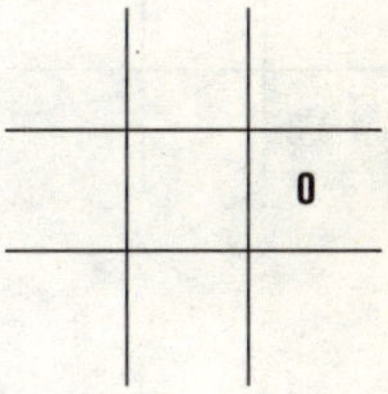

La maison, le couple... vous aimez. Les obligations que cela implique... beaucoup moins et à vrai dire, pas du tout ! Que faire ? Partir ? Un divorce ou une séparation n'arrangerait rien. Votre destin vous demande, au contraire, de tout faire pour maintenir la joie dans votre foyer. Alors, un effort : disciplinez-vous !
Il est vrai qu'il est dur de vous contraindre aux sacrifices familiaux, surtout si vous avez votre nombre 5 en excès. Votre vie sera axée sur la relation affective.
Par conséquent, mettez de la bonne volonté à vous améliorer. Considérez que vous devez résoudre ce problème d'ordre psychologique en ne comptant que sur vous-même !

Nombre 6 suffisant

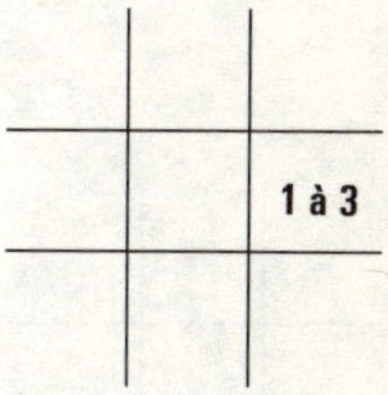

Vous êtes un être responsable, assumant ses responsabilités familiales et sociales, et d'une droiture exemplaire.
Vous savez écouter les autres et prendre le temps nécessaire pour le faire ; vous les aidez autant que vous le pouvez. Vous êtes perçu comme un être amical. Les gens vous font confiance et vous respectent spontanément.

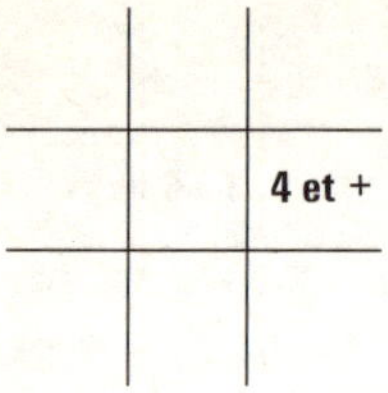

Nombre 6 en excès

Votre manie du détail est une véritable plaie pour vos proches, dans les milieux professionnel, conjugal et social. Vous leur en demandez toujours plus.
Doucement, ou vous allez devenir fou… Les gens ne sont pas parfaits, alors, prenez-en votre parti. Essayez de vous relaxer, de ne pas toujours calculer les conséquences de chaque petit fait. Affectivement aussi, faites attention, votre perfectionnisme risque de vous rendre jaloux.

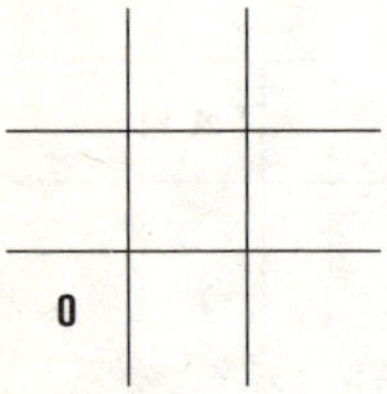

Nombre 7 manquant ou insuffisant

On pourrait dire que vous n'êtes pas du genre facile : tout vous ennuie, tout est trop lent ; ou vous ne dites rien et vous passez pour quelqu'un de réservé, de dissimulateur, ou vous explosez pour des futilités et déversez alors votre colère sur des innocents.

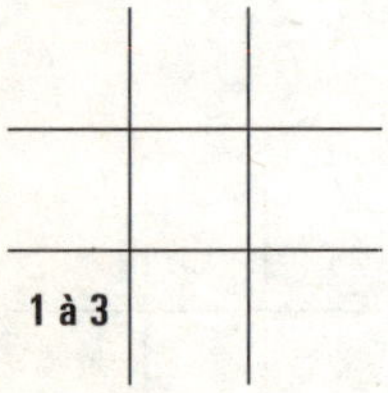

Nombre 7 suffisant

Calme et sérieux, vous attirez la confiance de tous, une confiance souvent démesurée selon vous. Vous possédez, en votre for intérieur, d'immenses capacités vous permettant de faire face à toutes les situations, dangereuses ou imprévues.
Vous devez faire grandir en vous foi, sagesse et maîtrise de soi, en ayant recours à l'introspection et à la méditation.

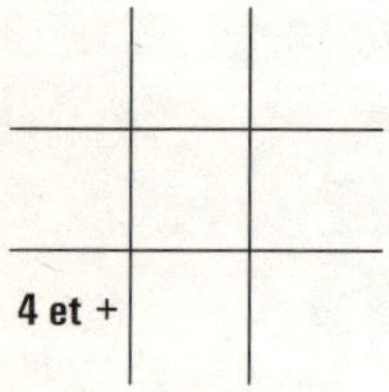

Nombre 7 en excès

Chez vous, c'est tout ou rien. Certains vous prendront pour quelqu'un d'obtus, ne voulant voir ou entendre que ce qu'il veut.
Aussi, si vous militez pour une idée, un mouvement, apprenez à ne pas être exclusif ou excessif. Curieux et discret, vous réussirez dans les métiers liés à la recherche. Vous aimez les intrigues, les mystères et ce qui est caché. Vous avez un don pour trouver et résoudre les énigmes. Il y a aussi un petit côté machiavélique en vous ; à ce titre d'ailleurs, vous serez un très bon stratège et un excellent conseiller.

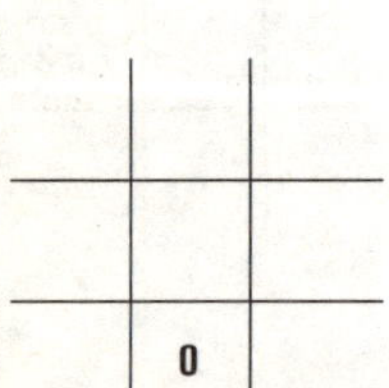

Nombre 8 manquant ou insuffisant

Ce nombre manquant dans votre grille vous demande de respecter l'argent, le pouvoir et le commerce. Le destin vous mettra tour à tour dans des situations d'abondance et de manque de ces valeurs.
Si vous n'en usez pas avec justesse, la vie vous enlèvera ce qui vous a été donné, jusqu'à ce que vous ayez compris.

Nombre 8 suffisant

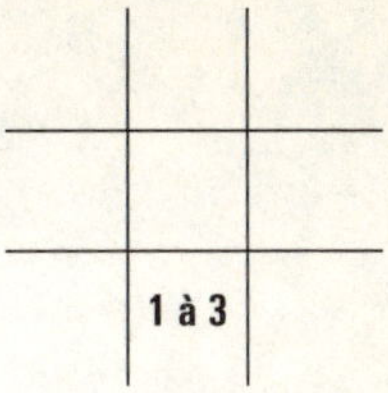

Vous êtes un financier né. Vous avez de grandes prédispositions pour la réussite sociale. On se plaît à dire que vous êtes d'une droiture et d'une honnêteté exemplaires et à toute épreuve.
Ces qualités vous aideront grandement pour atteindre des postes de très haut niveau.

Nombre 8 en excès

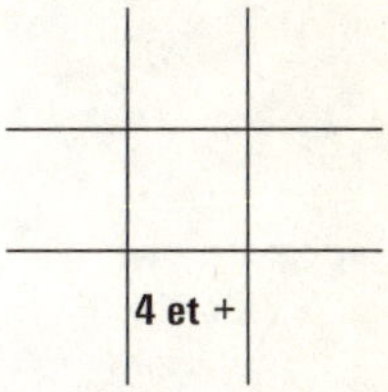

Vous avez tendance à ressembler à l'Avare de Molière. Votre seul but est d'amasser, encore et... toujours plus.
Essayez de lutter contre votre nature profonde. Cela peut devenir une obsession pouvant entraîner agressivité et manque de respect pour autrui.
Le nombre 8 étant lié au côté matériel des choses, il vous sera conseillé d'être vigilant quant à l'utilisation du pouvoir de l'argent.

Nombre 9 manquant ou insuffisant

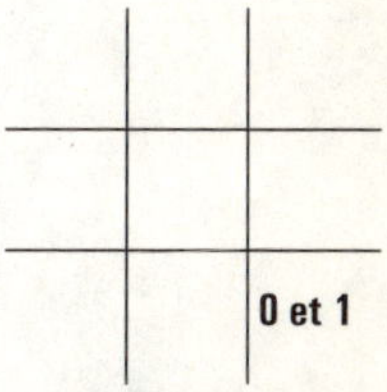

Les peuples du monde entier peuvent souffrir, vos proches aussi, vous n'en avez que faire. Vous ne pensez qu'à vous ; le nombre 9 vous demande au contraire de faire preuve d'amour, d'altruisme et de sentiments humanitaires. Le destin vous accablera d'épreuves que vous ne pourrez surmonter qu'au moyen de ces principes élémentaires que vous refoulez. Puisque vous êtes prévenu, faites en sorte de devancer le destin ; vous ne vous en porterez pas plus mal, au contraire.

Nombre 9 suffisant

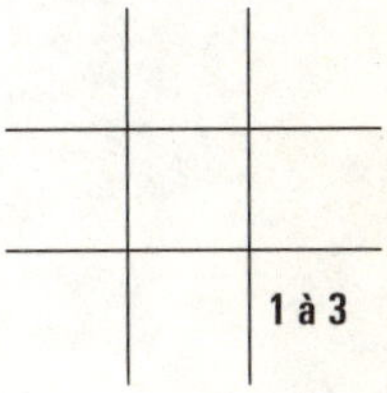

Vous réussirez professionnellement par votre magnétisme.
La souffrance et le bonheur des autres vous toucheront avec la même intensité. Vous êtes bon, dévoué aux autres, prêt à les aider, à les écouter. En amour, vous êtes modéré. La passion, la haine sont des sentiments excessifs qui vous sont inconnus. Vous, vous aimez tout simplement et, surtout, vous respectez ceux que vous aimez.

Nombre 9 en excès

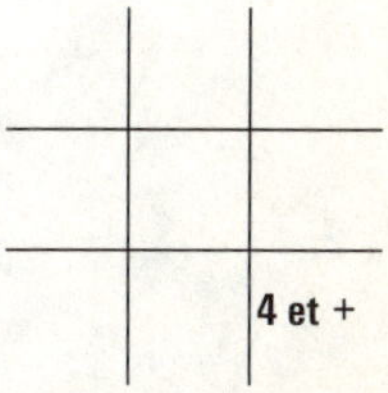

Vous êtes idéaliste, vous n'écoutez que les élans de votre cœur. C'est lui qui dicte vos actions. Essayez de maîtriser votre émotivité trop fragile et parfois destructrice. Vous ne transformerez pas le monde, même si vous vous sentez invincible.
Dans la vie affective, cet aspect de votre personnalité augmente votre émotivité à tel point que vous vous révélez très fragile. Votre partenaire n'appréciera pas toujours votre façon de vous apitoyer, de vous attrister, sur des choses que vous ne pouvez changer.

VOTRE CHEMIN DE VIE

Chemin de vie 1

TRAVAIL

Votre nature enthousiaste, énergique et volontaire vous permet d'accéder à des postes de direction, de commandement, où vous pouvez réaliser vos ambitions, car vous avez besoin d'être reconnu et apprécié. Vous faites preuve d'autorité et l'on vous écoute car vous êtes un leader ; vous menez votre équipe vers la réussite. Les échecs et les embûches sont pour vous des stimulants qui vous galvanisent, car vous êtes un battant. Toutefois, il faut craindre chez vous un certain égocentrisme et un désir de domination, qui peuvent tourner au despotisme et qui risquent de vous rendre insupportable, voire antipathique aux yeux de vos collaborateurs. Tous les postes de direction ou de manager vous sont favorables.

ARGENT

Acquérir une aisance matérielle est, pour vous, un but important à atteindre. Elle vous permet d'asseoir votre position sociale, d'augmenter un certain prestige et d'aider votre entourage ou votre famille, car vous êtes généreux avec ceux que vous appréciez ou que vous aimez. Certaines personnes de ce chemin de vie 1 n'hésitent pas à se rallier à des causes humanitaires, sans souci de profits personnels.

FAMILLE

Vous régnez et vous veillez sur votre noyau familial, et rares sont les personnes qui y sont admises. Là aussi, vous affirmez votre autorité, prêt à donner des conseils que l'on ne vous demande pas toujours ; mais si vous sentez la moindre résistance, vous lâchez prise, soit à contrecœur, soit de bon cœur, du moment que l'on vous démontre le bien-fondé des idées en question.

AMOUR

Dans votre vie de couple, vous recherchez le partenaire fidèle, qui fasse preuve non seulement de souplesse et de docilité, mais aussi d'un esprit vif et pétillant, empreint d'humour, favorisant l'échange d'idées nouvelles. En effet, vous avez horreur de la monotonie. Vous êtes avant tout un cérébral. Vous avez des difficultés à extérioriser vos sentiments et votre conjoint doit les décrypter. Pourtant, vous êtes un passionné : un regard ou un geste sont pour vous des mots d'amour.

SANTÉ

Le chemin de vie 1 prédispose à une insuffisance circulatoire, à des déficiences oculaires et à certains problèmes cardiaques. Toutes ces indications ne sont que des tendances, qui doivent être vérifiées avec d'autres nombres.

Chemin de vie 2

TRAVAIL

Votre goût du contact et votre souplesse d'esprit vous conduisent à rechercher les métiers de collaborateur, domaine dans lequel vous êtes précieux et apprécié. Toutefois, vous tenez à garder une certaine autonomie, car vous n'aimez pas être commandé. Votre patience et votre sensibilité vous permettront d'occuper des postes délicats, d'accomplir des tâches difficiles. On fera appel à votre sens de la conciliation pour régler les litiges. Si des obstacles jalonnent votre ascension professionnelle, vous les surmonterez avec patience, mais vous pouvez très bien tout détruire si l'équilibre est rompu. Tous les métiers publics, les secteurs médias, marketing et sciences humaines vous sont favorables.

ARGENT

Vous avez le respect de l'argent. En effet, vous pensez qu'il est difficile à gagner ; mais il est également pour vous un moyen d'apporter le confort dans votre maison et de gâter les vôtres.

FAMILLE

La cellule familiale et la famille en général font partie intégrante de votre vie. Vous sacrifieriez tout pour elle. Vous êtes attaché aux traditions ; les fêtes et les réunions de famille sont pour vous des moments privilégiés. Cependant, vous avez une double personnalité. Ainsi, votre comportement change, votre attitude est différente selon que vous soyez en famille ou dans votre cadre professionnel.

AMOUR

Vous êtes sensible, sentimental et, dans votre mariage, vous êtes tendre et affectueux. Vous avez constamment besoin que l'on vous donne des preuves d'affection. Votre besoin d'amour et votre imagination peuvent vous réserver des surprises : vous ne savez pas toujours discerner les coups de cœur passagers de l'amour véritable. L'union risque alors d'être pour vous un refuge. Or, ce dernier ne favorise pas toujours l'épanouissement de vos sentiments.

SANTÉ

Le chemin de vie 2 prédispose aux maux d'estomac (ulcère) et aux inflammations glandulaires. Les nerfs sont aussi un point faible. Toutes ces indications ne sont que des tendances, qui doivent être vérifiées avec d'autres nombres.

Chemin de vie 3

TRAVAIL

Votre caractère réservé masque une ambition réelle et tenace. Quoi qu'il en soit, vous parvenez à vos fins à force de patience et de persévérance. Vous ne trouvez votre épanouissement que dans les métiers nécessitant ingéniosité ou créativité car le travail, pour vous, doit être un plaisir et non une contrainte. Vous aimez avant tout le plaisir et les plaisirs de la vie. Il vous faut donc des métiers qui soient en accord avec vos aspirations et où il y ait toujours du renouveau et du mouvement. Les secteurs de la communication et de l'expression artistique vous sont recommandés, ainsi que les hautes études.

ARGENT

L'argent est important pour vous, juste pour le plaisir qu'il peut vous procurer. Vous adorez chiner, faire des sorties entre amis, dépenser pour des futilités, mais aussi faire des cadeaux, car vous aimez voir la joie rayonner sur le visage des gens que vous aimez.

FAMILLE

Le cercle familial est l'objet de toute votre attention. Vous êtes un bon père ou une bonne mère de famille. Vous veillez à l'éducation de vos enfants, vous les dirigez dans diverses activités, qu'elles soient physiques, manuelles, littéraires ou artistiques. Vous êtes à l'écoute des vôtres, vous avez un jugement sûr et donnez des conseils avec tact. Si l'on ne vous écoute pas et que vous avez raison, vous dites ouvertement votre façon de penser. En ce qui vous concerne, vous êtes convaincu que chaque problème a sa solution.

AMOUR

Amoureux passioné, vous aimez conquérir. On ne peut pas dire que vous êtes volage, mais votre soif de sensations nouvelles fait que vous vous lassez assez vite de vos conquêtes. Lorsque vous vous unissez, vous voulez garder une certaine indépendance, mais vous tolérez très peu cette même attitude chez votre partenaire, ce qui vous incite à contenir vos débordements et à préserver l'équilibre de votre vie sentimentale.

SANTÉ

Le chemin de vie 3 prédispose à des problèmes hépatiques, à des congestions diverses, à la sciatique, à la goutte, au diabète ou à l'albumine. Toutes ces indications ne sont que des tendances, qui doivent être vérifiées avec d'autres nombres.

Chemin de vie 4

TRAVAIL

Votre tempérament déterminé, inébranlable parfois, peut vous inciter, si vous n'êtes pas d'accord avec le système, à vous révolter contre les règles établies. Cependant, vous en créerez d'autres tout aussi rigides. Vous pouvez occuper un poste à responsabilités, car vous avez le sens de l'organisation, de la précision. Vous êtes logique, méthodique. Vous êtes loyal, et les gens vous accorderont leur confiance. Bien que très obstiné, vous avez besoin d'être encouragé, et cela n'est pas chose facile pour votre entourage. Vos aptitudes vous portent plutôt vers les secteurs professionnels liés à l'administration, au social, à l'éducation.

ARGENT

Très vite, vous avez appris à reconnaître la valeur de l'argent, mais vous gardez à son égard une attitude distante. Votre but n'est pas de thésauriser. L'argent est important pour vous dans la mesure où il vous permet de réaliser vos ambitions, vos désirs.

FAMILLE

Vous avez le respect de la famille et vous êtes attaché aux traditions. Tout en étant attentif à votre entourage proche, vous avez besoin de vous protéger des vôtres, de mettre parfois certaines barrières. Dans les discussions, vous avez vos propres idées, vous essayez de convaincre et si on ne vous écoute pas, vous devenez alors catégorique. L'éducation de vos enfants est très importante à vos yeux. Vous pensez ne pas avoir droit à l'erreur. Plutôt sévère, vous leur inculquez très tôt des règles strictes.

AMOUR

Vous construisez votre relation affective sur une confiance mutuelle et vous considérez l'authenticité, l'honnêteté et la franchise comme les piliers de la vie sentimentale. Le côté carré du 4 éveille en votre nature une rectitude, une droiture fort prononcées. Gare à celui ou à celle qui « fautera ».

SANTÉ

Le chemin de vie 4 prédispose à des problèmes d'ossature (hanches), de dents et d'articulations. Sont à craindre également les excès gastronomiques, les congestions et certains troubles nerveux. Toutes ces indications ne sont que des tendances, qui doivent être vérifiées avec d'autres nombres.

Chemin de vie 5

TRAVAIL

Vous avez l'esprit vif, curieux et intelligent. Ainsi, vous vous intéressez à des domaines variés. Il n'est pas rare de vous voir changer de profession. Vous êtes mobile et les métiers sédentaires vous donnent l'impression de stagner. Votre amour de la liberté, votre goût pour les voyages et votre désir de changement font en sorte que vous vous réalisez professionnellement dans les métiers où les déplacements et les contacts sont fréquents, et toujours renouvelés. Vous vous adaptez comme un caméléon à toutes les situations. Il faudra craindre chez vous une certaine impulsivité. Vous vous épanouissez dans le commerce, le journalisme, les arts techniques (photo, audiovisuel...) et la vie publique.

ARGENT

Votre impulsivité et votre instabilité se retrouvent dans le domaine financier : vous ne savez pas résister aux gadgets, aux techniques de pointe, aux belles voitures, etc. En bref, l'argent est pour vous un moyen de mener une vie agréable tout en vous assurant une certaine puissance... sans doute compensez-vo[illegible]insi vos profondes incertitudes.

Vous avez besoin de la famille. C[illegible], même si, en toute circonstance, vous révélez un caractère indép[illegible]sir à discuter avec vos enfants, à leur expliquer la vie, mais vous [illegible] faire seuls leurs expériences. Les plus petits auront bien du plai[illegible]ur d'histoires.

Vous avez beaucoup de magn[illegible]r votre charme, votre esprit et votre délicatesse. Vos passions, fortes [illegible] se défont très vite. En revanche, si vous trouvez l'oiseau rare qui sait vous apprivoi[illegible]vous devenez alors un époux ou une épouse fidèle.

SANTÉ

Le chemin de vie 5 prédispose aux maladies nerveuses (surmenage, névralgies, tics, paralysies), aux maladies vénériennes ; les poumons et la gorge demeurent également des points fragiles. Toutes ces indications ne sont que des tendances, qui doivent être vérifiées avec d'autres nombres.

Chemin de vie 6

TRAVAIL

Votre sens des responsabilités, votre force morale et votre droiture vous font apprécier de tous et vous permettent d'accéder à des postes de commandement. Votre esprit conciliant fait de vous un être doué pour les transactions et les accords. Vous savez établir le dialogue avec les enfants, les jeunes ; les carrières d'enseignant, d'éducateur vous sont ouvertes. Le 6 étant le nombre de l'amour, certains seront appelés à travailler pour des œuvres humanitaires. Vous pouvez également trouver votre voie dans le paramédical. Votre grande sensibilité, surtout au moment de l'adolescence, risque de vous poser des problèmes d'adaptation et d'intégration dans un cadre — social ou professionnel — qui ne vous semblera jamais parfait.

ARGENT

Vous voyez dans l'argent le moyen de donner un intérieur douillet et confortable à votre famille, où vous pourrez recevoir vos amis, dans une ambiance agréable et paisible. Vous avez vos bonnes œuvres et vous soulagez ceux qui souffrent avec discrétion. En un mot, vous êtes plus humaniste que matérialiste. Pour vous, l'argent ne sera jamais une fin en soi mais un moyen.

FAMILLE

Vous êtes par excellence le bon père, la bonne mère de famille veillant sur sa couvée. Vous recherchez la paix et l'harmonie dans votre entourage, et l'on fait souvent appel à vous pour démêler les querelles, les situations enchevêtrées.

AMOUR

Vous êtes un sentimental et l'amour pour vous s'écrit avec un grand « A ». Vous soignez votre aspect physique, vestimentaire, car vous avez tendance à idéaliser la relation affective, et votre partenaire doit correspondre à des critères précis. S'il y a doute, indécision, l'équilibre est rompu et vous devenez dépressif. Votre équilibre général dépend essentiellement de votre équilibre affectif. Vous avez besoin d'un appui, d'un rempart.

SANTÉ

Le chemin de vie 6 prédispose à des troubles glandulaires et lymphatiques. Les reins et l'appareil urinaire sont également des points faibles et parfois, chez la femme, les organes sexuels sont touchés. Toutes ces indications ne sont que des tendances, qui doivent être vérifiées avec d'autres nombres.

Chemin de vie 7

TRAVAIL

Votre attitude froide et réservée, un peu distante même, donne de vous une image que vos supérieurs et vos collègues ont du mal à cerner, ce qui peut freiner votre ascension. Cela a peu de prise sur vous car vos ambitions sont mesurées et, si vous suivez un but bien précis, vous savez argumenter et faire accepter vos idées. Votre intuition et votre sens de l'analyse vous sont d'une grand aide. Vous préférez les carrières indépendantes car vous supportez mal l'autorité ; vous réussirez sans doute dans les métiers hors des sentiers battus, où l'on ne doit compter que sur ses ressources intérieures. Ainsi serez-vous attiré par le monde de la recherche (scientifique ou spirituelle), par les carrières scientifiques, religieuses, philosophiques ou par tous les métiers faisant appel aux ressources humaines. En fait, votre sens inné du détail vous rend apte à prodiguer d'excellents conseils.

ARGENT

Pour vous l'argent est avant tout un moyen de bien recevoir vos amis ou de pouvoir les aider s'ils sont en difficulté. Vous êtes généreux, prodigue, et lorsque vous le pouvez, vous soulagez la misère autour de vous. Cependant, vous n'êtes pas qu'abnégation.

FAMILLE

Vous avez deux types de réactions face à la famille. Vous pouvez facilement vivre loin des grands-parents, parents, oncles, tantes, etc., car vous êtes un solitaire. Vous ne les fuirez pas mais vous ne chercherez pas leur contact. S'ils sont là, vous serez charmant, veillerez à leur confort, mais vous aurez besoin, très vite, de vous retrouver seul. Ce n'est pas de l'indifférence mais, contrairement aux chemins de vie 2 et 6 qui ont besoin de cette structure familiale, vous, vous êtes plus détaché. En revanche, si vous avez des enfants, vous serez un père — ou une mère — très attentionné, vous veillerez très sérieusement à leur éducation.

AMOUR

Vous êtes un être très sensible qui a besoin de se sentir aimé, mais chez vous le sentiment d'indépendance l'emporte toujours : vos amours sont en dents de scie ; vos passions sont aussi subites que vos ruptures. Pour qu'une union durable se réalise, il faut que votre partenaire partage vos idéaux et respecte votre indépendance.

SANTÉ

Le chemin de vie 7 prédispose à des troubles circulatoires (ulcère aux jambes) et endocriniens. Les points faibles sont les nerfs et le psychisme.

Chemin de vie 8

TRAVAIL

Très tôt, vous avez appris à lutter. Les obstacles vous stimulent. Vous ne vous découragez jamais. Vous avez le sens du concret ; vous savez saisir l'opportunité et vos décisions sont rapides. Vous êtes l'homme — ou la femme — d'affaires par excellence. Vous menez votre équipe à la réussite par votre exemple de travail, votre courage et votre équité. Vous inspirez confiance. Votre sens de la justice, votre droiture, vous mettent dans la position du défenseur de la veuve et de l'opprimé. À cause de votre soif de pouvoir et de réussite, certains voient en vous un être intolérant, abusif ou vindicatif. Tous les métiers nécessitant une bonne gestion du pouvoir vous réussiront : la politique, le conseil, les postes clés dans la société (justice, police). Vous êtes également doué pour les langues étrangères.

ARGENT

Vous aspirez à une certaine aisance financière. Il est certain qu'un bien-être matériel est nécessaire à votre équilibre. Vous avez besoin d'acquérir, mais pas forcément de l'argent, cela peut être aussi la connaissance, le savoir ou le pouvoir.

FAMILLE

Vous veillez et protégez votre famille. En retour, vous attendez obéissance et loyauté. Vous savez conseiller et diriger vos proches. Vous aimez votre famille. Cependant, vous restez peu démonstratif. Votre faculté d'abstraction vous rend apte à prendre beaucoup de recul et, ainsi, à savoir juger les êtres et à faire face aux événements avec beaucoup de discernement.

AMOUR

Vous ne perdez pas de temps en une cour assidue. Votre style, c'est « tu veux ou tu veux pas ? ». Vos relations sont passionnelles, parfois violentes. Le temps des conquêtes rapides passé, si vous vous mariez, vous êtes alors un époux ou une épouse fidèle. Mais vous avez besoin de dominer dans la relation affective et une tendance à la jalousie est à craindre.

SANTÉ

Le chemin de vie 8 prédispose aux intoxications, aux empoisonnements du sang, aux troubles circulatoires et endocriniens. Les intestins et le rectum sont aussi des points faibles.

Chemin de vie 9

TRAVAIL

Votre grande sensibilité et votre sens du dévouement vous prédisposent aux professions à but humanitaire, médicales ou paramédicales, où vous pourrez soulager la misère et la souffrance de votre prochain. Votre intrépidité, votre goût de l'aventure et des voyages feront de certains d'entre vous des explorateurs, des chercheurs scientifiques ou encore des pilotes. En effet, vous possédez une grande maîtrise de vous-même. D'autres se réaliseront et réussiront dans des carrières plus modestes, où ils pourront toutefois révéler leur combativité, leur persévérance et leur sagesse.

ARGENT

Chez les chemins de vie 9, l'argent peut revêtir des formes très différentes : pour vous qui avez le sens des affaires, argent sera synonyme d'investissements, d'opérations boursières ou de placements financiers. Pour vous les idéalistes, vous trouverez dans l'argent le moyen d'aider la collectivité ou de faire œuvre humanitaire. Pour vous enfin qui êtes plus terre à terre, l'argent sera le moyen de vous entourer d'un certain confort, de réaliser vos rêves de voyages mais, généreux malgré tout, vous saurez en donner.

FAMILLE

Vous êtes à l'écoute des vôtres, veillant à leur bien-être. Intuitif, vous devinez les problèmes qu'ils peuvent rencontrer et vous les guidez judicieusement. Mais gare, si on ne vous écoute pas. Votre caractère entier vous interdit de faire des concessions ou de trouver des compromis et, fatalement, les tensions surgissent.

AMOUR

Vous idéalisez la relation affective. Vous avez tendance à rechercher la perfection chez votre partenaire. Vous n'extériorisez pas vos sentiments. Vous paraissez assez détaché. En fait, vous êtes très sensible, très émotif, et vous avez besoin d'être constamment rassuré sur l'amour que l'on vous porte. Dans l'union, vous êtes l'appui sûr et loyal. Votre fidélité est un gage de paix.

SANTÉ

Le chemin de vie 9 prédispose à des troubles sanguins, hépatiques, intestinaux. Le système lymphatique et le psychisme peuvent être également des points faibles. Toutes ces indications ne sont que des tendances, qui doivent être vérifiées avec d'autres nombres.

Chemin de vie 11

Le 11 est un maître nombre. Comme tel, ses fortes vibrations contraignent l'être dont le chemin de vie est marqué par ce nombre à vivre et à s'accomplir avec la même intensité. Ainsi, si vous avez un chemin de vie 11 et que vous ne vous reconnaissez pas dans les textes ci-dessous, consultez les paragraphes relatifs au chemin de vie 2. Mais n'oubliez pas qu'avec le temps, le destin vous poussera à incarner les qualités du chemin de vie 11.

TRAVAIL

Doté d'une intelligence supérieure et intuitive, vous êtes ambitieux et votre force morale vous permet de réaliser de grandes choses. Vous exercez un fort ascendant sur ceux qui vous entourent. Vous vous imposez aux autres en vous appuyant sur vos qualités de guide et d'humaniste. Le chemin de vie 11, par son côté négatif, risque de verser dans l'égoïsme, imposant sa propre volonté, sans considération pour les autres. Vous serez appelé à vous réaliser dans des carrières où vous conseillerez, éclairerez et guiderez.

ARGENT

La fortune ne vous sourira que si vous approchez le pouvoir, l'argent, la connaissance sans en faire une fin en soi, et même avec un certain détachement. L'avidité, la cupidité, l'intolérance ou l'égoïsme vous conduiront à la ruine.

FAMILLE

Vous attachez une grande importance à la cellule familiale. Vous aspirez à transmettre un idéal, une grandeur d'âme et des sentiments nobles et généreux, à ceux qui vous sont chers.

AMOUR

Vos sentiments sont puissants, dominateurs, absolus. Votre partenaire doit donc faire preuve de souplesse et de beaucoup de diplomatie pour vous amener à ses idées.

SANTÉ

Les grandes tensions du chemin de vie 11 prédisposent à la dépression, au surmenage. Le cerveau est également son point faible. Toutes ces indications ne sont que des tendances, qui doivent être vérifiées avec d'autres nombres.

Chemin de vie 22

Comme le 11, le 22 est un maître nombre. Ses fortes vibrations vous contraignent à vivre et à vous accomplir avec la même intensité. C'est pourquoi vous suivrez plutôt dans un premier temps la destinée du chemin de vie 4. Mais n'oubliez pas qu'avec le temps, le destin vous poussera à incarner les qualités du chemin de vie 22.

TRAVAIL

Comme le chemin de vie 11, vous êtes doté d'une intelligence supérieure, mais plus créative. Le 11 est inspiré pour conseiller, et vous, les 22, inspirés pour construire. Vous voulez bâtir sur une grande échelle, et votre point de vue global sur le monde vous permet de réaliser de vastes projets pour le bien de l'humanité. Vous vous épanouirez dans toutes les carrières liées à l'action sociale et humanitaire.

ARGENT

Les réalisations sans objectifs purement matériels vous apporteront renommée, fortune et bien-être ; mais si vos buts tendent à une gloire personnelle, vous tomberez dans la médiocrité et vous perdrez vos idéaux.

FAMILLE

Vous aimez votre famille, comme vous aimez le monde. La famille a joué un grand rôle lors de votre adolescence mais pas toujours comme vous l'auriez souhaité.

AMOUR

Aspirant à vivre un grand destin, vous avez la sensation d'étouffer dans l'union. Ainsi, pour vous, l'amour n'est réalisable qu'avec un partenaire qui partage vos aspirations.

SANTÉ

Le chemin de vie 22 prédispose à des troubles nerveux et psychiques. Les os sont également un point faible. Toutes ces indications ne sont que des tendances, qui doivent être vérifiées avec d'autres nombres.

VOS DÉFIS

Nous allons, dans ce chapitre, développer les neuf défis que vous pourrez rencontrer et qui se réfèrent aux calculs expliqués dans le mode d'emploi p. 16.
Le plus important est le défi majeur qui est le troisième, c'est-à-dire la différence entre le premier et le deuxième ; le premier défi vient en seconde position, il ne dure que la première partie de la vie et s'estompe peu à peu en cours d'existence. S'il est relevé, il est moins influent dans la deuxième partie de la vie ; enfin le deuxième défi qui démarre dans la seconde partie de la vie, vers les 37-40 ans, dure jusqu'à la fin de l'existence.
Si vous n'avez pas trouvé de défis dans votre date de naissance, vous pouvez, comme le mode d'emploi l'explique p. 19, les retrouver dans vos nom et prénom(s). Dans ce cas, vous n'utiliserez que le défi majeur, qui est le total des deux premiers défis.
Les défis sont les attitudes clés que vous devrez adopter, si vous voulez réussir votre vie et votre destin. En effet, nous avons tous la possibilité de dépasser ce que le destin nous dicte. Une bonne maîtrise de son destin permet à chacun d'entre nous d'harmoniser sa vie en fonction des grandes lois de l'univers.
Ainsi, les défis que vous allez retrouver méritent toute votre attention : ce sont les clés de votre évolution intérieure. Ce qu'ils révèlent en vous peut favoriser l'élévation de votre conscience et vous aider à vivre plus sereinement.

DÉFI 1

Par ce défi, la vie va vous demander de cultiver une certaine originalité. Vous devrez, en effet, être un personnage que l'on a envie de découvrir, de connaître.
Le nombre 1, d'après la tradition, symbolise le soleil. Vous devez donc devenir cet astre pour les autres, celui qui dispense la chaleur sans brûler, celui qui sait donner, éclairer et amener la vie.
Une fois votre défi 1 relevé, et ainsi nanti d'une personnalité forte et rayonnante, le danger qui vous guette est de tomber dans l'excès et de vous imposer d'une façon immodérée, voire autoritaire, avec parfois un manque de respect des autres.
Il faudra donc trouver l'attitude juste pour bien vous accomplir, c'est-à-dire vous affirmer, devenir un numéro 1 dans la vie, apprendre à être un personnage de décision et d'action.

DÉFI 2

Le destin vous placera dans des situations où vous dépendrez, très souvent, d'une autorité, voire de plusieurs. Elles seront parfois même tyranniques, jusqu'à ce que vous releviez le défi 2 qui consiste à jouer le jeu, quoi qu'il arrive. Comment ? Eh bien, en vous adaptant aux personnes et à leurs humeurs. C'est un défi difficile, il faut l'avouer. Mais une fois relevé, il vous permet de transformer les situations les plus difficiles, notamment sur le plan relationnel. Il fait de vous un second brillant, qui dirige et qui, par la suite, manie la ou les autorités, avec tact et diplomatie.
En fait, ce défi 2 exige de vous : savoir-vivre, finesse, intelligence, collaboration, coopération et un sens relationnel développé. Voilà les attitudes que vous devrez adopter si vous souhaitez réussir votre vie, tant sur le plan professionnel qu'affectif.

DÉFI 3

La providence vous a doté, par ce défi, de dons et de capacités qui sont bien cachés, enfouis au plus profond de vous-même. Le jeu de ce défi consiste, non pas à mener une vie d'ascète, plongée dans la réflexion ou la méditation afin de découvrir ces trésors, mais d'adopter la démarche inverse, c'est-à-dire d'exprimer — même si cela doit vous coûter bien des efforts sur vous-même — tout ce que vous ressentez. Vous serez étonné des ressources que vous possédez.
Vous avez des talents, vous devez les mettre en valeur, passer outre vos complexes, votre timidité et révéler de cet être qui est à l'intérieur de vous. Vous avez quelque chose à dire, vous avez quelque chose à accomplir. Prenez-en conscience !
Si vous ne jouez pas le jeu de ce défi, vous vous heurterez sans cesse à des limitations, à des voies sans issue qui seront là pour vous rappeler que c'est en vous que se trouvent toutes les clés et toutes les richesses.

DÉFI 4

Le 4 est, selon la tradition, le nombre de l'équilibre. Cela se vérifie aisément dans le quotidien : une chaise ou une table n'ont-elles pas quatre pieds ? Les fondations d'une maison, ne reposent-elles pas sur quatre angles ? N'y a-t-il pas quatre points cardinaux ?
Nous pouvons dire que le destin va vous offrir de nombreuses occasions de vous « asseoir » solidement. Tant que vous n'aurez pas compris que votre rôle est de réellement vous reposer sur du sérieux et du solide, aucune voie ne risque de vous convenir.
Durant la première partie de votre vie, ou du moins jusque tard dans votre adolescence, des obstacles se dresseront sur votre route pour vous déstabiliser et pour vous aider à trouver votre voie, une fois pour toutes. Vous serez très désireux de vivre mille expériences ou, à l'inverse, indécis et manquant de confiance en vous-même, vous risquez d'avoir de la peine à faire le premier pas pour vous engager.
Rappelez-vous toujours ceci : le destin exigera de vous équilibre, équité, précision et stabilité dans vos activités. En effet, si vous négligez les détails, cela pourrait, par la suite, vous créer de graves problèmes, tant dans votre vie affective que professionnelle. Vous êtes donc

appelé très tôt, si vous voulez réussir votre existence, à vous organiser, à vous structurer et à apprendre, sans brûler les étapes, à construire jour après jour votre réussite.
Souvent par ce défi 4, vous aurez l'impression qu'on vous attend ailleurs, toujours ailleurs.
Il est possible, en effet, selon les aspects de votre thème, que votre vocation vous pousse à quitter votre ville natale.
Vous devez prendre conscience que la réussite — votre réussite ! — doit se faire ici et maintenant, et non ailleurs et plus tard. En effet, si les circonstances vous amènent à quitter votre village, votre ville ou votre pays natals, vous ne réussirez dans vos entreprises (ou vous ne réaliserez vos ambitions) qu'en fonction de ce que vous aurez déjà accompli ou construit par vous-même dans votre ville d'origine. Vous ne devez jamais oublier que le défi 4 exige de vous travail, action et continuité !

DÉFI 5

Ce défi doit vous amener à une compréhension des choses de la vie, supérieure à celle que l'on a pu vous inculquer.
Le nombre 5 est celui de l'évolution et de l'énergie. Il va exiger de vous que vous vous dépassiez spirituellement, intellectuellement et même physiquement.
Ce défi risque de susciter en vous des pertes de motivation. Vous devrez alors coûte que coûte vous reprendre, que ce soit en faisant du sport, en étudiant, en lisant, ou encore en vous éveillant à la charité, à la prière, à la méditation ou à la maîtrise de vos sens.
En effet, le défi du nombre 5 doit vous inciter à acquérir une maîtrise de vous-même telle que vous parveniez à dominer vos passions et à vous abandonner à la libre expression de votre sensualité d'une manière équilibrée. Ne trouvant pas toujours un juste milieu entre une tendance à vous laisser aller à la débauche et aux excès et un penchant à l'ascétisme, à l'autopunition — vous imposant ainsi des règles de conduite très strictes —, le défi du nombre 5 vous révèle la nécessité d'établir en vous un équilibre entre ces deux attitudes extrêmes.

DÉFI 6

C'est le défi de la famille, de l'amour, du social. Serez-vous assez attentif pour comprendre les besoins de votre famille ? Pour savoir écouter les autres ? Pour les conseiller au moment opportun et les aider à s'insérer dans la société ? Telles sont les questions que vous pose le défi 6 !
Vous pouvez connaître des difficultés à trouver une harmonie dans votre milieu social, lequel à vos yeux est loin d'être parfait. Or, le défi 6 exige que vous soyez moins perfectionniste.
C'est un défi difficile à relever dans le sens où votre nature profonde est très idéaliste.
Le destin vous fera vivre des situations, tant sur le plan affectif que social, familial, ou relationnel, où vous serez souvent déçu par votre entourage. En effet, le manque de vertu, de fidélité ou d'authenticité vous choque ou vous dérange.
Vous devrez essentiellement passer outre et vous convaincre que rien n'est parfait sur cette terre. Évidemment, vous ne pourrez vivre en harmonie avec vous-même que lorsque vous aurez appris à ne plus juger les autres, à pardonner leurs erreurs, à faire preuve de compréhension et de tolérance.
Vous serez certainement aussi éprouvé dans votre vie familiale et affective. À un moment

ou à un autre, vous serez sans doute tenté par le divorce. Il est impératif de ne pas tomber dans ce piège qui vous rendrait malheureux ou malheureuse. Vous devez donc, par la connaissance de ce défi, bien réfléchir avant de vous marier. C'est une destination que vous choisirez avec votre partenaire, et le destin ne vous laissera pas quitter le navire, même en cas de tempête. Il ne vous le pardonnerait pas. Il vous ferait vivre des épreuves, plus difficiles encore jusqu'à ce que vous compreniez que vous avez fait une erreur : celle de ne pas être allé jusqu'au bout de vos engagements.
Ce défi 6 engage à ne pas rompre une union, à mener à bien toute entreprise, à être à l'écoute des autres, surtout de la famille et des proches. Il vous dicte de tempérer vos exigences et de devenir plus réceptif, plus attentif aux autres.

DÉFI 7

Le nombre 7 est, selon la tradition, le nombre de la recherche et de l'introspection. Ce défi va exiger de vous que vous vous posiez des questions. Il va vous placer dans les conditions à la fois les plus difficiles et les plus merveilleuses. Si vous arrivez à bien le relever, vous serez dans la vie comme un magicien qui transforme en or tout ce qu'il touche.
Ce défi doit vous conduire avant tout à avoir foi en une force supérieure, en une volonté d'amour et de puissance qui vous aideront à tout moment et qui vous permettront de réaliser de véritables miracles dans votre vie. Ce défi vous dicte également d'avoir confiance en vos propres compétences, en vos atouts, en vos talents, en votre savoir-faire.
Si ces deux points sont réunis, vous serez comme l'alchimiste qui détient la pierre philosophale. Concrètement, cela signifie que vous ne devrez ni hésiter à vous engager dans des voies difficiles, ni reculer devant les challenges. Vous avez toutes les aptitudes pour mener à bien ce que vous entreprenez. Vous êtes par ce défi un parfait autodidacte, et si vous avez confiance en vous (attitude clé), vous réaliserez de grandes choses. Le problème provient parfois d'un manque de discipline ou d'une dispersion intellectuelle.
Il est impératif que vous agissiez sur l'aspect parfois superficiel de votre personnalité, en cultivant et en exploitant votre confiance, votre sérénité et votre patience.
Soyez humble et simple ; on aura alors l'impression que vous êtes sûr de vous. Soyez orgueilleux, et vous laisserez supposer que tout, chez vous, n'est que surface et que, au fond, vous n'êtes pas très sûr de vous. Combattez votre orgueil ; cultivez l'humilité, la simplicité, l'authenticité, et devenez cet être qui, par une forme de recherche intérieure et par une constante remise en question, est capable de se dominer et ainsi, de maîtriser son destin et l'univers tout entier.
Pour en terminer avec le défi 7, sachez que le destin ne manquera pas de vous confronter à des milieux, à des situations extrêmes qui vous contraindront, tôt ou tard, à faire preuve d'audace, de détermination, de volonté et d'autodiscipline.

DÉFI 8

Il vous est beaucoup donné mais il arrive qu'il vous soit beaucoup repris. Quoi qu'il en soit, vous devez apprendre à vous rendre digne et maître de vos dons. Selon le bon ou le mauvais usage que vous ferez de vos dons, ceux-ci vous permettront soit d'exercer une influence intellectuelle et spirituelle dans votre milieu et, simultanément, d'asseoir une situation professionnelle et financière importante, soit de vous disperser dans de multiples activités, de dilapider vos biens ou de négliger l'aspect matériel.

Vous aurez donc tendance, parfois, à vous laisser aller. C'est un danger, il faudra très vite rectifier le tir et vous discipliner afin d'éviter de tomber dans ce piège.
À l'inverse, l'ambition excessive et le désir de dominer pourront, une fois que vous aurez obtenu tout ce que vous souhaitez, prendre le relais, à tel point que vous deviendrez très matérialiste, en oubliant l'essentiel : votre évolution spirituelle.
Il sera donc important de mener de front vie matérielle et vie spirituelle, alliant spéculation, manipulation de l'argent, du pouvoir et connaissance. Tel est le rôle que vous aurez à jouer pour bien relever ce défi : n'abuser ni de la connaissance ni du pouvoir de l'argent, sans pour autant les négliger. Vous devrez bien gérer tous ces points et ne pas les gaspiller.
Le nombre 8 étant associé au côté matériel des choses, il vous faudra trouver un équilibre dans ce domaine, sans jamais croire que tout est gagné. Avec ce défi, rien n'est jamais acquis ; tout peut toujours arriver.

DÉFI 9

C'est le plus beau des défis, mais aussi le plus difficile à relever. En effet, il implique que vous fassiez don de votre temps, de votre savoir-faire, de votre bonne volonté et de vous-même, pour œuvrer à l'amélioration des conditions de vie de votre communauté familiale ou sociale.
Ce défi va vous contraindre à la plus totale abnégation, voire au sacrifice de vous-même, pour vous dévouer au bonheur des autres. Si vous veniez à ne pas le relever, la vie vous placerait dans des situations où vous devriez subir des sacrifices non désirés : par exemple, vous devriez vous occuper de personnes dont vous n'avez que faire ou avoir des activités professionnelles à caractère essentiellement social, dans un secteur qui ne vous plaît pas ; ou encore, vous seriez obligé, dans votre vie active, de vous sacrifier pour quelqu'un que vous n'aimez plus.
Pour ne pas avoir à supporter toutes ces choses, vous aurez, le plus tôt possible, à vous ressaisir. Il vous faudra du temps pour retrouver votre harmonie. Vous devrez donner un maximum de vous-même. Si vous le pouvez, dès à présent, consacrez-vous à une œuvre humanitaire ou autre.
Ce défi est celui de l'amour, du sacrifice, du don de soi. Allez-vous savoir aimer ? Allez-vous savoir vous sacrifier ? Allez-vous savoir vous donner et faire des concessions pour le bonheur des autres et non plus pour votre propre bonheur ?
Selon toutes probabilités, un phénomène magique va s'exercer dans votre vie et va, comme j'ai pu vous l'expliquer dans le chapitre « Vos défis » (p. 49), transformer votre vie, sublimer tout ce qui est négatif pour le changer en positif.
Le défi 9, bien relevé, mène à une existence de voyages, de bonheur affectif et de réussite dans la vie professionnelle : si vous le vivez bien, il vous comblera.

VOTRE ANNÉE PERSONNELLE

Chaque année, depuis votre naissance, vous vivez une année personnelle différente. Les années personnelles sont au nombre de neuf : ce qui revient à dire que tous les neuf ans, vous recommencez un nouveau cycle qui va de l'année personnelle 1 jusqu'à l'année personnelle 9.

Une année personnelle dure douze mois. Elle commence le 1er janvier et se termine le 31 décembre. Ne pas confondre avec les transits et transitions qui vont d'anniversaire en anniversaire (nous ne traiterons pas de ce sujet dans cet ouvrage).

Désormais, grâce au mode d'emploi p. 21, vous savez calculer votre année personnelle. Vous remarquerez, dans le chapitre suivant, qu'il en existe plusieurs. Une seule, bien entendu, correspond à votre personnalité. Vous la retrouverez grâce à votre nombre clé (voir p. 20).

SI VOTRE ANNÉE PERSONNELLE EST 1

Voici les neuf différentes années personnelles 1.

À l'aide de votre nombre clé (que vous avez calculé p. 20), vous allez rechercher votre année personnelle correspondante et lire vos prévisions.

Si votre nombre clé est : 1 voir p. 58
2 voir p. 59
3 voir p. 60
4 voir p. 61
5 voir p. 62
6 voir p. 63
7 voir p. 64
8 voir p. 65
9 voir p. 66

SI VOTRE NOMBRE CLÉ EST 1, VOICI VOS PRÉVISIONS POUR CETTE ANNÉE

TRAVAIL

Dans l'ensemble, ce sera une bonne année même si, durant les deuxième et dernier trimestres, vous êtes soumis à des délais draconiens. Vous rencontrerez, dans le second semestre, des tensions sur le plan relationnel avec vos collaborateurs, avec vos associés ou avec vos supérieurs hiérarchiques. Au cours du dernier trimestre, des opportunités inattendues de nouvel emploi ou de nouvelles activités s'offriront à vous, nécessitant énergie et mobilité de votre part. En la circonstance, la prudence vous sera recommandée. En effet, rien ne sortira de bon de tout cela. Le dernier trimestre sera donc apparemment très mouvementé, avec un semblant de succès. Toutefois, évitez de vous faire des illusions ou de bâtir des plans sur la comète. Le premier et le troisième trimestres, en revanche, seront porteurs d'excellentes nouvelles et vous prépareront à un destin nouveau avec, à la clé, des succès intéressants.

AMOUR

Il n'y aura rien d'extraordinaire dans votre vie affective cette année. Sans doute ferez-vous beaucoup de rencontres, mais vous obtiendrez peu de résultats concrets. Dépensez plutôt votre énergie dans votre vie professionnelle, où un certain génie vous illuminera, alors que votre vie affective risque de vous disperser et de vous faire perdre du temps dans le dernier trimestre.

SANTÉ

Vous serez déstabilisé par un excès d'activités, par quelques tensions, frôlant parfois la trahison ou, en tout cas, le manque de fidélité de certains proches dans votre milieu professionnel. Cela pourra vous entraîner à des excès de tensions ou de nervosité. Soyez prudent sur ce plan-là. Veillez à ne pas vous laisser emporter par vos émotions et maîtrisez vos impulsions.

ARGENT

Le troisième trimestre sera le plus propice aux investissements, aux rentrées d'argent ou aux succès financiers, dus à des ventes ou à des achats. En effet, pendant cette période, tous les facteurs seront réunis pour que votre patrimoine et votre potentiel financier augmentent. Vous aurez alors d'excellentes idées et beaucoup d'imagination pour faire fructifier votre acquis.

Si dans votre grille d'inclusion le nombre 1 est manquant

L'année s'annonce rude, si vous ne faites pas preuve de volonté, de détermination et de persévérance. En effet, le destin vous soumettra des choix qui bouleverseront et engageront votre existence tout entière. La crainte de l'inconnu et la peur de vous investir doivent être à tout prix dépassées. Sublimez ! Une vie nouvelle et heureuse s'amorcera.

SI VOTRE NOMBRE CLÉ EST 2, VOICI VOS PRÉVISIONS POUR CETTE ANNÉE

TRAVAIL

Vous volerez de succès en succès. Le premier trimestre vous sera très bénéfique ainsi que le dernier, où l'on vous sollicitera de toutes parts pour vous prodiguer honneurs et encouragements. Seul un aspect passager mais difficile, entre juillet et fin septembre, vous perturbera, un conflit avec un de vos proches collaborateurs pouvant en être la cause. Cependant, ne vous alarmez pas. Vous retrouverez vite, dès la fin de l'année, votre assurance, et les événements tourneront à votre avantage. Il y aura du nouveau et du mouvement tout au long de cette année dans votre vie professionnelle. N'hésitez pas à foncer, tous les atouts seront de votre côté et laissez-vous faire, on viendra vous chercher. Il faut, bien entendu, que ce soit vous qui preniez les décisions, et avec fermeté. Allez de l'avant ! On vous encouragera, on vous soutiendra et on vous donnera beaucoup !

AMOUR

Vous serez tellement pressé et préoccupé par votre vie professionnelle que vous en oublierez un peu vos proches et ceux qui vous aiment. En revanche, de grandes amitiés pourront naître, des amitiés très proches de votre milieu professionnel, qui auront un effet très positif sur vous ; elles vous seront en effet d'un grand secours pour organiser votre vie émotionnelle.

SANTÉ

Tous les aspects, toutes les vibrations vous confèrent une énergie du tonnerre et une vivacité d'esprit et de corps hyperstimulante. L'année sera très favorable pour faire un check-up et, pourquoi pas, profiter de toute cette énergie positive pour régler un problème qui vous perturbe depuis quelque temps. N'hésitez pas, par exemple, à utiliser une médecine douce, acuponcture ou homéopathie, afin d'aller dans le sens des cycles et de régler ainsi des petites tensions physiologiques ou psychologiques.

ARGENT

Cette année, vous serez économe. En effet, vous aurez beaucoup d'intuition et vous n'investirez que sur du solide et du sérieux. Rien ne vous fera défaut, vous serez très compétent pour régler les situations conflictuelles. La période du deuxième trimestre sera excellente pour les investissements de tous ordres, immobiliers ou autres. Cette année plus que toute autre, vous serez très soucieux de vous engager à long terme et d'investir pour l'avenir. Vous disposerez de tous les atouts pour agir de la sorte en toute confiance.

Si dans votre grille d'inclusion le nombre 1 est manquant

Les circonstances vont vous contraindre à adopter une attitude fondamentalement positive qui transformera vos relations avec les autres. Vous allez devoir être davantage à l'écoute des autres, être plus sensible aux problèmes qui les préoccupent, aux réponses qu'ils attendent de vous, notamment dans votre vie affective et émotionnelle. Soyez moins égoïste, et vous verrez qu'en retour vous pourrez compter sur la fidélité et l'affection des autres.

SI VOTRE NOMBRE CLÉ EST 3, VOICI VOS PRÉVISIONS POUR CETTE ANNÉE

TRAVAIL

Lors du premier semestre, vous serez soumis à de nombreuses limitations, alors que vous aspirez à réaliser de grands projets. Soyez rassuré, cette situation se débloquera à partir de la fin juin et tout au long de juillet, août et septembre. Vous arriverez, dans le second semestre, par votre sens de l'humour et par l'épanouissement de votre personnalité, à maîtriser les aspects de votre vie professionnelle ; vous serez alors extrêmement apprécié par votre entourage. Le dernier trimestre de l'année vous apportera de grandes satisfactions. En effet, vous serez souvent sollicité et parviendrez au but fixé, ou encore, vous obtiendrez satisfaction dans les demandes que vous aviez formulées.

AMOUR

Un hiver triste et morose se présente, profitez-en pour économiser votre énergie et vous préparer à un été où, en revanche, vous serez dynamique et rayonnant de séduction. Un climat et une ambiance favorables aux rencontres et à la vie émotionnelle ne feront que nourrir cet état dans lequel vous êtes et vous mèneront sans doute vers des succès affectifs. Si vous êtes marié, vous serez très aimé et entouré d'affection, notamment dans le troisième trimestre.

SANTÉ

Les petites tensions liées au travail risquent de vous créer des troubles psychosomatiques de l'appareil digestif ; tout le système alimentaire (refabrication, redistribution énergétique) pourra être déstabilisé, notamment lors du premier semestre. Soyez patient, rien de grave ne se produira. Pour bien passer l'année, apprenez à bien vous détendre et aussi, pourquoi pas, à bien éliminer. L'activité sportive vous ferait le plus grand bien.

ARGENT

Côté finances, vous ne serez pas trop gâté cette année, et en plus, il faut le dire, vous aurez tendance à ne pas pratiquer la politique de l'écureuil ! Par désir de reconnaissance et d'affection, vous aurez tendance à devenir un grand dépensier. Heureusement, lors du dernier trimestre, des nouvelles heureuses vous permettront d'envisager un meilleur avenir financier. Cependant, la vigilance vous est recommandée dans vos dépenses. Soyez donc très prudent quant aux investissements.

Si dans votre grille d'inclusion le nombre 1 est manquant

Lors du premier semestre, vous aurez tendance à vivre replié sur vous-même. Or, il vous faudra faire un effort sur vous-même et vous tourner vers le monde extérieur. Quoi qu'il arrive, vous devrez sortir, rencontrer des gens nouveaux ; cela vous sera profitable d'ici la fin de l'année. Ne fuyez pas ce qui vous paraît superficiel. Soyez rayonnant comme l'exige le nombre de cette année et affirmez-vous dans des milieux que vous n'aviez pas envisagé de fréquenter : de là, vous tirerez des conclusions fort positives pour votre avenir, surtout professionnel. Soyez passionné et audacieux, plus qu'à l'ordinaire. Veillez tout de même à ne pas vous laisser entraîner dans le tourbillon des plaisirs sous prétexte que vous avez besoin de reconnaissance et d'admiration. Trouvez l'équilibre en ce domaine.

SI VOTRE NOMBRE CLÉ EST 4, VOICI VOS PRÉVISIONS POUR CETTE ANNÉE

TRAVAIL

Une année d'accomplissements et de complètes réalisations vous attend, si vous acceptez de ne plus vous référer au passé et d'aller de l'avant. Votre milieu professionnel vous mettra à l'épreuve. Vos succès seront en fait des récompenses proportionnelles aux efforts que vous aurez déployés pour aboutir.

AMOUR

Vous ne supporterez pas les échecs et vous refuserez tout signe de faiblesse devant votre partenaire. Si vous êtes célibataire, vous irez à la conquête de l'amour, et vous aurez de grandes chances de rencontrer une personne qui pourra marquer votre vie. Toutefois, si vous souhaitez convoler en justes noces, il vous faudra sans doute attendre l'année prochaine. Dans l'ensemble, c'est plutôt la solitude qui l'emportera. Vos relations affectives, quant à elles, seront privilégiées au cours du troisième trimestre et, à un moindre niveau, tout au long du deuxième trimestre.

SANTÉ

Vous n'aurez sans doute pas de problème cette année. Il vous est simplement recommandé d'éviter les excès (de table notamment) et de prendre le temps de vous détendre, afin de ne pas accumuler les tensions.

ARGENT

Vous vous lancerez, sur le plan financier, dans des investissements à risques. C'est un bel élan qui vous soutiendra et vous serez très motivé. Si vous devez réaliser des investissements cette année, faites-le au cours des trois premiers trimestres, octobre, novembre et décembre vous étant moins favorables sur ce plan. En effet, durant ce dernier trimestre, vos rentrées d'argent seront retardées, peut-être jusqu'à la fin de l'année ou au début de la suivante. Dans l'ensemble, ce sera une bonne année sur le plan financier. Vous prendrez de bonnes initiatives et vous obtiendrez de petits succès. Seuls quelques contretemps viendront vous contrarier.

Si dans votre grille d'inclusion le nombre 1 est manquant
Méfiez-vous de vous, de votre présomption, de votre suffisance, de votre enthousiasme irréfléchi. Vous aurez tendance à vous révéler capricieux, désordonné et instable. Si vous ne contrôlez pas vos impulsions, vous aurez de la peine à vivre positivement ; ce serait vraiment dommage de gâcher une année qui se présente à vous sous les meilleurs auspices. Saurez-vous en profiter et faire preuve pour cela d'une attitude plus modérée, convaincre votre entourage de vous suivre et de vous soutenir dans de grands projets, afin de mieux les réussir ?

SI VOTRE NOMBRE CLÉ EST 5, VOICI VOS PRÉVISIONS POUR CETTE ANNÉE

TRAVAIL

Cette année, pour vous, il sera important de décider, d'entreprendre, de trancher, de vous imposer, d'exiger de vos supérieurs hiérarchiques, de meilleures conditions de travail et d'obtenir ainsi une promotion. Vous pourrez compter sur votre énergie pour pallier aux éventuelles tensions que vous pourriez ressentir sur le plan relationnel. Les périodes favorables à l'avancement dans votre carrière se situeront au cours du deuxième et du dernier trimestres, avec un bon mois de mai, un très bon mois de septembre et un excellent mois de décembre.

AMOUR

Quelle année ! Elle sera chargée d'émotions, de sentiments, de sensations diverses, parfois contradictoires mais, dans l'ensemble, profondément agréables. L'année (avec un 6, donc placée sous le signe de l'amour) vous promet des surprises dans votre vie affective. Si vous êtes célibataire, vous tomberez amoureux ; et si vous ne l'êtes pas, vous pourriez vous enticher d'une autre personne. Soyez prudent car ce ne serait qu'une passade. Si vous deviez sceller une union, choisissez de préférence les mois d'avril, mai, octobre, novembre ou décembre. Un mariage contracté cette année sera parfaitement réussi.

SANTÉ

Si vous souffrez déjà de problèmes cardiaques et circulatoires, méfiez-vous : des excès de cholestérol pourraient aggraver cette situation durant le troisième trimestre. Mais dans l'ensemble, ce ne sera pas une année à graves problèmes.

ARGENT

Cette année, financièrement, faites pour le mieux ! Vous bénéficierez de certains atouts qui vous aideront à réaliser des affaires et des transactions financières fort intéressantes et productives pour l'avenir. Tous les investissements, sur le plan immobilier, vous sont conseillés. Si vous souhaitez vous débarrasser de liens de cet ordre, vous devriez facilement vendre. Les mois les plus favorables seront mai, septembre, novembre et décembre.

Si dans votre grille d'inclusion le nombre 1 est manquant

Le destin vous offrira beaucoup. La seule attitude à avoir, pour bien réussir, sera de vous engager avec détermination, d'aller jusqu'au bout de vos engagements. La persévérance et la constance seront de rigueur dans la façon dont vous allez mener vos projets. S'ils sont à court terme, ils auront à peine le temps de commencer. Pensez à construire un avenir stable. Si des opportunités s'offrent à vous, élaborez des stratégies, acharnez-vous à construire, même si un travail difficile vous est imposé. Si vous faites preuve de ténacité, de volonté, d'obstination et de persévérance, vous serez gagnant.

SI VOTRE NOMBRE CLÉ EST 6, VOICI VOS PRÉVISIONS POUR CETTE ANNÉE

TRAVAIL

Cette année de réflexion inclinera à la recherche intellectuelle et aux travaux de réflexion. Elle sera également propice à l'action, aux nouveaux projets et aux nouvelles entreprises. Cependant, il semble qu'une importante remise en question se produira et suscitera en vous, un désir nouveau de vous engager dans des entreprises qui favoriseront votre épanouissement professionnel et l'évolution de vos finances. Le premier trimestre ne vous satisfera pas complètement. Il faudra patienter jusqu'au 1er juillet, date à laquelle vous serez en mesure d'envisager votre carrière sous un jour nouveau.

AMOUR

Si vous êtes célibataire, de nombreuses rencontres viendront donner un nouveau sens à votre vie. Mais ce sont vos ambitions financières et professionnelles qui primeront. Ces rencontres ne dureront pas. En revanche, si vous avez déjà un partenaire, ensemble, vous ferez de nouveaux projets, notamment au cours du dernier trimestre.

SANTÉ

Dans l'ensemble, cette année vous promet une bonne forme physique et beaucoup d'énergie. Vous aurez un de ces punch ! Vous pourrez agir très librement. Vous n'aurez quasiment pas de problème de santé. Toutefois, surveillez votre circulation sanguine et votre tension (si votre terrain s'y prête, préservez-vous contre l'hypo ou l'hypertension). De toute façon, dans le courant du dernier trimestre, toutes ces petites complications devraient disparaître. Ce sera une période favorable aux interventions. D'ailleurs, il en est de même pour toutes les années personnelles 1. Cependant, dans la période du 1er avril au 1er juillet, toute intervention sera déconseillée, sauf en cas d'urgence, bien entendu.

ARGENT

Cette année vous promet beaucoup de démarches et de contrats relatifs à votre situation financière, notamment durant le troisième et le dernier trimestre. Des succès sont à prévoir, suite à de nouveaux contacts que vous aurez pris très certainement dans les trois premiers mois. Vous accumulerez énormément de retards entre le 1er avril et le 1er juillet. En revanche, une réussite importante pourrait se réaliser pendant le troisième trimestre, et plus particulièrement au mois de septembre.

Si dans votre grille d'inclusion le nombre 1 est manquant

Sans doute vous offrira-t-on de nouvelles possibilités au cours de cette année. Cependant, si vous manquez d'esprit d'initiative ou d'opportunisme, vous laisserez passer votre chance. En effet, vous aurez tendance, en cours d'année, à trop vous reposer sur autrui et à craindre les changements rapides. Profitez plutôt de ces bons augures pour aller de l'avant et ne pas hésiter à prendre des directions nouvelles. Ne passez pas à côté de ces opportunités qui vont s'offrir à vous.

SI VOTRE NOMBRE CLÉ EST 7, VOICI VOS PRÉVISIONS POUR CETTE ANNÉE

TRAVAIL

Tout ce qui sera entrepris pendant cette année verra son aboutissement dans les neuf années à venir, en bien comme en mal. En général, ce seront des entreprises de longue haleine, destinées, semble-t-il, à être couronnées de succès. Ce qui a démarré dans le passé pourra connaître une nouvelle impulsion ou une fin, cette année. Cet aspect, à votre vingt-sixième ou cinquante-sixième année, est très important et annonce un changement radical et positif dans votre travail. À ce niveau, votre vie professionnelle va vous offrir la possibilité, de devenir plus indépendant, avec plus de responsabilités. Les honneurs sont à envisager. Vous serez sollicité, notamment dans les deuxième et troisième trimestres. Mais, entre le 1er octobre et le 31 décembre, de petits obstacles se présenteront. Surtout, réagissez avec beaucoup de tact, sans vous laisser aller à vos impulsions.

AMOUR

Tous les aspects, cette année, pourraient vous conduire à entamer une nouvelle relation affective. Soyez vigilant. Ne vous engagez pas trop rapidement ; ce serait une erreur. En effet, vous risquez de subir des pressions, difficiles à surmonter. Ne pensez pas qu'à vous. L'égoïsme, pour un bonheur futile et peu durable, ne vous mènera qu'à la catastrophe. Il sera très important, pour vous, de pratiquer une sélection sur le plan émotionnel et affectif, car vous serez lié à ces personnes pour les neuf années à venir.

SANTÉ

Rien à signaler de grave. Peut-être de petites complications se manifesteront-elles dans le dernier trimestre, sur le plan dentaire ou osseux, surtout si vous souffrez d'arthrose. Soyez vigilant.

ARGENT

Cette année sera favorable sur le plan financier. Vous envisagerez de nouveaux projets financiers. Vous établirez des fondations solides, dans ce domaine, qui seront prometteuses pour l'avenir. L'une des périodes fastes sur le plan financier se situera entre avril et juillet.

Si dans votre grille d'inclusion le nombre 1 est manquant

La vie risque de vous placer dans des ambiances conflictuelles. Surtout, n'intervenez pas : vous auriez tendance à réagir avec agressivité, peut-être même avec autoritarisme, et cela vous nuirait pour les années à venir. Des discordes avec vos proches seraient mal venues. Elles vous desserviraient totalement, alors que le destin exige de vous une grande maîtrise. Vous risquez de tomber dans des excès d'humeur et d'agressivité. Occupez-vous, avant tout, de votre vie professionnelle, où vous aurez des opportunités à saisir.

SI VOTRE NOMBRE CLÉ EST 8, VOICI VOS PRÉVISIONS POUR CETTE ANNÉE

TRAVAIL

Cette année se présente sous un jour très favorable. Elle vous permettra d'entamer une activité nouvelle, de créer, peut-être, votre propre entreprise, de réaliser des projets importants pour vous. Le premier trimestre sera marqué par de puissants aspects vous motivant pour démarrer quelque chose de nouveau. Dès le mois de septembre, de fortes vibrations vous donneront la possibilité de vous engager dans une nouvelle vie professionnelle ou d'avoir des activités intéressantes que vous grefferez à la principale. Si vous êtes au chômage, vous trouverez du travail.

AMOUR

L'amour ne sera pas à l'honneur, bien que l'année soit favorable à un mariage, notamment au cours du dernier trimestre. Cette année pourra vous apporter beaucoup de peines, dans le sens où vous connaîtrez l'indécision dans ce domaine. Si vous êtes avec quelqu'un, vous souhaiterez être seul, et si vous êtes seul, vous souhaiterez être avec quelqu'un. Il est vrai que l'année qui suivra, marquée par le 2, sera plus propice à régler ce genre de problèmes.

SANTÉ

Un surcroît d'activités viendra, notamment entre le 1er juillet et le 30 septembre, déstabiliser votre état général. Un grand stress aggravera des problèmes de santé préexistants. Qui plus est, vous baignerez dans un climat d'agressivité qui sera susceptible de perturber votre équilibre physique et moral.

ARGENT

Plusieurs décisions, prises aux mois d'avril et mai, vous donneront la possibilité, dès le mois de septembre, de régler de nombreuses situations qui jusqu'alors vous épuisaient financièrement. Le quatrième trimestre, très favorable, sonnera l'heure de la réussite, à condition d'avoir été modéré dans vos rapports avec l'argent, c'est-à-dire de ne pas avoir thésaurisé ni gaspillé. Pour tout nouvel investissement, choisissez les périodes qui vont du 1er janvier au 30 avril et du 21 septembre au 31 décembre (se reporter aux prévisions mensuelles, lesquelles se révéleront très positives).

Si dans votre grille d'inclusion le nombre 1 est manquant

Si les décisions ne sont pas prises entre, au plus tard, les 30 mai et 1er juillet, afin que tout se concrétise en septembre, la seconde partie de l'année sera jalonnée d'obstacles et de difficultés. Vous manquerez d'énergie et vous aurez du mal à y voir clair. Pour vivre positivement cette année, vous devrez prendre toutes les décisions dans le premier semestre et éviter les associations, quelles qu'elles soient. Vous ne devrez compter que sur vous-même. Méfiez-vous des conseils que l'on pourra vous donner et laissez-vous guider par votre intuition, votre instinct naturel. Les vibrations seront bonnes pour construire votre avenir sur des bases solides.

SI VOTRE NOMBRE CLÉ EST 9, VOICI VOS PRÉVISIONS POUR CETTE ANNÉE

TRAVAIL

Cette année vous permettra de réaliser des projets qui vous tiennent à cœur. Vous bénéficierez de concours de circonstances très favorables. Tout ira très vite. Il sera bon d'envisager, aux alentours de janvier, un nouveau départ dans votre vie professionnelle. Des possibilités d'associations pourront se présenter dans les deuxième et dernier trimestres. Réfléchissez bien avant de vous engager car vous aurez de gros risques à prendre. C'est une bonne année qui s'offre à vous. Si vous prenez les bonnes décisions, vous réussirez !

AMOUR

En amour, l'année sera moins bonne, notamment dans le deuxième et le troisième trimestres, où des tensions avec votre partenaire seront à prévoir. Vous aurez envie de tout « plaquer ». N'en faites rien, vous le regretteriez. Si vous êtes célibataire, des rencontres de courte durée se produiront : soit la personne ne sera pas libre, soit elle sera éloignée.

SANTÉ

Ce sera une excellente année, le moment ou jamais de régler les problèmes qui vous préoccupent depuis des mois, voire des années. Tout traitement nouveau vous sera profitable les premier et dernier trimestres ; évitez si possible le deuxième trimestre.

ARGENT

De juillet à fin septembre, des opportunités se présenteront à vous et vous offriront la possibilité de vous refaire une nouvelle santé financière ; soyez prudent quant aux dépenses en octobre, novembre et décembre. De grands projets vont pouvoir se réaliser. Toutefois, n'allez pas croire que vous en récolterez les fruits cette année. Soyez patient, confiant et tenace. C'est un excellent présage pour les années à venir.

Si dans votre grille d'inclusion le nombre 1 est manquant

Cette année vous réservera quelques désagréments si vous ne vous mettez pas en avant, en vous affirmant et en prenant des décisions engageant votre avenir. Le destin vous placera dans des situations, parfois difficiles, où vous ne devrez compter que sur vos propres ressources, et seules vos initiatives vous tireront d'affaire.

SI VOTRE ANNÉE PERSONNELLE EST 2

Voici les neuf différentes années personnelles 2.
À l'aide de votre nombre clé (que vous aurez calculé p. 20), vous allez rechercher votre année personnelle correspondante et lire vos prévisions.

Si votre nombre clé est : 1 voir p. 68
2 voir p. 69
3 voir p. 70
4 voir p. 71
5 voir p. 72
6 voir p. 73
7 voir p. 74
8 voir p. 75
9 voir p. 76

SI VOTRE NOMBRE CLÉ EST 1, VOICI VOS PRÉVISIONS POUR CETTE ANNÉE

TRAVAIL

Faites preuve de prudence et de diplomatie. Développez votre sens de la communication. Lors des deuxième et dernier trimestres, des propositions d'association vous mettront dans l'embarras. Votre instinct saura vous guider et mettre fin à ces incertitudes. Soyez ferme dans vos positions, mais réceptif à toutes ces propositions, sans pour autant vous engager à fond. Des tensions seront prévisibles lors du premier trimestre.

AMOUR

Votre équilibre affectif gagnera en stabilité, si vous partez à la découverte de nouveaux sentiments. Par ailleurs, une rencontre sera possible pendant les deux derniers trimestres pour les célibataires. Les couples quant à eux devront redoubler de prudence. En effet, pourraient fort bien naître de petits conflits dus, de façon tout à fait paradoxale, à un excès de sensualité : vous risquez ainsi d'être entraîné dans une période assez mouvementée.

SANTÉ

Disciplinez vos émotions, car votre santé nerveuse risque d'être mise à rude épreuve. Pratiquez divers sports, extériorisez-vous, communiquez avec votre environnement, cela vous réconfortera. Si vous souffrez actuellement de troubles, le dernier trimestre vous apportera les solutions appropriées et la guérison.

ARGENT

Des affaires inopinées se présenteront et vous permettront de faire de nouveaux profits. Restez tout de même sur vos gardes, notamment d'avril à octobre. Ne dépensez pas à tort et à travers, ne faites pas de projets en comptant sur de prochaines rentrées d'argent, ce ne seront que des chimères : restez lucide.

Si dans votre grille d'inclusion le nombre 2 est manquant

Vous allez devoir supporter une autorité que vous aurez envie de dominer. Pour parvenir à vos fins, il vous faudra faire beaucoup de concessions. Dans son ensemble, l'année risque d'être assez éprouvante psychologiquement. Armez-vous donc de patience, de tact et de diplomatie.

SI VOTRE NOMBRE CLÉ EST 2, VOICI VOS PRÉVISIONS POUR CETTE ANNÉE

TRAVAIL

Vous serez débordé de travail durant le premier semestre. Pourtant, cette année se caractérisera essentiellement par la gestation ou l'élaboration de projets. Par ailleurs, des mésententes ou des désaccords pourront déboucher sur des procès lors du second semestre. Par conséquent, faites preuve de mesure et de circonspection dans vos actions. Enfin, persévérez dans vos efforts entrepris l'année dernière. Précisons qu'il serait préférable de ne pas vous associer pour le moment.

AMOUR

Vous vivrez des amours mouvementées durant le deuxième trimestre. Cette période, riche en réconciliations pour tout le monde, sera particulièrement favorable aux célibataires qui sauront trouver une relation stable. Malgré tout, la prudence restera de rigueur.

SANTÉ

Le troisième trimestre risque d'entraîner des complications au niveau nerveux. L'année ne vous sera peut-être pas très favorable : soyez sur vos gardes et ne vous surmenez pas.

ARGENT

Seule la patience sera fructueuse. Gardez-vous bien des « coups de tête » intempestifs, ils risqueraient d'être suivis de grosses pertes. Profitez de cette période pour développer vos investissements passés. Dégagez-vous des questions matérielles et sachez que le temps travaille pour vous.

Si dans votre grille d'inclusion le nombre 2 est manquant
L'année ne sera pas de tout repos car de nombreux obstacles devront être surmontés. Ne restez pas indécis face aux situations délicates et demeurez ferme sur vos principes. Faites preuve de constance dans vos activités, de continuité dans vos entreprises et de confiance en vos ressources.

SI VOTRE NOMBRE CLÉ EST 3, VOICI VOS PRÉVISIONS POUR CETTE ANNÉE

TRAVAIL

Des ratés seront à prévoir lors du troisième trimestre et les perspectives heureuses annoncées dans les deux premiers mois s'évanouiront. Soyez très vigilant, car de soi-disant bonnes affaires pourraient tourner au désastre. Ne prenez pas de risques inutiles, abstenez-vous de lancer des nouveaux projets. En revanche, vous pourrez accepter toute proposition éventuelle de déplacement pendant le premier semestre, car elle sera sans doute suivie d'effets positifs.

AMOUR

La vibration de toute cette année sera fortement féminine. Vous vivrez des événements émotionnels très intenses. Si vous êtes célibataire, vous attirerez les relations nouvelles, surtout lors des premier et troisième trimestres, et elles bouleverseront votre vie. Votre souhait le plus cher sera de faire un long chemin ensemble. Les rencontres faites durant le troisième trimestre ne seront que de courte durée. Les couples déjà fragiles connaîtront, au cours du deuxième et du troisième trimestre, une vague de conflits et de petites crises successives. Pour réussir cette année, chacun devra se soumettre à l'autre. Les excès de comportement n'entraîneront que des ruptures, que vous seriez le premier à regretter. Apprenez donc à parler, à écouter et à aimer dans la douceur et à vous laisser aimer dans la tendresse, et la fin de l'année sera positive.

SANTÉ

Durant le deuxième, et surtout le troisième trimestre, des cycles passagers vous rendront plus fragile sur le plan glandulaire et sanguin, tant vos émotions seront répétées et soudaines. N'hésitez pas, dès le début de l'année, à les prévenir, en vous fortifiant grâce à une bonne alimentation et à une consommation plus importante de tisanes et de produits naturels. Dans l'ensemble, votre état général sera satisfaisant, du moment où vous parvenez à vous préserver des émotions trop fortes. Évitez si possible les interventions chirurgicales, sinon choisissez de préférence les premier et quatrième trimestres.

ARGENT

Toutes les spéculations seront déconseillées. Alors, profitez-en pour économiser. Seuls les ventes ou achats opérés au cours de l'année dernière continueront à vous être bénéfiques. Enfin, un sage conseil : ne comptez pas trop sur l'argent que l'on vous doit. Des pertes seront à prévoir lors du second semestre.

Si dans votre grille d'inclusion le nombre 2 est manquant

Au cours de cette année, vous serez la cible de commérages et de rumeurs apparemment injustifiées. Vous pourriez même être victime de critiques, voire d'agressions. Cette influence négative vous poursuivra et vous fera souffrir, surtout durant les deuxième et troisième trimestres. Il vous faudra apprendre à vivre avec les autres sans vous laisser influencer par leurs aspects négatifs. C'est la loi du pardon qui sera dominante. Si vous arrivez à accéder à cet état de sérénité, vous vivrez un dernier trimestre plus harmonieux.

SI VOTRE NOMBRE CLÉ EST 4, VOICI VOS PRÉVISIONS POUR CETTE ANNÉE

TRAVAIL

L'année, et plus particulièrement le troisième trimestre, vous sera très favorable. En effet, les nouveaux contacts vous seront bénéfiques et vous apporteront même une certaine notoriété. Toutefois, une sorte de nonchalance risquera de vous retarder dans vos projets lors du deuxième trimestre. Saisissez toutes les opportunités qui se présenteront à vous et vous ne pourrez que vous en féliciter. De même, vous aurez tout intérêt à réaliser tous les objectifs qui vous seront assignés, surtout si ces derniers sont en rapport direct avec des projets enclenchés l'année dernière.

AMOUR

Les problèmes liés au couple vont trouver leurs solutions. Une nouvelle conception de votre relation transformera votre vie, en lui donnant un nouveau souffle. Malheureusement, des tensions pourront surgir dans le dernier trimestre. Usez de tact, de prudence et de délicatesse pendant les discussions avec votre conjoint. Vous éviterez ainsi les confusions, et les risques d'incompréhension mutuelle s'en trouveront atténués.

SANTÉ

Si possible, évitez les interventions chirurgicales. Par ailleurs, les troubles déjà existants risqueront de s'aggraver. Soyez donc vigilant et tempérez notamment vos ardeurs, car vos ressources ne seront pas inépuisables.

ARGENT

Après un premier semestre très dur, des aides extérieures tout à fait bénéfiques vous permettront, à partir du début du mois d'août, de réaliser vos projets. Profitez de cette période pour vous séparer de personnes qui vous auront mené à des échecs. Vous repartirez ainsi sur de nouvelles bases. Soyez confiant, et vous redresserez la barre. Enfin, évitez à tout prix de spéculer, ou alors ne le faites que de façon résiduelle, pendant l'été.

Si dans votre grille d'inclusion le nombre 2 est manquant

Communiquez avec votre entourage, échangez vos points de vue et ne restez pas sur vos positions. Faites preuve de patience et maîtrisez votre tempérament, prêt à s'enflammer pour d'éventuelles trahisons. Votre sensibilité « à fleur de peau » vous rendra facilement irritable et hypersusceptible : pour échapper à cet état d'esprit, dominez et contrôlez vos passions.

SI VOTRE NOMBRE CLÉ EST 5, VOICI VOS PRÉVISIONS POUR CETTE ANNÉE

TRAVAIL

Vous allez devoir assumer de grandes déceptions, notamment au cours du deuxième trimestre. Mais, de nombreux appuis moraux vous aideront, lors des deuxième et dernier trimestres, non seulement à passer le cap mais aussi à mettre en place une stratégie et de nouveaux projets. Soyez tout de même vigilant et ne faites pas confiance à tout le monde. Certaines personnes risquent en effet de vous trahir. Ne réagissez pas aux ragots. Des personnes jouissant d'une certaine autorité (telles que des patrons ou des agents de la loi), risqueraient de vous causer bien des difficultés. Si vous deviez vous associer, ne le faites qu'au dernier trimestre, car les autres contacts ne reposeront sur aucune base sérieuse.

AMOUR

Drame, passion et exaltation seront les trois mots d'ordre de votre vie amoureuse. Pour les célibataires, une période critique, au printemps, risquera de déchirer une relation. Mais une rencontre, dans le dernier trimestre, saura vous soutenir et vous rendre l'équilibre perdu. Les couples, eux ausi, connaîtront de nombreux déboires au cours de ce printemps. Engagez le dialogue et structurez différemment votre vie affective et tout s'arrangera. Vous devrez jouer de patience, de compréhension, tout en restant disponible et en vous sentant mobilisé. Ayez une attitude vigilante. Les célibataires pourront envisager un mariage au cours du dernier trimestre. N'hésitez pas et foncez !

SANTÉ

Attention ! La période qui s'étendra du mois d'avril au mois de septembre vous trouvera fragilisé. Dans cet intervalle de temps, évitez si possible les interventions chirurgicales.

ARGENT

Pendant les trois premiers trimestres, il vaudra mieux éviter tout type de placement, car des pertes seront à redouter. Il serait vraiment hasardeux de vous associer ; vous risqueriez d'être mal conseillé. Seuls les projets engagés l'année dernière pourront vous rapporter à la fin de cette année, à condition de ne rien tenter et de laisser faire le temps.

Si dans votre grille d'inclusion le nombre 2 est manquant

Accrochez-vous et résistez aux divers obstacles que vous aurez à franchir. Il sera recommandé de ne pas rompre les liens avec vos relations, tant affectives que professionnelles et de ne pas non plus vous engager dans de nouvelles relations. Surtout, faites preuve de diplomatie.

SI VOTRE NOMBRE CLÉ EST 6, VOICI VOS PRÉVISIONS POUR CETTE ANNÉE

TRAVAIL

Que de satisfactions, cette année, et particulièrement dans ce second semestre ! Le destin vous encouragera vivement dans vos réalisations et vous permettra de rencontrer des personnes partageant vos points de vue. Sachez que vous devrez maintenir vos objectifs et rester maître de la situation. Ne recherchez pas systématiquement les aides, elles viendront naturellement à vous. De petits retards seront à prévoir dans vos projets.

AMOUR

Célibataires, ce sera le moment de vous marier. Aux alentours du mois de juin, quelques tensions pourront surgir en raison de la famille ou d'amis trop pesants. Vous sentirez d'ailleurs le besoin de vous retrouver seul en fin d'année, afin de faire le point : vous n'en sortirez que plus lucide.

SANTÉ

Vous serez déstabilisé nerveusement et cela entraînera des troubles psychosomatiques, surtout vers le troisième trimestre. Surveillez bien votre alimentation, vous rendrez ainsi un fier service à votre organisme.

ARGENT

Vous conclurez d'excellentes affaires pendant le premier semestre, mais vous n'en bénéficierez pas directement. Les investissements seront déconseillés sauf, peut-être, au deuxième trimestre. Faites preuve de patience et de prudence. Quelle que soit la nature des investissements ou des placements, il vaudrait mieux, en fait, attendre l'année prochaine.

Si dans votre grille d'inclusion le nombre 2 est manquant

Vous serez très nerveux, voire agressif. Vous aurez tendance à déprimer et à baisser les bras. Ressaisissez-vous et persévérez. Votre vie affective pourrait se trouver déstabilisée lors du second semestre : soyez vigilant.

SI VOTRE NOMBRE CLÉ EST 7, VOICI VOS PRÉVISIONS POUR CETTE ANNÉE

TRAVAIL

De nombreux conflits seront à craindre dans vos relations de travail et viendront perturber votre évolution professionnelle. Vous regretterez amèrement certaines collaborations irréfléchies. Cependant, lentement mais sûrement, de belles perspectives de carrière vont se dessiner. Veillez à ne pas précipiter le mouvement, et préférez la patience à l'élaboration de projets rapides mais illusoires. Le mieux serait même d'attendre l'année prochaine. Enfin, remplissez jusqu'au bout vos obligations et vos engagements contractés antérieurement, car ceux-ci vous apporteront beaucoup dans un avenir proche.

AMOUR

Les trois premiers trimestres n'auront rien d'exceptionnels. Les célibataires verront des relations se briser, ce qui risquera fort de les déstabiliser au cours des deuxième et troisième trimestres. Le dernier trimestre vous promet le retour d'une personne rencontrée quelques années auparavant. Cet événement annoncerait même une vie ensemble à long terme. Les couples, eux aussi, devront faire face à de multiples obstacles, qu'ils franchiront définitivement en fin d'année. Et le meilleur s'annoncera alors...

SANTÉ

Redoublez de vigilance. Votre tension nerveuse étant intense, des troubles psychosomatiques pourraient apparaître. Il vous faudra traiter toute inflammation éventuelle.

ARGENT

Rien ne se passera selon vos espérances. Évitez donc de prendre des risques. N'investissez pas, ne recherchez aucune aide et ne vous associez pas. Seule la providence pourra vous aider.

Si dans votre grille d'inclusion le nombre 2 est manquant
Restez mobilisé et ne vous dispersez pas. Demeurez lucide. Surtout, évitez toute spéculation. Par ailleurs, analysez toutes vos relations, portez un œil critique sur votre comportement et apportez-y les corrections qui s'imposent. Enfin, voyager vous ferait le plus grand bien.

SI VOTRE NOMBRE CLÉ EST 8, VOICI VOS PRÉVISIONS POUR CETTE ANNÉE

TRAVAIL

Des coups de chance imprévus faciliteront la réalisation de vos projets. Vous serez reconnu, récompensé, et tout ira pour le mieux. Pour ce faire, n'hésitez pas à vous associer et à favoriser les nouveaux contacts. Ils vous seront bénéfiques. Mais évitez de vous associer avec des gens ne partageant pas vos idées. De même, ne vous lancez pas dans un projet qui ne vous conviendrait pas pleinement ou qui ne correspondrait pas à votre vision des choses.

AMOUR

Le climat sera favorable à la vie sentimentale. Les célibataires rencontreront une personne dont ils ne pourront plus se passer. Précisons que cette relation sera davantage fondée sur la sagesse que sur l'émotion. Quant aux couples, malgré de toutes petites tensions dans le courant de l'année, ils verront leur situation s'améliorer progressivement.

SANTÉ

Le deuxième trimestre sera très éprouvant nerveusement et psychologiquement. Surveillez votre tension et soyez attentif aux petites inflammations qui pourront se déclarer pendant le dernier trimestre.

ARGENT

Vous réaliserez de très bonnes affaires qui porteront leurs fruits lors du troisième trimestre. Ne soyez pas trop impatient, sachez que le temps travaille pour vous.

Si dans votre grille d'inclusion le nombre 2 est manquant

Assumez les contraintes et les lourdes responsabilités ; acceptez les injonctions et les ordres de votre supérieur. Ne prenez pas d'initiatives trop personnelles et écoutez les conseils que l'on vous donnera. Mais votre état de santé risquera fort de vous déstabiliser. Prudence à ce sujet.

SI VOTRE NOMBRE CLÉ EST 9, VOICI VOS PRÉVISIONS POUR CETTE ANNÉE

TRAVAIL

Un effort acharné et constant vous sera demandé cette année, d'où un état de surmenage continu. Soyez discipliné et ne perdez pas courage. Développez les projets engagés l'année précédente et, surtout, n'entamez aucun programme nouveau : ce serait pure folie ! En clair, confiance et patience devront être votre devise tout au long de cette année.

AMOUR

Votre couple ne vous donnera pas entière satisfaction et vous serez pris de doutes à l'égard de votre partenaire. Évitez cependant de commettre des actions irréfléchies, surtout pendant le deuxième trimestre. Les célibataires iront de déceptions en déceptions. Ne renoncez pas pour autant à vos convictions. Sachez être patient.

SANTÉ

Votre nervosité et votre irritabilité vont littéralement vous épuiser, tout au long de cette année. À tel point que vous subirez, dès le deuxième trimestre, une perte totale d'énergie. Heureusement, un léger mieux se fera sentir en fin d'année. Un conseil : essayez de rester calme.

ARGENT

Inutile de vous engager financièrement sur quelque terrain que ce soit — les investissements en l'occurrence —, car ce serait à perte. Toutefois, le dernier trimestre vous apportera quelques profits inattendus. Tenez-vous tout de même sur le qui-vive.

Si dans votre grille d'inclusion le nombre 2 est manquant

Ayez confiance en vous et, mieux encore, cherchez à vous perfectionner en même temps. La réussite dépendra des efforts que vous aurez réalisés en ce sens. Par ailleurs, évitez de vous associer pour une longue durée et de spéculer. Sachez discerner le bon moment pour agir et ne perdez pas de vue cette maxime : « Chaque chose en son temps. » Enfin entretenez vos amitiés. Relaxez-vous. Surtout, débarrassez-vous de tout sentiment d'orgueil et faites preuve, au contraire, de tolérance.

SI VOTRE ANNÉE PERSONNELLE EST 3

Voici les neuf différentes années personnelles 3.
À l'aide de votre nombre clé (que vous avez calculé p. 20), vous allez rechercher votre année personnelle correspondante et lire vos prévisions.

Si votre nombre clé est : 1 voir p. 78
2 voir p. 79
3 voir p. 80
4 voir p. 81
5 voir p. 82
6 voir p. 83
7 voir p. 84
8 voir p. 85
9 voir p. 86

SI VOTRE NOMBRE CLÉ EST 1, VOICI VOS PRÉVISIONS POUR CETTE ANNÉE

TRAVAIL

Vous récolterez bel et bien les fruits de votre acharnement, mais la fatalité risquera de contrecarrer quelque peu vos projets, notamment lors du troisième trimestre. De plus, vous aurez à votre actif une imagination débordante, alors laissez libre cours à votre créativité. Profitez-en pour réaliser les projets les plus fous. Mais soyez sur vos gardes, quant aux nouvelles collaborations. De même, ne vous engagez pas dans de nouveaux projets, durant le deuxième et le troisième trimestres. Le premier trimestre sera plutôt propice à la conception et le dernier trimestre à la concrétisation. Enfin, comptez sur votre volonté et votre énergie intérieure, pour vous impliquer entièrement dans votre travail.

AMOUR

Les personnes en couple vont pouvoir, à travers une relation suivie, donner une nouvelle dimension à leurs rapports, fondés sur les sentiments, les émotions et le partage. Les célibataires, quant à eux, verront naître des relations amicales, lors du premier et du dernier trimestre. Vous vous sentirez globalement bien dans votre peau, malgré un troisième trimestre lourd en déceptions.

SANTÉ

Votre joie de vivre vous entraînera, dans l'euphorie du moment, à certains excès. Alors, modérez-vous. Prenez garde à votre foie. Profitez-en pour vous occuper de votre corps et de votre look. Vous allez fort certainement être surpris des résultats obtenus !

ARGENT

Des pertes financières seront à prévoir, lors du troisième trimestre. Il vaudra mieux éviter les investissements pendant les trois premiers trimestres. En revanche, des gains seront envisageables, au cours du dernier trimestre. Par ailleurs, demeurez réaliste dans vos projets, et ne vous lancez pas dans des réalisations trop coûteuses ; ces opérations risqueraient en effet de vous nuire. De façon générale, l'effort devra être, tout au long de cette année, bien plus d'ordre intellectuel que financier.

Si dans votre grille d'inclusion le nombre 3 est manquant
Faites attention, l'année sera particulièrement difficile à assumer. Soyez très vigilant dans vos investissements. Le mieux sera de vous consacrer corps et âme à vos entreprises et de persévérer, malgré les coups du sort.

SI VOTRE NOMBRE CLÉ EST 2, VOICI VOS PRÉVISIONS POUR CETTE ANNÉE

TRAVAIL

Votre réussite dépendra cette année de votre créativité. Mais surtout, elle sera fonction de vos facilités en matière de communication et de *public relations*. Ainsi, lors des second et troisième trimestres, vous vous ferez de nouvelles relations, et obtiendrez un statut professionnel plus avantageux. Vous risquez de rencontrer quelques petites difficultés (surtout début octobre), mais rien de bien sérieux. En fait, le plus sage et le plus avantageux pour vous sera de vous reporter à vos mois et jours personnels, afin d'entreprendre vos actions dans les meilleures conditions possibles.

AMOUR

Vous vous sentirez libre et disposé à rencontrer l'âme sœur. Votre immense appétit de liberté risquera toutefois de vous modérer dans vos élans. Une rencontre, à la fin du deuxième trimestre et pendant le troisième trimestre, pourrait s'avérer capitale : vous connaîtrez, peut-être, la personne de votre vie ! Elle vous apportera beaucoup, et votre liaison pourrait devenir officielle, dès l'année prochaine.

SANTÉ

Vous serez très fragile sur le plan émotionnel, ce qui pourrait engendrer des maladies cutanées, telles qu'allergies, inflammations et infections. Les périodes les plus critiques seraient le deuxième et le dernier trimestre. En revanche, vous serez débordant d'énergie tout au long du troisième trimestre. Profitez-en pour régler vos problèmes de santé et pour améliorer votre potentiel physique.

ARGENT

Attendez le troisième trimestre pour investir : les autres moments risqueraient de vous être défavorables. Sachez suivre votre intuition (uniquement lors du troisième trimestre). Si vous avez des doutes, demandez conseil auprès de vos nouveaux contacts.

Si dans votre grille d'inclusion le nombre 3 est manquant
Durant le premier et le dernier trimestre, vous serez sujet à une instabilité tenace, qui va vous épuiser. Il faudra absolument que vous évitiez de vous disperser, tout en vous efforçant de communiquer avec les autres.

SI VOTRE NOMBRE CLÉ EST 3, VOICI VOS PRÉVISIONS POUR CETTE ANNÉE

TRAVAIL

Vous serez appelé à élargir le cercle de vos relations, vous incitant ainsi à vous lancer dans diverses entreprises (notamment au cours des premier et deuxième trimestres). Profitez donc de ces deux trimestres favorables pour réaliser vos projets, en prêtant attention à chaque détail sans, pour autant, tomber dans le perfectionnisme. Le reste de l'année sera chaotique et vous aurez de nombreuses décisions à prendre.

AMOUR

De nombreuses perturbations seront à craindre (surtout, lors du second semestre). Les couples risqueront de voir leur union déstabilisée. Les célibataires feront une rencontre qui débouchera sur un type de relation difficile, au cours du deuxième trimestre.

SANTÉ

Une année sans trouble majeur, sauf pour les personnes souffrant de maladies dermatologiques. En effet, votre état psychique aurait tendance à envenimer la situation. Évitez les interventions chirurgicales ou les nouveaux traitements, dans la mesure du possible. Le mieux serait de patienter jusqu'à l'année prochaine.

ARGENT

De bonnes affaires vous rapporteront beaucoup, mais uniquement pendant le premier trimestre. Les désordres, qui vous ont affecté lors des mois précédents, vous démobiliseront : vous serez davantage attiré par les loisirs. Détendez-vous, mais gardez un œil sur vos finances.

Si dans votre grille d'inclusion le nombre 3 est manquant

Vous serez appelé à sortir de vous-même et à vous extérioriser. Surtout, ne vous renfermez pas sur vous-même, car vous subiriez d'énormes pertes, en tous domaines, vous incitant à vous isoler davantage encore. Évitez, autant que possible, ce cercle vicieux.

SI VOTRE NOMBRE CLÉ EST 4, VOICI VOS PRÉVISIONS POUR CETTE ANNÉE

TRAVAIL

L'année sera placée sous le signe de la notoriété : vous serez écouté, apprécié et récompensé. Faites preuve de réflexion et, au lieu de vous engager dans de nouveaux projets, améliorez (pendant le deuxième trimestre) les projets déjà entrepris lors des deux années précédentes. Quant aux projets déjà en cours, ils atteindront leur pleine maturité pendant le troisième trimestre. Il serait opportun que vous imposiez vos idées ; votre franchise sera fort appréciée.

AMOUR

La stabilité affective ne sera pas au rendez-vous cette année. Toutes les relations amorcées (surtout pendant le deuxième trimestre) resteront sans suite. Des tensions, dues à la jalousie, viendront envenimer la vie des couples au cours du deuxième trimestre. Le bon déroulement de cette fin d'année dépendra de votre attitude. Aussi, sachez vous relaxer et profiter des loisirs, car l'année prochaine exigera de vous un maximum d'énergie.

SANTÉ

Vous souffrirez de certains problèmes de tension et d'hypertension, lors du deuxième trimestre. Néanmoins, l'année vous sera très favorable dans l'ensemble : alors, si vous souhaitez subir une intervention de chirurgie esthétique, c'est le moment ou jamais. Votre foie et vos poumons, fragilisés pendant les deux premiers trimestres, feront l'objet pour bien faire d'une surveillance soutenue.

ARGENT

N'investissez pas pendant le premier semestre et, malgré des profits intéressants et des apports financiers nouveaux, évitez de faire des transactions importantes (en ce qui concerne les voitures, la maison etc.) tout au long du second semestre. L'année prochaine sera bien plus bénéfique, alors, prenez votre mal en patience.

Si dans votre grille d'inclusion le nombre 3 est manquant

Soyez clair et précis dans vos gestes et dans vos propos, car ils risquent d'être mal interprétés, ce qui gâcherait toute votre année. Alors, cherchez le mot juste et n'hésitez pas à prouver vos sentiments. Le point capital de l'année sera d'échanger et de dialoguer avec votre entourage proche ; sinon, vous courrez le risque d'être déçu par leur comportement. Une trop grande indifférence creuserait un fossé difficile à franchir.

SI VOTRE NOMBRE CLÉ EST 5, VOICI VOS PRÉVISIONS POUR CETTE ANNÉE

TRAVAIL

Vous vous découvrirez de nouvelles potentialités, jusque là cachées. Vous serez en proie à une activité débordante et disposerez de tous les atouts pour réussir. Alors, libérez-vous, innovez et ayez confiance en votre jugement. Le deuxième trimestre verra la situation évoluer très rapidement, et vous serez alors reconnu par votre entourage.

AMOUR

Les préoccupations d'ordre professionnel seront systématiquement prioritaires. Pour les célibataires, une relation, jusque là stable, pourrait s'effondrer, en raison de votre manque de perspicacité. De plus, votre instabilité vous sera reprochée par votre partenaire. Les couples vivront un nouveau départ dans la vie, et auront à entreprendre ensemble divers projets.

SANTÉ

Vous aurez une telle somme d'énergie en vous qu'elle vous apportera dynamisme physique et vivacité d'esprit. Les excès de bonne chère risqueront de fatiguer votre organisme, au niveau du foie et de l'appareil digestif : soyez donc vigilant. Si vous avez à subir une intervention chirurgicale ou à entamer un traitement, ne le faites de préférence qu'au cours du deuxième trimestre.

ARGENT

Votre liberté de manœuvre sera réduite, et vous serez pourtant tenté d'investir. Ne vous fiez pas trop à votre instinct. Ne concevez pas l'argent comme une fin en soi, mais plutôt comme un moyen de réussir. Alors, ne construisez pas de « châteaux en Espagne », et limitez-vous à de petits projets plus réalistes.

Si dans votre grille d'inclusion le nombre 3 est manquant

Évitez absolument, pendant le premier semestre, de tomber dans les projets illusoires. N'abandonnez surtout pas vos anciennes entreprises pour ces vaines chimères, vous le regretteriez bien vite et cela vous déstabiliserait nerveusement. Soyez lucide et réfléchissez longuement avant d'agir.

SI VOTRE NOMBRE CLÉ EST 6, VOICI VOS PRÉVISIONS POUR CETTE ANNÉE

TRAVAIL

Si vous avez amorcé des projets, quand vous étiez en année personnelle 1, ceux-ci se concrétiseront tout au long de l'année et connaîtront une évolution positive, surtout entre octobre et décembre. Vous bénéficierez probablement pendant cette période d'un nouveau statut, avec davantage de responsabilités. Cependant, ne vous engagez pas dans de nouveaux projets, lors du troisième trimestre qui sera source d'instabilité et de confusion.

AMOUR

Très enclin au romantisme, vous serez fragile sur le plan émotionnel. Vous aurez énormément besoin d'affection et, si vous êtes seul, vous rencontrerez la personne espérée. N'envisagez pourtant pas une longue vie sentimentale en sa compagnie. Les couples, quant à eux, verront peu à peu leurs relations sexuelles s'espacer, pour laisser peu à peu la place à une véritable communion philosophique, constituée de sentiments simples et sincères.

SANTÉ

Vous serez éprouvé nerveusement, alors détendez-vous et prenez du recul, face au déroulement trop précipité des événements. Puisez vos richesses dans une vie spirituelle et intérieure, et délaissez les mondanités et leur train de vie effréné. Sachez vous cultiver, et tout ira mieux.

ARGENT

Redoublez de prudence car les investissements n'apporteront pas les profits escomptés, durant les deux premiers trimestres. N'investissez que dans des domaines, qui pourraient vous enrichir professionnellement ou intellectuellement (fournitures de bureau, voyages, etc.). Enfin, sachez économiser, car un certain capital sera nécessaire pour affronter l'année prochaine.

Si dans votre grille d'inclusion le nombre 3 est manquant

Vous serez attiré par deux univers totalement antinomiques : l'un très superficiel et mondain, l'autre enrichissant et spirituel. Essayez de trouver votre équilibre durant le second semestre, car votre instabilité pourrait nuire à votre vie sentimentale et ne déboucher que sur l'incompréhension et l'hypocrisie.

SI VOTRE NOMBRE CLÉ EST 7, VOICI VOS PRÉVISIONS POUR CETTE ANNÉE

TRAVAIL

Les deuxième et dernier trimestres vous apporteront le succès que vous attendiez depuis de nombreuses années. Essayez de ne pas adopter une attitude trop introvertie, qui risquerait de vous nuire, de vous fermer des portes et d'entraver le bon déroulement des choses. Saisissez toutes les opportunités, restez optimiste et sociable. Le troisième trimestre sera un peu plus difficile à traverser que les autres, mais rien de bien grave à signaler.

AMOUR

Vous saurez séduire, grâce à votre énergie, à votre vitalité et à votre bonne santé psychique. Néanmoins, les rencontres que vous ferez pendant le premier semestre ne seront qu'éphémères.

SANTÉ

Les troubles déjà existants se stabiliseront. Vous bénéficierez d'une énergie nouvelle, lors du dernier trimestre. Mais prêtez attention aux problèmes de digestion. Évitez, si possible, les interventions chirurgicales durant le troisième trimestre.

ARGENT

Vous bénéficierez de grands profits dans le courant du premier semestre, à condition que ceux-ci correspondent aux affaires entreprises les années précédentes. Si vous êtes amené à investir, faites-le uniquement pendant le dernier trimestre, mais restez prudent.

Si dans votre grille d'inclusion le nombre 3 est manquant

Allez au-devant des autres. De nouvelles relations vous seront bénéfiques, notamment sur le plan professionnel. Ne baissez pas les bras et restez volontaire. Au cours de cette année, vous vous verrez imposer des situations où il vous faudra surmonter une certaine gêne et un certain embarras, intrinsèques à votre volonté d'expression. Si vous n'apprenez pas à découvrir votre créativité et à travailler à sa pleine expansion, une fatalité difficile à assumer vous poussera, contre votre gré, à en prendre conscience, en cours d'année.

SI VOTRE NOMBRE CLÉ EST 8, VOICI VOS PRÉVISIONS POUR CETTE ANNÉE

TRAVAIL

Voici une année professionnelle riche en réussites et en succès. N'en perdez pas pour autant votre lucidité. Faites le point. Réfléchissez et mettez en place une nouvelle stratégie, afin de décupler vos gains. Vous serez ainsi préparé à affronter les années à venir, tout en bénéficiant d'une certaine notoriété et de certaines prérogatives, acquises tout au long de cette année (peut-être au cours du deuxième trimestre).

AMOUR

Dans les mois à venir, des relations se concrétiseront, sauf si elles sont apparues au cours de l'année. Les célibataires subiront de nombreux déboires. Restez stoïque face aux déceptions. Le mieux sera encore de rester en place et de ne rien engager.

SANTÉ

Une année idéale pour prendre soin de votre corps. Changez de look, et faites-vous un corps neuf ! Profitez essentiellement des premier et deuxième trimestres.

ARGENT

Ne dépensez pas excessivement, cela risquerait de vous nuire. Ne vous laissez pas impressionner, pour tout ce qui a trait à l'argent. N'investissez pas. Les trois premiers trimestres vous rapporteront de quoi redresser la situation.

Si dans votre grille d'inclusion le nombre 3 est manquant

Exprimez-vous au travers d'une activité (telle que danse, culturisme, théâtre, etc.). Il vous sera vivement recommandé d'aller au-devant des autres. Vous rencontrerez, en effet, des amis divers et originaux. Une intensité et un magnétisme attireront l'imprévu et l'insolite. En revanche, si vous ne faites pas cet effort d'extériorisation et de communication, vous serez victime d'un vide relationnel croissant et, au bout du compte, insupportable. En clair, le bon déroulement de votre année dépendra essentiellement de votre comportement.

SI VOTRE NOMBRE CLÉ EST 9, VOICI VOS PRÉVISIONS POUR CETTE ANNÉE

TRAVAIL

L'année ne sera pas très bien choisie pour entreprendre de nouveaux projets, car ceux-ci risqueront de ne pas faire long feu. Par ailleurs, les changements d'activités comme de résidence seront à éviter. Autre point : prenez garde aux paroles en l'air, elles pourraient être mal interprétées et utilisées contre vous de manière négative. Dans l'ensemble, il ne s'agit pas d'une année où vous serez incité à prendre des décisions, visant à modifier radicalement votre situation. Avant tout, achevez correctement les programmes entamés, lors des deux premières années. À partir du dernier trimestre, vous vous verrez confier de nouvelles responsabilités. Acceptez-les avec le sourire, malgré leur ampleur.

AMOUR

Grâce à votre magnétisme et à votre charme, on vous appréciera beaucoup tout au long de l'année. Seul, le deuxième trimestre ne répondra pas à la règle, car vous serez fragilisé émotionnellement et verrez tout en noir. Dans l'ensemble, vous fuirez la routine au cours de cette année. Par un désir puissant de renouveau, vous risquez de détruire ce qui existe déjà, ce que vous seriez amené à regretter par la suite. Célibataires, vous serez tour à tour euphorique et abattu, car le destin vous donnera et vous reprendra aussitôt. Seule une amitié ne vous décevra pas.

SANTÉ

Votre estomac et votre foie risqueront de vous occasionner des troubles digestifs, ainsi que des accès de mauvaise humeur. Ces derniers pourront, d'ailleurs, favoriser l'apparition de problèmes nouveaux (hémorroïdes, dérèglements hépatiques). Le deuxième trimestre sera, semble-t-il, la période la plus délicate. Apprenez à gérer et à surveiler votre potentiel santé, tout particulièrement durant ce deuxième trimestre.

ARGENT

À l'inverse du premier trimestre, le deuxième sera la meilleure période de l'année pour démarrer de nouveaux projets. Vous allez alors concevoir des projets que vous pourrez concrétiser dès la deuxième partie de l'année. Si vous réalisez toutes les transactions importantes durant le deuxième trimestre, vous finirez cette année sous le signe de la prospérité. Des profits en résulteront en fin d'année.

Si dans votre grille d'inclusion le nombre 3 est manquant

Des tendances à l'introversion risquent de vous couper des réalités extérieures. Ces dernières vous rappelleront très vite à l'ordre, en exigeant de vous un dépassement personnel. En effet, vous devrez fournir des efforts répétés pour venir à bout de certaines épreuves vous mettant en cause. Par exemple, vous pourriez être accusé, ce qui vous obligerait à vous défendre et à argumenter avec véhémence.

SI VOTRE ANNÉE PERSONNELLE EST 4

Voici les neuf différentes années personnelles 4.
À l'aide de votre nombre clé (que vous avez calculé p. 20), vous allez rechercher votre année personnelle correspondante et lire vos prévisions.

Si votre nombre clé est : 1 voir p. 88
2 voir p. 89
3 voir p. 90
4 voir p. 91
5 voir p. 93
6 voir p. 95
7 voir p. 97
8 voir p. 98
9 voir p. 99

SI VOTRE NOMBRE CLÉ EST 1, VOICI VOS PRÉVISIONS POUR CETTE ANNÉE

TRAVAIL

Une année difficile dans l'ensemble, qui exigera de vous un travail opiniâtre. Soyez organisé, ne négligez aucun détail, ou cela vous sera reproché. En début ou en fin d'année, il y aura une transformation dans votre vie professionnelle, où vous récolterez ce que vous aviez semé en année personnelle 1. Les trois premiers trimestres, tous les atouts seront entre vos mains pour vous permettre d'améliorer encore votre plan de carrière. Dès le mois de juin, vous pourrez saisir l'opportunité d'un nouveau départ dans votre travail. Le quatrième trimestre, vous ferez le point. Dès le mois d'octobre, une ère de détente s'annoncera grâce aux perspectives offertes par l'année personnelle 5. Les pressions s'atténueront progressivement ; et décembre sera calme.

AMOUR

L'année ne favorisera pas les liens nouveaux. Si vous êtes célibataire, une relation sérieuse pourra naître, mais n'aura pas l'issue espérée. Les couples vivront dans l'harmonie et resserreront leurs liens.

SANTÉ

Vous serez stressé par un rythme de travail intense, ce qui pourra déclencher chez vous des troubles nerveux. Physiquement, ce sont les os et la dentition qui seront les plus vulnérables. Faites un contrôle dentaire. Regardez où vous mettez les pieds, attention aux fractures.

ARGENT

Les investissements immobiliers seront excellents. Si vous envisagez de construire, et si votre partenaire est en année personnelle 1, 4, 6 ou 8, ce sera le moment idéal pour investir et réaliser de bonnes affaires. Les périodes, les plus favorables, se situeront lors du premier et du troisième trimestres. Les deuxième et quatrième trimestres seront plus limités financièrement. En effet, beaucoup de retards et d'oppositions vous empêcheront de mener à bien vos objectifs. Rassurez-vous, l'année à venir sera meilleure.

Si dans votre grille d'inclusion le nombre 4 est manquant

Prenez bien conscience que vous allez devoir persévérer dans la voie où vous vous êtes engagé ces dernières années. Sinon, les deuxième et quatrième trimestres vous réserveront quelques mauvaises surprises. Continuez à construire méthodiquement, en alliant patience et organisation. Les écarts, la mesquinerie, les promesses non tenues, seront très vite sanctionnés par le destin. Cette année vous offrira la possibilité de bâtir une nouvelle vie, et de partir sur de nouvelles bases stables. Si vous ne vivez pas votre 4 manquant, l'année pourra vous apporter la ruine totale, ou une forme de violence qui vous autodétruirait. Ce sera plus que jamais le moment d'apprendre à construire au quotidien, sans jamais négliger les détails.

SI VOTRE NOMBRE CLÉ EST 2, VOICI VOS PRÉVISIONS POUR CETTE ANNÉE

TRAVAIL

Cette année sera très constructive, riche en activités nouvelles vous permettant de réaliser vos objectifs et, peut-être pour certains, leurs rêves. Des obstacles, beaucoup de responsabilités, jalonneront l'année, mais il ne faudra pas vous décourager. La règle de vie, pour atteindre vos buts, sera une attitude de conciliation, car vous devrez accepter les contraintes liées à votre travail. La récolte viendra peu à peu. La meilleure période sera le premier semestre ; des limitations seront à prévoir durant le troisième trimestre.

AMOUR

Les célibataires seront à un tournant de leur vie affective. Une relation va naître et se consolider en fin d'année. Va alors s'ouvrir un avenir stable et équilibré, d'une durée de douze ans. Les couples, quant à eux, vont vivre des événements et des aventures nouvelles, qui vont les rapprocher et les souder, leur donnant ainsi un équilibre plus stable pour l'avenir.

SANTÉ

Des maux anciens pourront se réveiller. Pour certains, de nouveaux problèmes, notamment d'ordre psychosomatique, vont apparaître dans le dernier trimestre. Un conseil : détendez-vous, prenez les choses comme elles viennent. Préférez, si vous le pouvez, les médecines dites douces. Tout rentrera dans l'ordre le dernier trimestre.

ARGENT

Vous allez enfin pouvoir économiser. Les quelques limitations que vous rencontrerez ne vous gêneront pas dans votre progression. Vos revenus seront proportionnels à la somme de travail fourni. Cela posera les fondations pour les années suivantes. Financièrement, vous pourrez investir et placer, les résultats seront porteurs à long terme. Les premier, deuxième et troisième trimestres seront les plus favorables.

Si dans votre grille d'inclusion le nombre 4 est manquant

Voilà une année presque entièrement consacrée à la vie professionnelle. Beaucoup de travail vous sera demandé. L'économie et l'organisation seront de rigueur. Les moindres écarts, notamment durant le premier trimestre, auront des répercussions sur les mois suivants. Les voyages et les loisirs seront rares. Pour réussir cette année, il faudra vous impliquer sans jamais vous laisser submerger. Ayez la manie du détail et développez votre sens pratique.

SI VOTRE NOMBRE CLÉ EST 3, VOICI VOS PRÉVISIONS POUR CETTE ANNÉE

TRAVAIL

Patience et persévérance seront les attitudes clés, si vous voulez réussir cette année de travail intense. Ne laissez rien au hasard, sinon vous en subirez très vite les conséquences. Des pertes ou des retards seront à craindre au deuxième trimestre. Durant cette période, veillez à ne pas vous emporter, mais à ne pas non plus rester inactif, car vous seriez vite sanctionné au sein de votre équipe professionnelle. Le troisième trimestre, on notera encore des limitations et des tensions relationnelles, mais l'évolution professionnelle sera en très bonne posture. Après le mois d'octobre, un déblocage de la situation fera naître en vous un sentiment de liberté. Après ces trois trimestres intensifs, vous aurez la possibilité de vous détendre et de goûter quelque repos. Essayez donc de ne pas vous laisser submerger par le travail, et de ne pas vous stresser. Rien ne servira de vouloir accomplir de grandes choses dans l'instant, ce sera progressivement que vous ferez avancer vos projets.

AMOUR

Que de déceptions ! Les trois premiers trimestres, et notamment le deuxième, les célibataires seront perturbés par une relation du moment, d'autres vivront un conflit, une rupture. Les choses iront mieux en fin d'année et, si vous êtes seul, une nouvelle relation pourrait naître, d'une durée de douze ans minimum, si le partenaire se trouve en année personnelle 2 ou 6. Pour les couples, d'importantes tensions altèreront les rapports et remettront en question les relations. Faites très attention.

SANTÉ

Le premier trimestre, vous aurez du punch, mais dès le deuxième, les complications arriveront. Les nouveaux maux seront difficiles à guérir. L'ossature et les articulations seront fragiles. Soyez très prudent.

ARGENT

Vous pourrez réaliser des transactions immobilières, à condition que tout se règle dans les trois premiers mois. Agissez vite et n'envisagez plus aucun type de transactions, d'investissements ou de placements ensuite. Il vous faudra patienter jusqu'à l'année prochaine.

Si dans votre grille d'inclusion le nombre 4 est manquant

Cette année, vous devrez plus que jamais, avoir le sens du détail. Assumez la responsabilité de vos actes et de vos obligations. Si vous devez signer des contrats, lisez bien entre les lignes, pour ne pas être victime d'une escroquerie. Soyez prudent, cette année pourra engendrer des situations fort désagréables. L'attitude clé à observer sera l'extrême vigilance. Ne vous lancez pas dans de vastes réalisations, l'année prochaine sera plus propice. Contentez-vous pour l'instant de projets plus modestes sinon vous serez vite déçu. Pour réussir cette année, un seul moyen : construisez avec ordre et méthode sur des bases solides, notamment pendant les deuxième et troisième trimestres, sinon ce sera l'effondrement total.

SI VOTRE NOMBRE CLÉ EST 4, VOICI VOS PRÉVISIONS POUR CETTE ANNÉE

TRAVAIL

Ne refusez surtout pas les responsabilités, qui vont vous échoir cette année, notamment dans le premier semestre. En effet, vos aurez en charge des tâches, qui ne vous plairont pas toujours, mais qui seront absolument indispensables pour vous assurer un meilleur avenir. Vous aurez l'impression de faire beaucoup de choses et de ne rien en retirer. Les profits ne se manifesteront pas maintenant mais l'année prochaine. Le deuxième trimestre sera une période d'épreuves professionnelles, et vous serez confronté à des obstacles importants. Vous devrez faire face, ne pas vous emporter et, surtout, régler les malentendus, sans jamais les entretenir par une attitude négative. Vous vous sentirez limité, bloqué même, et vous aurez le sentiment d'étouffer. Plus qu'un sentiment, cela deviendra vite une réalité. Pour y remédier, il vous faudra, plus que jamais, vous mettre à la tâche et la persévérance portera alors ses fruits. Les résultats seront proportionnels aux efforts que vous aurez fournis. La période sera plus clémente, dans le troisième trimestre.

AMOUR

L'amour ne sera pas au beau fixe. Célibataires, la solitude sera votre lot. Vous aurez le sentiment de ne plus plaire, de ne plus être en harmonie avec vous-même, ce qui vous fragilisera, surtout durant le deuxième trimestre. Fort heureusement, une nouvelle amitié sincère vous apportera stabilité et réconfort durant le second semestre. Elle attendra de vous une grande loyauté. Durant le deuxième trimestre, les relations de couples traverseront une période difficile. Soyez prudent, ne vous attachez pas à de faux sentiments, suscités par une sensibilité excessive. Le second semestre, vous éliminerez ensemble les problèmes un à un et vous retrouverez l'harmonie sentimentale.

SANTÉ

Une année très délicate. Pour les interventions chirurgicales, le mieux serait de les subir durant le premier ou le quatrième trimestre (pour plus de précisions, vous reporter aux mois et jours personnels). Des problèmes circulatoires et dentaires pourront faire surface cette année. Surveillez attentivement votre santé pendant les mois d'avril, mai, juin et septembre.

ARGENT

Les investissements et les placements seront d'un bon rapport, à condition d'être prudent et de bien lire les contrats dans le détail. Il serait judicieux de réaliser de petits placements pendant le premier trimestre, d'attendre le dernier pour connaître leur évolution, pour ensuite investir à nouveau en octobre. Le premier et le quatrième trimestres (surtout octobre et novembre) seront de bonnes périodes pour travailler l'aspect financier achat-transaction, le reste de l'année étant assez limité.

Si dans votre grille d'inclusion le nombre 4 est manquant.
Les projets en cours affecteront votre vie pendant les douze prochaines années. Avec le 4 manquant, vous risquerez de passer à côté de ce nouveau départ. Si vous le manquez, les six prochaines années en seront affectées, et il vous faudra attendre un autre cycle (dans six ans), pour avoir la possibilité de construire une nouvelle vie et de retrouver un équilibre. Il sera donc capital, cette année, d'éviter la destruction. Si vous êtes en couple, vous aurez envie de tout quitter. Ce serait une grave erreur. Réfléchissez, faites des concessions et faites taire vos caprices. Plus que jamais, la patience vous sera recommandée. L'année prochaine, vous disposerez de votre libre-arbitre. Pour cette année, il vous faudra régler des dettes, correspondant à des erreurs passées. Portez toute votre attention sur votre vie professionnelle et affective, cela vous évitera des déconvenues. Apprenez à accepter les choses, les gens comme ils sont ; faites attention aux détails et, au bout du compte, cette année ne sera pas si difficile. Si vous savez éviter les pièges de l'année, vous repartirez pour un cycle de douze ans, pendant lequel votre acquis connaîtra expansion professionnelle et équilibre affectif.

SI VOTRE NOMBRE CLÉ EST 5, VOICI VOS PRÉVISIONS POUR CETTE ANNÉE

TRAVAIL

Les projets de l'année passée vont pouvoir prendre une forme concrète. Vous allez faire fructifier ce qui a été semé durant les trois années précédentes. En revanche, ce ne sera pas le moment de s'agrandir. Si vous ne vivez pas ce cycle positivement, il s'ensuivra des problèmes en années personnelles 6 et 8. Les affaires n'atteindront pas leur meilleur niveau. Les graines semées en année personnelle 1 commenceront à prendre forme, certaines se manifesteront, notamment le premier semestre. Si l'année personnelle 3 a été destructive, l'année personnelle 4 ne sera pas clémente, surtout pendant le second semestre, et il vous faudra attendre l'année prochaine pour trouver les solutions appropriées. Le premier semestre, vous serez débordé. De nouvelles activités et responsabilités se présenteront à vous : ne les refusez pas. Ferez-vous preuve d'assez de persévérance et de tenacité pour aller jusqu'au bout de vos projets ? Il le faudra, même si, durant le troisième trimestre, vous connaissez un profond « ras-le-bol », et si vous n'avez qu'une envie : tout lâcher. Patience et prudence.

AMOUR

La vie affective se fera largement supplantée par la vie professionnelle. Vos préoccupations professionnelles prendront largement le pas sur tout le reste. Quoi qu'il en soit, l'année sera idéale pour établir des liens d'amitiés et pour équilibrer les relations familiales ou sentimentales existantes. L'accent sera mis sur les choses sérieuses, profondes. Bien que limitée en ce qui concerne une nouvelle aventure sentimentale, la fin de l'année verra la naissance d'une relation, qui mènera à quelque chose de permanent, d'une durée minimale de douze ans. Voilà tout de même une bonne nouvelle !

SANTÉ

Physiquement, ce seront les os, les dents et la circulation sanguine qui seront les plus fragiles. Il serait bon de suivre un régime à base de calcium et de sels minéraux. L'exercice physique sera également recommandé. La période la plus difficile se situera au troisième trimestre et au début du quatrième. Durant ces mois, évitez les traitements importants et les interventions chirurgicales. S'il y a impératif, choisissez le deuxième trimestre, et reportez-vous aux mois et jours personnels, pour connaître la période la plus propice.

ARGENT

La chose la plus importante sera d'avoir un budget, et d'en tenir compte. Ne comptez sur la chance sous aucun prétexte. Le jeu ou la spéculation mèneront au désastre ; mais les dépenses concernant les améliorations à apporter à votre résidence, à vos affaires et à votre santé seront les bienvenues. Évitez les grands changements. Contentez-vous d'améliorer votre situation, voilà la clé du succès sur le plan financier. L'immobilier sera un bon investissement pour les premier, deuxième et dernier trimestres (novembre surtout), dangereux en revanche le troisième. En général, les transactions faites en toute honnêteté connaîtront une bonne évolution dans les années à venir, à condition qu'elles soient dans la continuité de projets engagés précédemment.

Si dans votre grille d'inclusion le nombre 4 est manquant

Il vous faudra cette année redoubler de vigilance, notamment sur le plan des investissements. Apprenez à construire, dans votre vie. Ne craignez pas de vous mettre en avant, surtout pendant le premier semestre. Votre point faible cette année viendra d'un manque de confiance en vous. Ce sera le piège à éviter absolument. Le cycle sera à l'économie, mais pas à la restriction, car ce serait vécu négativement. La dureté envers les autres ou vous-même ne sera pas tolérée. En effet, les priorités étant professionnelles, vous serez tranchant, impatient, alors que le destin vous demandera d'avoir une attitude conciliante, que vous teniez compte de la sensibilité des autres, sans jamais perdre de vue l'essentiel de la vie : l'amour et l'affection.

SI VOTRE NOMBRE CLÉ EST 6, VOICI VOS PRÉVISIONS POUR CETTE ANNÉE

TRAVAIL

Cette année s'annoncera difficile. Gardez confiance et préparez des fondations solides. Des aspects positifs se profileront dans votre carrière, durant le premier trimestre et en fin d'année (novembre, décembre). Vous pourrez alors préparer l'année suivante et récolter les fruits de vos efforts, fournis ces derniers temps. Les nouveaux projets seront favorisés, à condition qu'ils n'aillent pas à l'encontre de votre acquis et qu'ils ne bouleversent pas votre position actuelle. Le premier trimestre sera constructif ; ce sera une période d'actions, de travail, d'organisation et de stabilité. Pendant le deuxième et le troisième trimestres, ne vous laissez pas impressionner par des limitations ou des conflits ; vous pourrez déjà vous estimer satisfait des résultats positifs obtenus, grâce à votre discipline exemplaire. Des situations vont sans doute se débloquer mais vous aurez la désagréable impression d'être limité, étouffé. Ce sera dans l'ordre des choses. Patientez jusqu'à l'année prochaine.

AMOUR

En fin d'année, une rencontre va changer votre vie pour plusieurs années. Les célibataires souffriront de la solitude, dans le premier semestre, et durant le second, des rencontres vont se présenter et vous offrir la possibilité d'être heureux. Pour les couples, le premier semestre réveillera des vieilles querelles ou des points de négligence, auxquels vous n'auriez accordé aucune importance en d'autres temps. Il vous faudra régler le conflit par une attitude ferme. Vous devrez vous affirmer aux yeux de votre partenaire et préciser ce que vous attendez du couple. Les tensions s'envoleront dans le second semestre.

SANTÉ

Un surcroît de travail pourra provoquer chez vous un surmenage chronique et entraîner des problèmes de tous ordres, notamment nerveux. Soyez prudent les deuxième et troisième trimestres. Les traitements nouveaux seront décevants. Si vous le pouvez, évitez les interventions chirurgicales délicates. Si cela est impératif, préférez le premier et le quatrième trimestres.

ARGENT

Financièrement, l'année à venir sera favorable. Le premier trimestre, les investissements et les transactions immobilières seront bénéfiques, et connaîtront une évolution sûre, dans les mois à venir. Quelques retards dans le deuxième trimestre, mais qui seront vite compensés par de vifs succès en fin d'année, notamment le dernier trimestre. Vous serez peut-être confronté à des attentes et à des limitations d'argent. Sachez que c'est l'année qui le veut ainsi, mais tout s'arrangera en fin d'année. Remplissez très scrupuleusement vos déclarations d'impôts et autres ; veillez à la plus grande légalité dans vos affaires, car vous seriez très vite sanctionné.

Si dans votre grille d'inclusion le nombre 4 est manquant

Le destin vous demandera de fortifier votre assise professionnelle et de prendre un nouveau départ dans votre vie personnelle. Mais un besoin d'évasion pourra vous amener à fuir vos responsabilités, à avoir des réactions négatives. Si le sens des réalités ne prend pas le pas sur vos rêves, vous vous trouverez, durant le second semestre, face à des obstacles difficiles à surmonter. Vous subirez des pertes et, surtout, des chocs psychologiques, et votre santé s'en trouvera déstabilisée. Si vous faites preuve de prudence, de méthode et de minutie, vous maîtriserez et transformerez cette année à votre avantage. Sinon, sachez-le, vous endurerez pertes, chocs psychologiques ou physiques, durant la seconde partie de l'année.

SI VOTRE NOMBRE CLÉ EST 7, VOICI VOS PRÉVISIONS POUR CETTE ANNÉE

TRAVAIL

Malgré un travail intense, l'année sera lente, restrictive et parfois routinière. Impliquez-vous à fond dans toutes vos entreprises, car les responsabilités refusées entraîneraient un effondrement professionnel, notamment le deuxième et le quatrième trimestres. Les premier et troisième trimestres, il y aura, semble-t-il, des promotions dans l'air, en reconnaissance du travail fourni. On vous fera des promesses qui, si elles ne sont pas tenues cette année, seront tenues, rassurez-vous, en cours d'année prochaine. Soyez patient. Les conditions de travail seront décevantes, de véritables périodes de tests, surtout les deuxième et quatrième trimestres. Vous évoluerez dans un cadre qui ne vous conviendra pas, au sein d'une équipe qui, sans cesse, réclamera votre présence, même en dehors des heures de bureau.

AMOUR

Les couples resserreront leurs liens et édifieront une nouvelle vie. Les premier, troisième et quatrième trimestres seront de très bonnes périodes. Des tensions passagères traverseront le deuxième trimestre, sans porter à conséquence pour l'avenir. Pour les célibataires, le climat affectif sera terne. Une nouvelle amitié pourra naître, durant le second semestre (et surtout le troisième trimestre). Soyez attentif à cette amitié, si vous voulez la prolonger dans le temps, sinon elle s'éteindra avant la fin de l'année.

SANTÉ

L'année apportera son lot de fatigues et de tensions nerveuses. La vie affective étant désespérément morne, vous serez déstabilisé émotionnellement. Même très entouré, vous vous sentirez seul. Vous serez plus vulnérable le deuxième trimestre. Réagissez, car cela pourra entraîner une fatigue générale, accrue par le travail.

ARGENT

Soyez pratique et économe. Ne vous attendez pas à de grandes choses. Les revenus seront maigres et les dépenses très élevées. Vos affaires prospéreront, selon la façon dont vous les avez dirigées l'année dernière. Elle prendront une dimension plus importante, mais il semblerait que vous ne puissiez en profiter. Vous pourrez investir pendant le premier trimestre et, pendant le troisième, vous pourrez réaliser des transactions immobilières (ventes et achats). Ce seront d'excellentes affaires, qui vous rapporteront des bénéfices importants à long terme.

Si dans votre grille d'inclusion le nombre 4 est manquant

Vous seul serez responsable de vos actions. Inutile d'essayer de trouver quelqu'un, pour les assumer à votre place. Ce serait même dangereux cette année. Cet aspect sera valable pour votre vie professionnelle et sentimentale. Vous essuierez des pertes jusqu'à ce que vous appreniez à agir seul. Occupez-vous personnellement et complètement de vos affaires, sans brûler les étapes. Il faudra absolument que vous établissiez des bases solides pour votre vie en général, sinon vous aurez à en pâtir.

SI VOTRE NOMBRE CLÉ EST 8, VOICI VOS PRÉVISIONS POUR CETTE ANNÉE

TRAVAIL

Professionnellement, les efforts fournis procureront de grandes satisfactions. Les trois premiers trimestres seront tendus. Un travail important vous sera demandé. Le dernier trimestre sera gratifiant, si vous avez su vaincre les obstacles et vous ouvrir de nouveaux horizons pour les années à venir. Le contexte sera instable. Pour atteindre vos buts, il vous faudra d'une part faire montre de rigueur dans les détails, et d'autre part accepter les pressions, même si elles ne vous conviennent pas. En un mot, jouez le jeu. Soyez confiant et patient, et vous serez récompensé dans le courant du dernier trimestre et de l'année prochaine.

AMOUR

Après une déception sentimentale durant le deuxième ou le troisième trimestre, les célibataires vont se retrancher dans la solitude. Vos préoccupations seront alors ailleurs, elles seront d'ordre professionnel et financier. Seuls les célibataires atteignant trente ou trente et un ans, quarante-deux ou quarante-trois ans, cinquante-quatre ou cinquante-cinq ans, pourront faire une rencontre marquante. Les couples devront s'attendre à quelques tensions. Il vous faudra abandonner l'étroitesse d'esprit et vous attacher aux valeurs profondes, construire votre vie ensemble sur une base de réflexion, vous permettant d'aller plus loin dans votre relation. Un divorce, dans le troisième trimestre, serait des plus désagréables et impliquerait des difficultés pour plusieurs années. Les amitiés contractées cette année, et surtout les premier et dernier trimestres, dureront.

SANTÉ

Le surcroît de travail et les tensions relationnelles fragiliseront votre état de santé. Pendant les deuxième et troisième trimestres, des petits ennuis dans votre vie professionnelle et affective accentueront votre nervosité, et réveilleront des maux anciens. Prudence.

ARGENT

Les affaires tourneront, mais sans éclat. Les dépenses seront élevées, et les profits quelquefois décevants. Vous devrez trouver des solutions à vos préoccupations financières et, d'ici la fin de l'année, vous aurez réglé vos dettes ou trouvé le moyen de planifier vos créances. Profitez de cette année pour acquérir, mais aussi pour vous libérer de certains problèmes, pour vous perfectionner et pour monter de nouvelles affaires. Il n'y aura pas de place pour les coups de chance. Les spéculations ne seront pas pour vous cette année. La récolte sera bonne ou mauvaise, en fonction de vos actions passées.

Si dans votre grille d'inclusion le nombre 4 est manquant

Les deuxième et troisième trimestres, les aspects négatifs s'aggraveront. Vous subirez des pertes matérielles et professionnelles. Afin d'éviter ces échecs, disciplinez-vous, construisez sur des bases solides, ne prenez pas de raccourcis, vous prendriez le risque de voir les efforts de ces trois dernières années s'anéantir. Soyez prudent, mais persévérant car, le dernier trimestre, vous retrouverez votre libre-arbitre.

SI VOTRE NOMBRE CLÉ EST 9, VOICI VOS PRÉVISIONS POUR CETTE ANNÉE

TRAVAIL

Une année de stade terminal, où vont se régler les erreurs commises dans le passé, les dettes contractées vis-à-vis du destin ou d'une personne. Le second semestre sera le résultat, positif ou négatif, de vos actions antérieures. Ce sera trop tard pour redresser la barre. De grands changements pourront survenir le dernier trimestre et vous amener vers la réussite ou la défaite, selon ce que vous avez construit les années précédentes.

AMOUR

Le dernier trimestre, les célibataires feront sans doute une rencontre, engageant leur vie sur une période de douze ans. Là aussi, vous recevrez en fontion de ce que vous aurez donné dans vos échanges affectifs, au cours de ces dernières années : havre de paix et d'amour pour les uns, tyrannie et déchirements pour les autres. Quant aux couples, ils connaîtront des tensions, et la rupture sera dans l'air. N'engagez surtout pas de procédures de divorce cette année, car vous le regretteriez.

SANTÉ

Soyez très attentif à votre santé, car les problèmes existants s'intensifieront et la guérison sera difficile. Pendant le deuxième et le troisième trimestres, évitez, si possible, toute intervention chirurgicale.

ARGENT

Financièrement, il en sera de même. Attention aux investissements et à tout ce qui est achats, ventes, transactions, durant les deuxième et troisième trimestres. Ce seront des périodes « karmiques », apportant prospérité ou déchéance, selon ce que vous aurez accompli auparavant. Vous pourrez mener des actions le premier trimestre, à condition qu'elles soient ponctuelles et qu'elles ne débordent pas sur le deuxième. Il sera préférable d'attendre le troisième trimestre pour agir, tout en restant très vigilant. Patientez, l'année prochaine sera meilleure.

Si dans votre grille d'inclusion le nombre 4 est manquant

Les risques s'intensifieront. Une extrême vigilance vous sera conseillée, si vous ne voulez pas tout perdre affectivement et professionnellement. Dans votre travail, attachez-vous aux détails, n'hésitez pas à vous investir dans des tâches difficiles. De façon générale, efforts, concessions et sacrifices vous seront demandés. Si vous arrivez à relever ce défi du destin, les aspects négatifs pourront se transformer en événements positifs. Quoi qu'il en soit, maintenez l'équilibre jusqu'à l'année prochaine, qui vous apportera le soulagement.

SI VOTRE ANNÉE PERSONNELLE EST 5

Voici les neuf différentes années personnelles 5.
À l'aide de votre nombre clé (que vous avez calculé p. 20), vous allez rechercher votre année personnelle correspondante et lire vos prévisions.

SI VOTRE NOMBRE CLÉ EST 1, VOICI VOS PRÉVISIONS POUR CETTE ANNÉE

TRAVAIL

Après une année restrictive de nouveaux horizons s'ouvriront devant vous désormais : des responsabilités vont vous être confiées et vont élargir votre rayon d'action. Vos affaires, vos activités prendront de l'ampleur et connaîtront des transformations, durant le second semestre, qui ne manquera pas d'animation. Le premier semestre, et notamment en mars puis entre mai et juin, des tensions relationnelles vous donneront envie de tout modifier. Ne confondez pas changement et instabilité ! Le quatrième trimestre sera excellent, et il vous permettra, au travers de relations nouvelles, de déplacements ou de voyages, d'acquérir un statut professionnel appréciable.

AMOUR

Votre magnétisme sera à son apogée. Les célibataires feront des rencontres sans lendemain ou de courte durée. Le troisième trimestre, ces relations changeront votre vision des choses et de la vie. Cette année, vous ne pourrez vous résoudre à stabiliser votre vie affective, les écarts en revanche risqueront d'être nombreux. Maîtrisez votre sensualité débordante. Un besoin intense de liberté allié à un refus de la routine pourront être à l'origine de conflits chez les couples. Par ailleurs, les vibrations seront fortes pour la fécondité.

SANTÉ

Si des désordres de santé vous ont perturbé ces dernières années, les premier, troisième et quatrième trimestres, vous trouverez les solutions appropriées. Le cycle favorisera la prise de traitements nouveaux, les interventions chirurgicales apporteront des améliorations à tout problème de santé existant. Les points fragiles seront le système veineux et les organes sexuels. Attention aux maladies vénériennes.

ARGENT

Bien que le contexte financier n'ait rien d'exceptionnel, vous pourrez réaliser les profits qui n'ont pu se faire l'année dernière. Vous voilà devant des opportunités intéressantes. Vous pourrez investir les premier et quatrième trimestres, mais en étant prudent tout de même. L'année favorisera, essentiellement, tous les soins que vous pourrez apporter à votre look, ainsi que tous les aménagements intérieurs.

Si dans votre grille d'inclusion le nombre 5 est manquant

Vous devrez être très attentif à la façon dont vous allez gérer vos énergies. Vous disposerez d'une marge de liberté importante, mais n'oubliez pas que le destin vous teste. Si vous l'utilisez pour le plaisir, les loisirs ou pour assouvir vos désirs passionnels, vous pourrez en cours d'année avoir de nouvelles relations enrichissantes, découvrir des horizons nouveaux et passionnants, s'approchant de l'esprit d'aventures. En revanche, si vous ne respectez pas cette idée de liberté ou si vous en abusez, elle se retournera contre vous et vous subirez des pressions, qui vous empêcheront de profiter de cette liberté. Pour votre bien-être et votre « bien-vivre », respectez donc cet aspect.

SI VOTRE NOMBRE CLÉ EST 2, VOICI VOS PRÉVISIONS POUR CETTE ANNÉE

TRAVAIL

Cette année sera très contradictoire. Si vous attendez les grands changements que l'on vous a promis dans la première partie de l'année, vous vous heurterez à des contretemps et à des désagréments. Si vous voulez précipiter les choses ou brûler les étapes, le résultat sera négatif. En revanche, si vous savez patienter, le second semestre vous ouvrira des portes inespérées, et vous permettra d'envisager un bel avenir et des conditions professionnelles plus agréables. Votre carrière va considérablement évoluer. Le dernier trimestre signale des prises de position, et même des tensions, qui n'auront d'autres buts que d'améliorer votre statut, votre réputation, votre crédibilité et votre rayonnement.

AMOUR

L'année dernière, une relation affective a transformé votre vie. Durant le premier semestre, vous risquez de vous lasser. Une fois encore, vous voilà parti en quête de ce qui n'existe pas. Vous serez mu par un désir de perfection, et vous ne supporterez plus l'être avec qui vous vivez. Soyez prudent, l'année vous réservera des pièges : si vous faites des écarts, on n'hésitera pas à vous renvoyer la balle et à vous faire souffrir. Si vous êtes en couple, la vie familiale prendra une autre dimension. Ce sera le moment de projeter des voyages, surtout dans le second semestre. Le troisième trimestre sera fécond en bonnes surprises. Une véritable période de rêve, où bien des situations confuses se régleront.

SANTÉ

Lors du premier semestre (et plus particulièrement dans le deuxième trimestre), vous serez sans doute perturbé psychiquement et nerveusement. Mais au-delà, vous retrouverez vite un dynamisme étonnant. Vous vivrez une seconde jeunesse !

ARGENT

Il vous sera déconseillé d'investir durant le premier semestre, sinon vous vous exposerez à de lourdes pertes sur le deuxième trimestre. Des pièges vous seront sans doute tendus, pendant ces trois mois. Le second semestre, vous pourrez réaliser des profits, qui vous assureront une certaine assise.

Si dans votre grille d'inclusion le nombre 5 est manquant

Soyez prudent sur le plan affectif, car c'est dans ce domaine que surgiront les tensions. D'une part, vous aurez tendance à être jaloux ; et de l'autre, ne supportant pas la routine du quotidien, vous aurez soif d'aventures. En un mot, vous serez instable dans vos sentiments. Un excès de libertinage comme un excès de jalousie pourront provoquer un conflit ou une rupture, que vous ne tarderiez pas à regretter.

SI VOTRE NOMBRE CLÉ EST 3, VOICI VOS PRÉVISIONS POUR CETTE ANNÉE

TRAVAIL

Voici une année riche en activités, pleine de transformations et de changements. Vous partirez sur de nouvelles bases. Toutefois, vous devrez agir avec prudence, ne pas jouer à l'aventurier, car vous pourriez perdre tout votre acquis de ces dernières années. Ne lâchez pas la proie pour l'ombre, vous pourriez être déçu. Soyez prudent, ces changements brusques pourraient vous amener à des échecs, que vous regretteriez au plus tard dans deux ans. Le premier semestre, et surtout dans les mois de janvier et mai, vous progresserez professionnellement, vers une amélioration, une promotion. Le mois de septembre sera même dangereux, dans le sens où il pourra engendrer une instabilité, que l'on retrouvera au troisième trimestre. Des tensions relationnelles pourront vous faire tout quitter sur un coup de tête. Soyez donc très prudent.

AMOUR

Cette année, vous aurez maintes occasions de faire des connaissances. Célibataires, vos aventures amoureuses se porteront bien, et même fort bien. Plusieurs rencontres marqueront cette année, et vous souhaiterez faire un long chemin avec l'une d'elles. Attention, les relations commencées pendant ce cycle auront tendance à ne pas durer. Si vous parvenez à régler certains problèmes avec votre partenaire cette année et à rester ensemble l'année prochaine, vous pourrez envisager une vie affective heureuse. Sélectionnez vos aventures ; vous pourriez tomber amoureux, sans que cela soit réciproque. Une libido débordante dynamisera les couples. Elle vous fera vivre intensément votre vie affective. Après une année, où vous n'avez pu consacrer que peu de temps à votre conjoint, vous voilà prêt à lui offrir tous vos instants de liberté.

SANTÉ

Les accidents seront à craindre cette année. Vous aurez du mal à contrôler votre trop-plein d'énergie, d'où des risques de chocs. Soyez prudent et ayez l'esprit à ce que vous faites. Les os et la colonne vertébrale seront des points fragiles.

ARGENT

Après une année de restrictions, vous serez prêt à réaliser des profits et des affaires lucratives, notamment durant le deuxième trimestre. Dès le premier, vous pourrez réaliser des bénéfices. Évitez les investissements importants, durant les troisième et quatrième trimestres. En un mot, misez sur le premier semestre. Vos affaires seront alors florissantes, l'argent rentrera et vos conditions de vie s'amélioreront à tout point de vue. En revanche, dans le second semestre, vous pourrez subir quelques pertes.

Si dans votre grille d'inclusion le nombre 5 est manquant
Vous aurez du mal à quitter certains endroits ou à laisser partir les gens, qui voudront ou devront vous quitter. Vous vous raccrocherez en vain et, cela se traduira par un désir irrépressible de possession et de jalousie. Soyez prudent, vous en seriez la première victime. Lâchez certaines relations, professionnelles ou pas, qui désormais vous empêcheront d'évoluer. N'hésitez pas, allez dans le sens de l'année, qui vous demande d'évoluer et de vous renouveler. Sinon, vous perdrez de vos capacités, et vous ne serez ni estimé dans votre vie professionnelle, ni admiré dans votre vie affective. Cette année, le danger vous guettera, saurez-vous le dépasser et en venir à bout ?

SI VOTRE NOMBRE CLÉ EST 4, VOICI VOS PRÉVISIONS POUR CETTE ANNÉE

TRAVAIL

Si, l'année dernière, vous avez peiné sous le poids d'une activité intense, cette année, vous aurez vraiment l'impression d'être en vacances. Votre liberté d'action, les voyages, les loisirs, vous permettront d'envisager votre vie professionnelle de façon plus détendue, sans entraver pour autant l'évolution de votre carrière. Le premier et surtout le deuxième trimestre, vous saurez asseoir votre autorité et votre notoriété, et il semblerait qu'en fin d'année des responsabilités nouvelles vous soient confiées. Acceptez-les, vous vous serez assez reposé durant les trois premiers trimestres. Profitez bien de ces moments agréables de convivialité dans votre travail car, à partir de la fin de l'année, vous repartirez de plus belle.

AMOUR

Vous voilà bien passionné ! Très sensuel pendant le deuxième et le troisième trimestres, vous batifolerez. L'année se prêtera à ce type de relations agréables, mais sans lendemain. Faites tout de même attention. Si vous êtes en couple, vous aurez besoin de partager avec l'être aimé de nouvelles passions ou de nouvelles aventures. Épisodiquement, vous serez sujet à l'instabilité et aux conflits, durant le troisième trimestre et début octobre (voir mois et jours personnels, pour plus de précisions). Soyez prudent.

SANTÉ

Attention à toutes les maladies, qui pourraient provenir de débordements sexuels. Soyez très vigilant dans ce domaine. De façon générale, l'appareil urinaire et les organes sexuels seront fragiles. Les interventions chirurgicales et les longs traitements aboutiront très favorablement, notamment durant le premier et le deuxième trimestres. Le premier semestre sera un cycle, où vous trouverez des solutions à vos problèmes de santé.

ARGENT

Évitez de démarrer de nouveaux projets financiers, en créant une entreprise ou en investissant à long terme. Le moment sera plutôt propice à revoir les investissements passés et à les faire évoluer. Les deuxième et quatrième trimestres, vous réaliserez des profits. Le troisième trimestre, un désir soudain de vivre des situations passionnantes vous amènera à un excès de dépenses, qui risquera de mettre en danger vos finances. Prudence.

Si dans votre grille d'inclusion le nombre 5 est manquant

Cette année sera placée sous le signe de la liberté et du changement. Ne la vivez pas de façon contraire, sinon le cycle sera négatif. Il vous faudra donc constamment vous adapter et accepter les changements et les opportunités. Vous aurez de la peine à vous détacher, à lâcher prise, à laisser les choses s'éloigner. Apprenez que, selon un vieil adage chinois : « Tout change, rien ne change, et, à la fin, toutes choses sont semblables. » Le changement sera la seule permanence dans la vie. Vous devrez bien comprendre et bien assimiler cette notion, sinon vous souffrirez de tout voir s'effondrer. Faites attention.

SI VOTRE NOMBRE CLÉ EST 5, VOICI VOS PRÉVISIONS POUR CETTE ANNÉE

TRAVAIL

Ce sera une année assez complexe mais également décisive, qui marquera votre vie. Vous allez vivre de nouveaux changements. D'une part, cette année sera passionnante, pleine d'aventures, qui apporteront des changements et vous procureront un sentiment de liberté. D'autre part, ce sera une année agitée, sans règle ni ordre, qui amènera sans doute un changement négatif. Cependant, cette cassure se révélera positive dans l'avenir. Ce cycle vous donnera les solutions aux problèmes existants et sera le tremplin pour une évolution soudaine et bénéfique. Le premier trimestre, des transformations, difficiles à accepter sur le coup, vous mèneront vers une situation plus avantageuse, durant le deuxième et le dernier trimestres.

AMOUR

Si vous êtes célibataire, une rencontre sera possible, durant les trois premiers trimestres et le mariage pourra être envisagé l'année prochaine. Cette relation vous épanouira ; le danger sera votre soif de liberté, qui pourra vous amener à une rupture vers la fin de l'année. Il vaudra donc mieux attendre ; pas d'union durant ce cycle. En général, les rencontres faites les premier et quatrième trimestres ne dureront pas. Une sensualité exacerbée pourra vous amener à des expériences sexuelles un peu étranges. Soyez prudent, le résultat pourrait se solder par des problèmes de santé. Tous les excès seront sanctionnés. Si vous êtes marié, votre couple pourra connaître une période d'instabilité durant le second semestre, alors que durant le premier semestre, vous serez un amoureux passionné ; vous ferez avec votre conjoint de nouveaux projets pour améliorer votre vie de couple et votre vie familiale.

SANTÉ

Il est dit que l'esprit domine la matière ; cette année, cela se vérifiera. Une nouvelle dynamique fera en sorte que vous serez bien dans votre peau et bien dans votre tête. Les problèmes psychosomatiques s'évanouiront, pour laisser place à une énergie positive. Le premier semestre sera excellent (mai sera très favorable), si vous envisagez un traitement nouveau ou une intervention chirurgicale. Des points fragiles : l'appareil respiratoire, le foie, les reins. Attention aux excès de table.

ARGENT

On note une instabilité des finances mais, dans l'ensemble, l'année sera fructueuse. Ce sera excellent pour la promotion de tous vos acquis, durant les premier et deuxième trimestres. C'est une année tremplin, où votre créativité, vos relations, vos affaires prendront de l'expansion. Il vous sera conseillé d'attendre l'année prochaine pour investir à long terme.

Si dans votre grille d'inclusion le nombre 5 est manquant

Il sera impératif que vous taisiez votre besoin de liberté, et que vous passiez outre vos petits caprices, pour apprendre à vivre avec les autres et apporter par la même occasion un peu de stabilité dans votre vie. Tant que vous agirez ainsi, vous ne construirez rien, au contraire, vous risquerez de tout détruire. Si vous adoptez une attitude désinvolte, si vous ne respectez pas les autres et vous-même, tout pourra très bien s'effondrer. Faites très attention à la façon dont vous allez utiliser votre liberté. Elle pourra vous être refusée, si vous l'utilisez mal.

SI VOTRE NOMBRE CLÉ EST 6, VOICI VOS PRÉVISIONS POUR CETTE ANNÉE

TRAVAIL

Vous allez devoir faire face à des imprévus, à des incertitudes. L'année passera rapidement, riche en événements et en nouveaux contacts ; vous ne saurez plus très bien où vous en êtes, jusqu'au mois d'octobre. Vous aurez quelques occasions à saisir, hors de la routine habituelle. Attention, il y aura des pièges, et il ne sera pas toujours bon de mordre à l'hameçon. Vous vivrez autant d'expériences positives que négatives. Les engagements que vous prendrez durant les trois premiers trimestres ne dureront pas. Les relations professionnelles seront tendues. Prudence ! Durant le quatrième trimestre, vous aurez la possibilité de vous préparer à une activité intense, car l'année qui vient vous réservera des surprises agréables dans votre carrière.

AMOUR

Voilà une année bien trompeuse pour les célibataires. Dans l'euphorie générale, vous penserez qu'une ou plusieurs personnes sont amoureuses de vous. Vous serez en fait pris au piège de l'illusion. Il vous faudra attendre la fin de l'année, et même l'année prochaine, pour trouver un équilibre affectif. Profitez, sans abuser, de cette année, qui pourra vous apporter bien des occasions. Sachez qu'une trop grande sensualité, assouvie de façon excessive, pourrait vous causer des problèmes de santé. De plus, cela pourrait vous nuire. En effet, vous risquerez de donner une image, qui ne sera pas toujours bonne pour votre avenir affectif. Si vous êtes marié, vous serez envahi par la nostalgie, le premier semestre, et vous revivrez de longues lunes de miel. Des tensions pourront surgir pendant le troisième trimestre.

SANTÉ

Le premier trimestre, tout ira bien. En cours d'année, vous rencontrerez des oppositions, qui vous éprouveront physiquement et psychologiquement, notamment durant le troisième trimestre. Des problèmes gynécologiques et sexuels pourront réapparaître cette année. En fin d'année, ce seront des problèmes osseux. Ne négligez pas les symptômes. Tout traitement nouveau ou toute intervention chirurgicale seront particulièrement favorisés, durant les premier et dernier trimestres.

ARGENT

Cette année, tout achat pour les affaires ou toute spéculation devront rapidement ête revendus. Tous les nouveaux projets de courte durée auront toutes les chances de réussir. La meilleure façon de tirer partie de l'année sera de s'étendre, de s'agrandir et de promouvoir ce qui fait déjà partie de votre vie. Durant le quatrième trimestre, une occasion vous apportera la possibilité d'une nouvelle affaire. Faites attention, les tendances de l'année seront fortement axées sur les revers de fortune ; de bons, ils deviendront mauvais, et vice-versa. C'est ce qui pourra se produire en début d'année, où les affaires seront excellentes. Puis, les situations se dégraderont, durant les deuxième et troisième trimestres. Ensuite, tout redeviendra positif. Évitez de faire de grandes dépenses, durant le troisième trimestre, car des difficultés financières seront de l'ordre du probable.

Si dans votre grille d'inclusion le nombre 5 est manquant

Cette année, vous pourrez éprouver des difficultés à vivre pleinement vos sentiments et votre sexualité. Les excès vous perturberont. Plus vous vous imposerez l'ascétisme, plus vous tomberez dans des formes de perversion. Soyez très vigilant, car le destin attendra de vous que vous trouviez l'équilibre dans ce domaine. En un mot, si vous refoulez vos émotions sexuelles, vous risquerez de tomber dans l'excès contraire et ne pouvant plus résister, vous les vivrez alors de façon excessive et agressive. Plus que jamais, vous serez appelé cette année à comprendre la notion de liberté. Vous devrez, pour cela, passer par des épreuves physiques et psychologiques, notamment durant les deuxième et troisième trimestres.

SI VOTRE NOMBRE CLÉ EST 7, VOICI VOS PRÉVISIONS POUR CETTE ANNÉE

TRAVAIL

Une année remplie d'espoirs où, dans votre carrière, vous serez de plus en plus apprécié. Vous réaliserez les objectifs que vous vous étiez fixés, depuis plusieurs années. Des solutions se présenteront, des issues se feront jour. Professionnellement, vous serez à l'aise et les deuxième et quatrième trimestres, vous aurez l'occasion d'étendre votre rayon d'action et votre réputation. On vous proposera des changements et des transformations dans votre carrière. Foncez, mais ne négligez pas ce qui est déjà acquis et surtout, ne détruisez pas pour construire du nouveau. Allez dans le sens de ce qui est déjà établi, et vous vous développerez. La fatalité fera que vous ne pourrez pas résister au désir de faire table rase pour repartir sur de nouvelles bases. Soyez très prudent et consultez votre thème. Vérifiez, par exemple, la journée et l'heure, où les propositions vous ont été faites, vous verrez ainsi si la période était favorable.

AMOUR

Les célibataires seront bien dans leur peau. Une relation très forte pourra marquer cette année et vous préparer à un changement heureux et peut-être durable. Votre désir de liberté, de découvertes et de voyages viendra perturber l'évolution heureuse de cette rencontre. Comment réagira votre partenaire ? Vous progresserez vers une stabilisation, ce qui ferait supposer que cette relation serait définitive. Les deuxième et quatrième trimestres seront les périodes les plus favorables. Les couples vivront en harmonie. Une nouvelle dynamique les incitera à avoir une vie sociale plus intense, ils élargiront leur cercle d'amis et envisageront, peut-être, d'agrandir leur famille. Les deuxième et quatrième trimestres seront excellents alors que le troisième sera terni par de légères tensions.

SANTÉ

Cette année, certains seront boulimiques, d'autres pratiqueront l'ascétisme. Dans les deux cas, vous risquerez de bloquer votre organisme. Il faudra veiller à l'équilibre général par une vie saine, des repas équilibrés et une attitude positive. Le premier semestre amènera des solutions aux problèmes déjà existants. La période sera idéale pour une bonne remise en forme et un prompt rétablissement.

ARGENT

Méfiez-vous du premier trimestre car vous commettrez sans doute des erreurs de jugement dans le domaine financier. Même si le troisième trimestre vous offre plus de possibilités et favorise davantage les investissements, soyez vigilant car ce sera une période de luttes et d'obstacles, sans profits rapides. Le deuxième et le quatrième trimestres seront des cycles d'équilibre, de développement et de profits financiers.

Si dans votre grille d'inclusion le nombre 5 est manquant

Votre soif de liberté vous incitera à vous détacher de tout ce qui vous demande trop de concessions. L'année exigera de vous, que vous résistiez aux désirs et aux tentations charnelles, qui seront puissants. Ne soyez pas eclave de vos passions. Gardez à l'esprit qu'il y a d'autres moyens de gagner la liberté, à laquelle vous aspirez. Faites preuve de bon-sens et de réflexion, ce sera de cette manière que vous pourrez réussir cette année.

SI VOTRE NOMBRE CLÉ EST 8, VOICI VOS PRÉVISIONS POUR CETTE ANNÉE

TRAVAIL

Après une année difficile, vous allez enfin pouvoir souffler. Le premier semestre, et plus précisément le premier trimestre, des retards et des complications freineront votre évolution professionnelle. Le second semestre favorisera un changement professionnel, soit par des promotions, soit par de nouvelles activités, ce qui améliorera considérablement vos conditions de vie. En fin d'année, des associations seront en pourparlers ; ne les rejetez pas, elles pourront être bénéfiques pour votre carrière.

AMOUR

Voici une année bien passionnante. Si vous êtes célibataire, c'est au cours de voyages ou de déplacements que vous ferez des rencontres, dont vous vous souviendrez. Le dernier trimestre pourra vous amener à faire une rencontre, qui sera source de stabilité et de bonheur, si vous savez l'apprivoiser et la garder dans les mois qui viennent. Les couples vivront ensemble la passion et l'aventure. Cela équilibrera leur vie, et ils auront l'impression de se redécouvrir mutuellement.

SANTÉ

Cette année, des énergies nouvelles favoriseront la guérison de problèmes anciens. Dès le mois de mai, un capital santé positif favorisera les interventions chirurgicales et la prise de traitements nouveaux. Ce sera une bonne période pour consulter des spécialistes. Votre énergie frisera la nervosité et pourra vous amener à faire des imprudences. Attention aux chutes et aux fractures.

ARGENT

L'année va vous offrir des possibilités, jusque là inespérées. Les investissements et les placements ne seront pas toujours conseillés, mais des possibilités de placements immobiliers se présenteront dans le troisième trimestre. Négociez bien et vous en retirerez de nombreux bénéfices, le dernier trimestre. Vous aurez envie de spéculer et de prendre des risques durant le second semestre, vous pourrez vous le permettre. Une réserve cependant : modérez votre grande propension à la dépense tout au long de cette année.

Si dans votre grille d'inclusion le nombre 5 est manquant

Le destin vous amènera à une meilleure compréhension de la liberté. Vous vous trouverez dans des situations contradictoires. D'une part, vous ferez la connaissance de gens nouveaux et, d'autre part, des amis s'éloigneront de vous, alors qu'une sincère amitié vous liait. Vous vous trouverez face à des situations nouvelles et aventureuses qui vous feront peur, mais vous devrez vous adapter et aller de l'avant. Si vous le refusez, les situations négatives s'aggraveront. Soyez philosophe, essayez de vous dépasser. Apprenez à vous détacher des choses et des gens ; contrôlez votre jalousie dans votre vie affective.

SI VOTRE NOMBRE CLÉ EST 9, VOICI VOS PRÉVISIONS POUR CETTE ANNÉE

TRAVAIL

Cette année sera riche en changements et en bouleversements. Le premier et le deuxième trimestres, des opportunités afflueront de toutes parts, vous offrant des perspectives nouvelles dans votre vie professionnelle. Cela fera naître en vous instabilité et exaltation. Vous devrez agir avec prudence et maîtriser tous ces aspects mirifiques qui, dans le temps, pourront déboucher sur des pièges. Faites preuve de discernement. Les décisions prises au cours du deuxième trimestre entraîneront des changements complets dans votre carrière, au cours du troisième trimestre. Ce renouvellement sera positif.

AMOUR

Amour fou et aventure, voilà le programme des célibataires, qui feront des rencontres passionnantes et inoubliables. Si vous vivez en couple, vous ne supporterez pas la routine, et des conflits pourront survenir. Sortez, voyez des amis, vous aurez besoin d'originalité et de renouveau dans votre vie à deux.

SANTÉ

L'année sera, dans l'ensemble, favorable à la guérison de problèmes existants, notamment les deuxième et troisième trimestres. Les points à surveiller cette année seront la circulation sanguine, les problèmes digestifs (intoxication), les maladies vénériennes. Votre dynamisme vous permettra une remise en forme spectaculaire.

ARGENT

Le premier semestre, des propositions de placements et d'investissements vous seront faites avec insistance. Refusez-les et attendez la fin de l'année, pour reconsidérer ces offres. Les premier et troisième trimestres, vous pourrez réaliser des spéculations à court terme. Attention aux deuxième et dernier trimestres, où vous serez tenté de faire des dépenses excessives, pouvant vous faire perdre vos gains de l'année.

Si dans votre grille d'inclusion le nombre 5 est manquant

L'année tout entière sera ponctuée de transformations fréquentes, dans tous les domaines. Ces changements, vous pourrez les vivre de façon positive, comme de façon négative. Dans un cas, l'année sera remplie de voyages, d'aventures, d'enrichissements, où liberté et progrès seront des alliés sûrs. Dans l'autre cas, vous ne contrôlerez plus la surabondance de situations instables. Agité et stressé, des maladies psychosomatiques se déclareront. Pour vivre positivement l'année, vous devrez tout simplement apprendre à ne pas faire mauvais usage de votre liberté, en ne commettant pas d'abus, par exemple, sur les plans sensuel et sexuel.

SI VOTRE ANNÉE PERSONNELLE EST 6

Voici les neuf différentes années personnelles 6.
À l'aide de votre nombre clé (que vous avez calculé p. 20), vous allez rechercher votre année personnelle correspondante et lire vos prévisions.

Si votre nombre clé est : 1 voir p. 116
2 voir p. 117
3 voir p. 118
4 voir p. 119
5 voir p. 120
6 voir p. 121
7 voir p. 122
8 voir p. 124
9 voir p. 125

SI VOTRE NOMBRE CLÉ EST 1, VOICI VOS PRÉVISIONS POUR CETTE ANNÉE

TRAVAIL

Cette année vous procurera de grandes satisfactions... mais aussi de grandes désillusions. Les premier et troisième trimestres seront excellents. Vous disposerez de toutes les possibilités d'accroître et de développer de façon étonnante votre carrière et, surtout, votre statut au sein de votre équipe. Les deux derniers trimestres, vous connaîtrez des obstacles et des perturbations. Heureusement, vous aurez l'affection des vôtres pour vous réfugier, et cela vous aidera à dépasser votre susceptibilité et à éviter le pire.

AMOUR

Célibataires, la première partie de l'année ne favorisera pas les nouvelles relations durables. Cependant, durant les deuxième et, surtout, quatrième trimestres, vous pourrez rencontrer l'âme sœur. Dans l'ensemble, l'année vous réservera des surprises agréables, beaucoup de chaleur et de tendresse. Si vous êtes marié, le deuxième trimestre, des conflits pourront entraîner un divorce ou une séparation. Veillez à ne pas tomber dans ce piège. Pour plus de précisions, il faudra étudier votre thème personnel (voir vos jours et mois personnels). Le dernier trimestre, les aspects favoriseront les réconciliations.

SANTÉ

Pendant le premier semestre, un affaiblissement, dû au surmenage et à l'accroissement de vos nouvelles activités, vous déstabilisera. Surveillez l'appareil urinaire, surtout si vous avez déjà eu des problèmes. Le troisième trimestre favorisera une bonne évolution de votre état de santé. La période sera très bien choisie pour subir une intervention chirurgicale ou pour débuter un nouveau traitement. Le quatrième trimestre sera critique, vous serez sujet aux maladies psychosomatiques.

ARGENT

Bien que le premier semestre soit source de perturbations et de retards, l'année vous apportera de grandes satisfactions. Durant le troisième trimestre, vous pourrez réaliser des profits et nettement progresser sur le plan financier. De janvier à avril, il y aura de bons aspects, mais vous serez confronté à des retards et à des limitations. Soyez prudent dans vos investissements durant le quatrième trimestre.

Si dans votre grille d'inclusion le nombre 6 est manquant

La rupture sera dans l'air. Une forte tension régnera dans vos relations affectives, vous devrez éviter le pire et, pour cela, ne pas rechercher sans cesse la perfection. De même, ne cherchez pas ailleurs ce que vous avez déjà chez vous. Vous allez connaître une année de perturbations affectives. Ne croyez pas pour autant que l'idéal est partout où vous n'êtes pas. Ne vous imaginez pas que ce sera mieux ailleurs, avec une personne nouvelle. Disciplinez vos pulsions et vos passions, sinon vous risquerez de connaître la destruction de votre vie familiale et affective.

SI VOTRE NOMBRE CLÉ EST 2, VOICI VOS PRÉVISIONS POUR CETTE ANNÉE

TRAVAIL

Vous allez vivre une année très positive. L'harmonie s'installera dans votre vie professionnelle et vous permettra d'acquérir la renommée et la reconnaissance espérées. Tous les projets, que vous avez entrepris et suivis avec sérieux au cours des années précédentes, connaîtront une bonne évolution. L'ambition, qui animera votre entourage familial, vous stimulera et vous poussera à aller de l'avant. Le premier, le deuxième et le quatrième trimestres seront de très bonnes périodes pour foncer. Durant le troisième trimestre, vous vous heurterez à quelques tensions, dans votre milieu professionnel. Elles seront la conséquence d'un surmenage, dû à d'importantes responsabilités. Mais rien de grave, rassurez-vous.

AMOUR

Ce sera une année d'amour, de tendresse et d'affection. Si vous êtes célibataire, vous pourrez, durant le premier et le deuxième trimestres, stabiliser votre vie sentimentale. Mieux encore, vous pourrez donner un caractère permanent à votre vie affective, dès le dernier trimestre. Pour les couples, des frictions seront à prévoir durant le deuxième et le troisième trimestres. Il faudra que vous preniez conscience que des remises en question s'imposent, que vous soyez plus attentif à votre couple et à votre famille, et vous pourrez alors retrouver l'harmonie.

SANTÉ

Des ennuis de santé pourront réapparaître, tels que calculs rénaux, problèmes vésiculaires, gastrites, hypertension. Les premier et quatrième trimestres seront favorables aux traitements ou aux opérations relatifs à ces problèmes.

ARGENT

Toutes les transactions vont porter leurs fruits, notamment en fin d'année. Vous serez d'une efficacité redoutable sur le plan commercial, pour augmenter considérablement vos revenus. Il sera important d'acquérir beaucoup cette année, pour équilibrer les quatre prochaines années. Si de l'argent vous est dû, ce sera le moment de le réclamer : vous serez surpris de voir avec quelle diligence vos débiteurs s'efforceront de tenir leurs promesses. Les plus beaux aspects sur le plan financier se situeront durant le deuxième et le quatrième trimestre. Quant au premier trimestre, il sera satisfaisant, mais sans plus. Mais pendant le troisième, vous serez pris d'un besoin frénétique de dépenser, d'être reconnu et de vous affirmer de cette façon-là. Soyez prudent.

Si dans votre grille d'inclusion le nombre 6 est manquant

Vous serez amené à vous occuper de tout ce qui touche à la vie familiale et affective. Plus que jamais, vous serez responsable de tout ce petit monde. Vous ne devrez surtout pas fuir ces responsabilités, car vous vous exposeriez alors à des obstacles et à des déboires dans tous les autres domaines, jusqu'à ce que vous compreniez que vous devez affronter et régler avec droiture et intelligence vos problèmes familiaux.

SI VOTRE NOMBRE CLÉ EST 3, VOICI VOS PRÉVISIONS POUR CETTE ANNÉE

TRAVAIL

Cette année, vous allez ployer sous une masse de travail et de responsabilités absolument écrasante. Vous devrez accepter avec le sourire les exigences et les contraintes professionnelles, notamment durant le second semestre qui sera particulièrement difficile. Vous n'obtiendrez la réussite qu'à la force du poignet. Ne refusez pas ces nouvelles responsabilités, ces missions à risque, vous les mènerez avec succès. Ce ne sera pas une année facile et vous vous en rendrez rapidement compte, même si, durant le premier semestre, les fonctions que l'on vous a confiées vous paraissent simples. Le deuxième trimestre vous permettra d'élargir votre rayonnement et votre crédibilité dans votre milieu professionnel.

AMOUR

Célibataires, vous pourrez trouver le bonheur. Cette année vous permettra de rencontrer l'âme sœur, mais serez-vous assez détendu, assez disponible pour la reconnaître ? À vouloir vivre absolument le grand amour, vous finirez par manquer de discernement ! Le premier semestre, chez les couples, sera synonyme de réunion familiale, de réconciliation et d'harmonie. De mai à septembre, vous serez amené à prendre certaines responsabilités, suite à des problèmes inattendus dans votre famille, ce qui provoquera des perturbations au sein de votre couple. Le dernier trimestre, l'aspect sera propice à une réconciliation.

SANTÉ

De mai à septembre, l'appareil urinaire sera très fragile. Buvez beaucoup d'eau, éliminez les toxines par une alimentation équilibrée. Faites de l'exercice. Dès le mois d'octobre, l'amélioration se fera sentir. Mais les problèmes rencontrés ces derniers mois auront créé chez vous un déséquilibre nerveux, pouvant altérer le physique, si vous n'y prenez pas garde.

ARGENT

Les investissements et les placements à long terme seront porteurs. Vous pourrez envisager des projets immobiliers ou l'achat d'une maison, d'un terrain, durant le premier semestre et le dernier trimestre (surtout en novembre). Dans les mois de juillet, août et septembre, méfiez-vous des investissements précipités.

Si dans votre grille d'inclusion le nombre 6 est manquant

Cette année, vous aurez la possibilité de retrouver une nouvelle stabilité et de repartir sur de nouvelles bases. Cependant, vous serez tenté de refuser ces nouvelles responsabilités qui vous sembleront bien lourdes. Vous les ressentirez comme des obligations, alors qu'elles seront signe d'une prochaine promotion. Sachez saisir les opportunités. Malgré de nombreux obstacles qui pourront vous épuiser et vous donner envie de renoncer à votre carrière, vous devrez plus que jamais être patient. Si vous passez ce cap difficile du troisième trimestre, vous connaîtrez une grande notoriété auprès de vos supérieurs.

SI VOTRE NOMBRE CLÉ EST 4, VOICI VOS PRÉVISIONS POUR CETTE ANNÉE

TRAVAIL

Après une année d'instabilité, vous voilà dans un cycle où les aspects favoriseront l'équilibre dans votre vie profesionnelle. Durant le premier et le quatrième trimestres, vous serez sollicité, on reconnaîtra vos qualités et vous conforterez votre position. En effet, la chance vous donnera les moyens de vous stabiliser pour plusieurs années. Les meilleures périodes seront le premier semestre (avec avancement et responsabilités à la clé) et le dernier trimestre, où une promotion enviable vous sera proposée.

AMOUR

Au nom de l'amour, vous allez négliger quelque peu votre carrière mais vous en serez ravi. En effet, pendant les deuxième et troisième trimestres, vous vivrez intensément une rencontre qui seule comptera à vos yeux. Les couples vivront des émotions fortes durant les trois premiers trimestres. Vous réglerez des problèmes familiaux et trouverez votre bonheur dans la vie familiale. De façon générale, essayez tout de même de ne pas perdre de vue votre carrière, de façon à ne pas retarder votre évolution.

SANTÉ

Une année fragile nerveusement. Les deuxième et troisième trimestres, vous serez déstabilisé et perturbé par une vie affective débordante. Essayez de tempérer vos passions pour un meilleur équilibre de votre état de santé.

ARGENT

L'aspect financier sera dans l'ensemble positif durant le premier et, surtout, le quatrième trimestres. Des rentrées d'argent totalement inattendues (suite à des ventes ou à des transactions) vous permettront de retrouver l'équilibre. Le jeu et la spéculation seront décevants. Les investissements à long terme donneront de bons résultats, contrairement à ceux à court terme, notamment sur les deuxième et troisième trimestres. Prudence durant les mois de juillet, août et septembre car vous pourrez subir de lourdes pertes, dues à de mauvais placements ou à un contrôle administratif. Misez tout sur les premier et quatrième trimestres.

Si dans votre grille d'inclusion le nombre 6 est manquant

Vous pourrez être sollicité pour régler des problèmes dans la vie des autres. Soyez prudent, cela se retournerait contre vous. Vous chercherez peut-être, à travers les autres, à vous évader de vous-même, de vos problèmes, de vos responsabilités, de vos obligations sur les plans financier et professionnel. Ne tombez pas dans ce piège, c'est chez vous et en vous que vous devrez résoudre les difficultés. N'y voyez pas de l'égoïsme mais, si vous ne prenez pas vos responsabilités, la souffrance vous rappellera à l'ordre dès le deuxième et le troisième trimestres.

SI VOTRE NOMBRE CLÉ EST 5, VOICI VOS PRÉVISIONS POUR CETTE ANNÉE

TRAVAIL

Vous voilà prêt à concrétiser les nouveaux projets, qui se sont amorcés l'année dernière. Vous avez connu une évolution rapide ces derniers temps et, dans ce cycle, vous allez pouvoir mettre en pratique vos acquis, notamment les premier et troisième trimestres. Vous vous sentirez alors parfaitement sécurisé dans votre vie professionnelle. Dès le deuxième trimestre, de nouvelles responsabilités vous attendront. Vous vivrez peut-être mal cette surcharge d'activités et serez pris de l'envie soudaine de tout lâcher pour aller voir ailleurs. Ce serait pure folie. Soyez donc très vigilant durant cette période. Le troisième trimestre sera plus détendu et, en fin d'année, un état de sérénité vous donnera une vision positive de votre carrière.

AMOUR

Les célibataires trouveront leur stabilité dans la vie affective. Le premier trimestre vous aidera à trouver l'épanouissement et, durant le deuxième trimestre, vous vivrez une histoire d'amour passionnante. Les couples, durant cette période, s'ils évitent les écarts qui nuiraient à leur équilibre, pourront vivre une belle histoire d'amour.

SANTÉ

Le deuxième et le quatrième trimestres, évitez si possible les traitements nouveaux et les interventions chirurgicales. Le premier trimestre pourra amener des solutions à un problème existant. Les deuxième, troisième et quatrième trimestres, demanderont un traitement immédiat de tout problème même s'il est latent ou bénin, et la guérison sera alors rapide. Si vous souffrez de troubles cardiaques, faites attention durant les deuxième et quatrième trimestres.

ARGENT

L'année vous donnera les moyens de construire, comme vous l'espériez, une meilleure vie financière. Le premier et surtout le troisième trimestre sera l'une des périodes les plus favorables pour réaliser des profits intéressants. Profits qui, soit dit en passant, seront mis au service de votre vie sentimentale. Soyez très prudent dans vos investissements à long terme. Durant le deuxième trimestre, ne jouez surtout pas au spéculateur, vous pourriez perdre tout ce que vous avez gagné pécédemment.

Si dans votre grille d'inclusion le nombre 6 est manquant

Très idéaliste, vous serez constamment en quête de nouveautés, d'aventures et de passions. Le destin vous offrira cette possibilité, mais il faudra que vous en usiez avec modération, que vous appreniez à apprécier les choses, et non à les dévorer. Même si vous avez le meilleur mari ou la meilleure épouse du monde, vous vous ennuierez. Vous aurez tendance à ne voir, chez votre partenaire, que le côté négatif, ce qui vous nuira considérablement. Cette année, vous pourrez trouver l'équilibre et le bonheur mais, par votre manque de 6 qui stimule en vous le désir de vivre « à cent à l'heure », vous risquez de passer à côté de votre chance ou de détruire ce qui pourrait être source de bonheur et d'harmonie.

SI VOTRE NOMBRE CLÉ EST 6, VOICI VOS PRÉVISIONS POUR CETTE ANNÉE

TRAVAIL

Cette année, vous allez obtenir l'avancement espéré. Des responsabilités plus importantes vous seront confiées, surtout à partir du dernier trimestre. Elles seront le résultat des efforts fournis durant ces dernières années. Dans votre activité, vous serez volontaire, dynamique et prêt à vous engager dans des projets à long terme. L'ambiance sera aux préoccupations commerciales pendant les trois premiers trimestres. Vers la fin de l'année, le surcroît d'activités vous plongera dans des situations conflictuelles. Vous devrez alors vous battre et, par votre perspicacité, vous réglerez les problèmes et mènerez à bien votre mission.

AMOUR

L'union régnera tout au long de cette année. Les célibataires pourront difficilement éviter cet aspect, et ceux qui le souhaitent trouveront un bonheur durable. Les liens affectifs seront très fort. (Pour plus de précisions, voir les jours et mois personnels.) La famille et le couple connaîtront une évolution agréable, qui mettra fin à la situation tendue de ces dernières années et cimentera leur entente.

SANTÉ

Il faudra absolument que vous aidiez votre organisme à éliminer les toxines. Pour cela, évitez les excitants (tabac, alcool, etc.) et faites de l'exercice. Vous devriez faire un check-up et envisager une nouvelle discipline de vie. Le premier et le deuxième trimestres seront très favorables. Profitez-en si vous devez subir une intervention chirurgicale ou débuter un traitement. Au-delà, l'aspect sera plus négatif.

ARGENT

Cette année, vous devrez sans doute faire face à des difficultés d'ordre matériel. Organisez et planifiez votre budget de façon serrée. Les besoins du foyer se feront plus importants, des réajustements dans le budget de vos associations seront demandés... Surtout, ne faites pas de grosses dépenses, vous le regretteriez rapidement. Vous pourrez réaliser des profits ou récupérer de l'argent que l'on vous devait vers la fin de l'année. Les deux premiers trimestres, vous pourrez malgré tout faire de petits investissements immobiliers à long terme, mais soyez très prudent et prenez vos dispositions car l'année prochaine sera plus difficile encore.

Si dans votre grille d'inclusion le nombre 6 est manquant

Vous aurez tendance à commettre des erreurs sur le plan relationnel. Évitez de vous mêler des affaires des autres. Vous pourrez faire du social mais sans vous impliquer directement. Vous ne devrez pas fuir les responsabilités acquises à la force du poignet. Il va falloir assumer votre succès professionnel. Si vous refusez ce défi, vous serez forcé d'attendre de nombreuses années avant de retrouver un statut social, où vous serez aussi reconnu et respecté. Cette année sera certes très exigeante mais, bien menée, elle pourra vous procurer énormément de satisfactions dans votre vie professionnelle et relationnelle.

SI VOTRE NOMBRE CLÉ EST 7, VOICI VOS PRÉVISIONS POUR CETTE ANNÉE

TRAVAIL

Votre objectif : vous installer de façon permanente et vous assurer une bonne assise dans votre vie professionnelle. Le premier semestre sera un véritable tremplin pour votre avenir. Des portes vont s'ouvrir sur des horizons tout tracés. L'année dernière, vous aviez entrevu des perspectives qui n'avaient pas pu se concrétiser, mais cette année, voilà vos efforts récompensés. Vers le deuxième trimestre, vous relâcherez un peu la pression. Ne vous croyez pas en vacances car vous devrez rattraper ces temps de ralentissements en fin d'année. Vous serez alors appelé à franchir de nouvelles étapes dans votre carrière. On exigera beaucoup de vous, mais, en retour, vous réussirez.

AMOUR

Si vous êtes célibataire, l'amour va bouleverser votre vie. Vous serez prêt à vous engager définitivement avec l'élu(e) de votre cœur. Vous serez bien dans votre peau et heureux de vivre. L'année a pour vibration les engagements affectifs et amoureux de longue durée. C'est un cycle très romantique. Si vous êtes déjà marié, vous connaîtrez un sentiment de sécurité, de permanence et de plénitude. Vous allez néanmoins devoir faire quelques concessions, dans le cadre du mariage. La vibration de cette année provoquera chez vous une profonde prise de conscience à l'égard des êtres importants de votre vie. Ce sera le moment de consolider les liens familiaux, ce qui permettra d'établir ou de rétablir une nouvelle entente dans l'union. Un aspect bénéfique, durant le deuxième et le troisième trimestres, vous rendra à nouveau amoureux de votre partenaire. Soyez prudent car vous risquez d'en oublier les obligations professionnelles.

SANTÉ

Si des problèmes dentaires, rhumatismaux ou osseux n'ont pas été réglés en année personnelle 4, ils pourront réapparaître durant le premier semestre. Tout problème, et notamment de colonne vertébrale, non résolu l'année passée pourra resurgir. De façon générale, la période permettra la guérison des maladies qui traînaient depuis plusieurs années. Le premier semestre sera favorable aux interventions chirurgicales.

ARGENT

N'hésitez pas à investir dans votre intérieur ou à dépenser pour votre santé, cela vous rapportera plus tard. En effet, vous ne ferez pas beaucoup de bénéfices cette année, seuls rapporteront les placements à long terme. Les investissements immobiliers seront excellents, à condition que ce ne soit pas de la spéculation pure. Ne vous faites pas trop de soucis, car la fin de l'année apportera des projets fermes et positifs, même s'ils ne sont pas spectaculaires. L'année sera plutôt satisfaisante dans son ensemble, particulièrement les deuxième et quatrième trimestres, puisque vous aurez la possibilité de vous libérer de certaines dettes. Pour réaliser beaucoup de profits, il faudra faire preuve d'une grande initiative personnelle, mais certains seront freinés par les besoins de leur milieu familial. Quoi qu'il en soit, bien peu d'économies seront réalisées cette année.

Si dans votre grille d'inclusion le nombre 6 est manquant

Plus que jamais, vous serez appelé à vous impliquer dans votre vie familiale. Vous risquerez de « craquer » et de refuser toutes les responsabilités. Attention, soyez très vigilant, car cette année pourrait déboucher sur des conflits importants. Un divorce ou une rupture entraîneraient des situations difficiles et longues à régler (au moins quatre années). Apprenez que, dans la vie, on ne fait pas toujours ce que l'on veut. Ne négligez pas les détails dans votre vie affective et familiale, soyez attentionné avec votre entourage. Soyez sensible aux marques d'affection que l'on vous prodiguera sinon vous décevrez famille, amis et relations ; vous ne comprendrez pas pourquoi ils se détournent de vous et vous en souffrirez. Si vous ne réagissez pas durant le second semestre, vous courrez à la catastrophe.

SI VOTRE NOMBRE CLÉ EST 8, VOICI VOS PRÉVISIONS POUR CETTE ANNÉE

TRAVAIL

Une année qui nécessitera une grande attention et beaucoup de perspicacité. D'importantes responsabilités vont se présenter, et vous devrez les sélectionner. Trop d'obligations engendreraient fatigue et surmenage, et vous perdriez de votre efficacité. Le côté créatif sera très important durant le premier trimestre. Vers le dernier trimestre, vous pourrez envisager des améliorations dans votre vie professionnelle et exiger ce qui vous est dû. Ne vous inquiétez pas, votre valeur sera reconnue et vous obtiendrez satisfaction. Attention tout de même pendant le troisième trimestre, car vous risquez de surestimer vos possibilités et vous serez confronté à un aspect destructif. Soyez donc très vigilant. N'oubliez pas que toute nouvelle entreprise devra être menée jusqu'au bout. L'année testera en fait votre persévérance.

AMOUR

Célibataires, une rencontre va transformer votre vie. Elle sera stable et durable. Ce sera une excellente année pour le mariage, surtout lors des troisième et quatrième trimestres. Pour tous, les conflits qui éclateront cette année seront vite réglés. Sur le plan familial, vous ferez de nouveaux projets, vous agrandirez votre famille. Profitez pleinement de cette année.

SANTÉ

Durant les deuxième et troisième trimestres, il y aura un risque d'aggravation des problèmes existants. Vous devrez donc, lors du premier trimestre, tenir compte des symptômes que vous décèlerez et les traiter aussitôt. Surveillez votre état nerveux, surtout durant le troisième trimestre où vous serez sujet à une forte émotivité. Tout traitement nouveau et toute intervention chirurgicale seront déconseillés le deuxième et le troisième trimestres, alors qu'ils seront recommandés les premier et quatrième trimestres.

ARGENT

Que de fluctuations cette année ! Le premier trimestre vous verra engagé dans de nouvelles affaires. Durant les deuxième et troisième trimestres, de nombreux obstacles s'opposeront à la réalisation de vos projets. Les amis et la famille vous seront d'un grand soutien financier, notamment le premier et le quatrième trimestres. Le dernier trimestre enfin, des opportunités se présenteront à vous et vous permettront de rétablir votre situation financière. Les investissements, pour l'amélioration du cadre familial, seront très positifs sur toute l'année.

Si dans votre grille d'inclusion le nombre 6 est manquant
Les aspects négatifs des deuxième et troisième trimestres affecteront votre vie en général. Professionnellement vous serez insatisfait. Vous accepterez mal les nouvelles responsabilités que l'on vous imposera. Pourtant, vous n'aurez pas le choix et, si le 7 n'est pas manquant dans votre grille, vous aurez de grandes compensations en fin d'année et dans l'année suivante. Mais vous serez éprouvé, durant les deuxième et troisième trimestres, dans votre vie affective et dans vos rapports avec vos collaborateurs. Soyez très vigilant, ne vous laissez pas emporter par des réactions ridicules qui anéantiraient votre acquis de ces dernières années.

SI VOTRE NOMBRE CLÉ EST 9, VOICI VOS PRÉVISIONS POUR CETTE ANNÉE

TRAVAIL

Après une année de relative liberté, vous vous sentirez agressé par les responsabilités qui vous incombent. Vous allez devoir, de façon concrète, engager une vie professionnelle beaucoup plus enrichissante, mais également très éprouvante. Elle sera fastidieuse et remplie de soucis, pendant le premier semestre, où les tâches contraignantes s'acharneront sur vous. Au-delà, les aspects seront plus agréables, notamment dans le dernier trimestre.

AMOUR

Célibataires, vous serez heureux, bien dans votre peau. Une relation stabilisera votre vie affective, et vous déciderez de vous engager. Si vous êtes en couple, des conflits surgiront, notamment durant le deuxième trimestre, et vous pourrez connaître une rupture. Soyez prudent, un divorce serait mal vécu et ne vous apporterait que des déboires. De façon générale, les nouvelles amitiés vont vous enrichir cette année, par leur authenticité et leur loyauté.

SANTÉ

Faites attention à ne pas trop vous surmener. Fatigue générale et stress seront votre lot cette année. Ayez une bonne hygiène de vie. L'appareil urinaire sera fragilisé.

ARGENT

Vous récupèrerez ce qui vous est dû. L'immobilier s'avérera excellent ; les spéculations seront déconseillées. Durant la seconde partie de l'année, vous réaliserez des profits, provenant de ventes immobilières anciennes en date. Vous pourrez être limité financièrement durant le premier semestre, mais cet aspect disparaîtra dès le second semestre.

Si dans votre grille d'inclusion le nombre 6 est manquant

Aimer sans chercher à recevoir, donner beaucoup de vous-même sans attendre de récompense en retour : méditez sur le sens de l'Amour, cet aspect sera dominant cette année. Vous rencontrerez un compagnon ou une compagne, si vous êtes célibataire. Cependant, mal dans votre peau, vous risquerez de refuser cette opportunité. De même, vous pourrez rejeter l'être que vous aimez et vous faire beaucoup de mal si vous ne prenez pas conscience de ces faits.

SI VOTRE ANNÉE PERSONNELLE EST 7

Voici les neuf différentes années personnelles 7.
À l'aide de votre nombre clé (que vous avez calculé p. 20), vous allez rechercher votre année personnelle correspondante et lire vos prévisions.

Si votre nombre clé est : 1 voir p. 128
2 voir p. 129
3 voir p. 130
4 voir p. 131
5 voir p. 133
6 voir p. 135
7 voir p. 137
8 voir p. 139
9 voir p. 140

SI VOTRE NOMBRE CLÉ EST 1, VOICI VOS PRÉVISIONS POUR CETTE ANNÉE

TRAVAIL

Cette année sera particulièrement enrichissante sur le plan professionnel et caractérisée par de nouvelles potentialités à saisir. Vous vous affirmerez différemment dans votre travail : vous allez développer, améliorer, perfectionner vos capacités. Il s'agira d'une « initiation » intérieure, concernant votre compétence et votre formation ou, si vous êtes sans travail, concernant votre foi en la providence. La récompense sera proportionnelle au degré de confiance en vous. En somme, cette année sera l'année de Dieu : plus vous aurez foi en lui, plus il pourra vous aider à réaliser le projet qui vous tient à cœur. Vous allez pouvoir trouver votre voie, si ce n'est déjà fait, et vous épanouir dans votre activité professionnelle. Le premier trimestre sera excellent, le dernier trimestre sera une véritable consécration pour vous. On vous confiera davantage de charges et de responsabilités.

AMOUR

Votre vie affective ne fera pas partie de vos priorités. Vous aurez même tendance à la remettre en question. Ne perturbez pas le cours des événements en prenant de graves décisions ; laissez évoluer les choses d'elles-mêmes. Si votre partenaire est dans une année favorable (année 1, 4, 6), vous feriez bien d'avoir de sérieuses discussions avec lui.

SANTÉ

Votre santé sera fragile sur le plan psychique. En effet, votre sensibilité exacerbée mettra votre système nerveux à rude épreuve. Seule une méditation pourra vous libérer de cette tension intérieure. Si vous refusez cet effort sur vous-même, vous serez sous pression psychiquement, ce qui risquera d'entraîner une tension cérébrale. Soyez donc prudent en ce domaine, ne commettez pas d'excès. Menez une vie saine et spirituelle pour conserver votre équilibre psychique. Les interventions chirurgicales et les traitements seront à éviter, si possible. Sinon faites-les pendant vos mois et jours personnels favorables. Faites attention pendant vos deuxième et troisième trimestres, surtout si vous avez déjà eu des complications antérieurement. Cependant, rien de très grave ne pourrait se produire.

ARGENT

Évitez les spéculations. Vous allez certainement subir des pertes financières. L'année sera plutôt mauvaise pour vos finances. Soyez très vigilant au cours du second semestre.

Si dans votre grille d'inclusion le nombre 7 est manquant
Vous aurez tendance à vous renfermer sur vous-même et à adapter une attitude froide et désintéressée. L'enthousiasme ne sera pas au rendez-vous. Soyez prudent, car cette façon de vivre ne vous réussira pas. Il ne faudra pas vous laisser aller à la dépression. Essayez au contraire de déborder d'activités cérébrales et créatives. Si vous vous dépassez en ce domaine, qui constitue votre point faible, vous découvrirez des choses qui modifieront votre vie professionnelle.

SI VOTRE NOMBRE CLÉ EST 2, VOICI VOS PRÉVISIONS POUR CETTE ANNÉE

TRAVAIL

Cette année ne sera pas de tout repos, pour les gens trop matérialistes : vous allez passer votre temps à colmater les brèches. Ne cherchez pas à réaliser de grands projets, mais plutôt à réparer les erreurs commises antérieurement. En revanche, ceux qui exercent un métier créatif (scientifique, philosophique, éducatif) vivront une grande année. En résumé, l'année sera bonne pour tous ceux qui chercheront tout simplement et sans arrière-pensée à se rendre utiles. Ceux-là trouveront leur inspiration, surtout au cours du premier semestre et du dernier trimestre. Avancement possible, durant les deuxième et dernier trimestres.

AMOUR

Ce sera une année où vous vous sentirez seul mais où, paradoxalement, vous aspirerez à la solitude. Vous ressentirez le besoin de poser un regard neuf sur le monde, sur la vie. En même temps, vous vous battrez pour conserver votre indépendance, et vous aurez soif d'aventures. Cette volonté vous apportera une certaine sagesse, un certain recul. En somme, vous éprouverez le besoin de trouver une vie spirituelle.

SANTÉ

Au niveau physique, évitez tout ce qui peut vous donner des congestions. De plus, méfiez-vous des intoxications. Ces recommandations prendront tout leur sens, lors de vos déplacements. L'année, en effet, sera favorable aux voyages. Par ailleurs, veillez à ne pas tomber dans le surmenage. Profitez-en pour faire le point. Laissez la providence agir sinon un état de fatigue générale sera à craindre.

ARGENT

Soyez très vigilant, dans tous vos déplacements et vos spéculations. Ne vous engagez pas dans de grandes opérations financières. Si vous réalisez des affaires durant les premier et troisième trimestres, vous risquez de perdre gros, et de le regretter dans les années à venir.

Si dans votre grille d'inclusion le nombre 7 est manquant

Le destin vous placera dans des situations fort éprouvantes. Il vous faudra faire des efforts et ne pas vous complaire dans une sorte de laisser-aller, que vous regretteriez rapidement. Vous serez sans doute amené à avoir la foi. En résumé, affirmez-vous en vous enrichissant mentalement. Profitez-en pour faire le point, car cette année sera déterminante : de sa réussite, dépendront les deux années suivantes.

SI VOTRE NOMBRE CLÉ EST 3, VOICI VOS PRÉVISIONS POUR CETTE ANNÉE

TRAVAIL

Votre situation sera très délicate cette année. D'une part, de très nombreuses opportunités se présenteront à vous, permettant à votre situation de progresser, surtout durant le premier et le deuxième trimestres. D'autre part, vous aurez de nombreux problèmes relationnels durant le second semestre. Ces difficultés vous perturberont. Soyez donc prudent dans vos choix, patient et persévérant dans vos projets. Toutefois maintenez votre effort sur le plan créatif en développant votre sens de l'innovation. Vous transformerez ainsi votre vie professionnelle, en évitant bien des tergiversations.

AMOUR

Cette année sera particulièrement euphorique : vous serez amoureux, et une relation datant de l'année dernière se concrétisera. Vous déchanterez un peu lors du deuxième trimestre où vous vous sentirez un peu abandonné. Soyez souple et très confiant afin de déjouer les petits conflits éventuels. La meilleure période pour les couples sera le premier trimestre.

SANTÉ

Votre état psychique sera perturbé par l'instabilité ambiante. Ce qui suscitera sans doute chez vous un excès de nervosité, auquel il faudra faire attention. Vous serez déboussolé, car d'un côté vous serez euphorique et surexcité (surtout pendant le premier trimestre) ; de l'autre, vous vous sentirez déprimé, mélancolique et mal dans votre peau. Vous serez peut-être sujet à des troubles psychosomatiques. Soyez vigilant, veillez à votre bonne santé morale et physique. N'hésitez donc pas à faire des exercices pour entretenir votre bonne forme physique et votre fraîcheur d'esprit. Évitez, si possible, toute intervention chirurgicale ou tout traitement nouveau cette année. Vous pourrez tout régler l'année prochaine ; pour l'instant, reposez-vous.

ARGENT

Ne réalisez aucun profit financier ni aucun investissement. Restez sur votre acquis, veillez à économiser. Soyez très vigilant, en particulier durant le troisième trimestre, où vous risquez de subir des pertes d'argent et quelques conflits corrélatifs.

Si dans votre grille d'inclusion le nombre 7 est manquant

Maîtrisez-vous et adoptez une discipline de vie ; sinon vous aurez tendance à verser dans une sorte d'euphorie, qui vous rendra trop sûr de vous. Vous risquerez alors d'être victime de croyances aveugles. Faites attention au fanatisme. Veillez à la façon dont vous structurez votre vie. Votre imagination fertile vous incitera à vouloir repartir à zéro. Il vous faudra faire bien des efforts pour ne pas vous laisser aller à des excès de tempérament. Pour ce faire, soyez lucide et analysez les situations ; ne brûlez pas les étapes, vous le regretteriez. Ayez confiance en la providence.

SI VOTRE NOMBRE CLÉ EST 4, VOICI VOS PRÉVISIONS POUR CETTE ANNÉE

TRAVAIL

L'année sera propice au perfectionnement et à l'analyse intérieurs. Profitez-en pour étudier, voyager, méditer. Essayez de voir comment vous pourriez améliorer votre situation professionnelle. De nouvelles relations amicales pourraient vous apporter un soutien précieux. Dans votre travail, plus précisément, vous trouverez des collaborateurs efficaces, chaleureux, plein d'amitié. Ces conditions seront idéales pour la recherche, l'inspiration, la réceptivité et l'invention. Les premier et troisième trimestres vous seront très favorables. Les deuxième et dernier trimestres ne seront pas mauvais mais plus euphoriques. L'important sera alors de rester lucide. À vrai dire, vous serez davantage tenté par l'aventure que par la gestion de la simple intendance. En clair, vous devrez envisager vos projets, uniquement durant les périodes favorables. Laissez agir votre nature et ne pratiquez pas le forcing. N'ayez pas non plus une optique trop arriviste, qui ternirait votre image et retarderait en fait les choses. La patience sera de rigueur, et brûler les étapes ne serait qu'un leurre. Ayez confiance en la providence. Cette année sera très bonne si vous savez agir avec confiance et espérance.

AMOUR

Une année plutôt singulière où une relation secrète s'établira. Cependant, vous devrez rester prudent, car cette relation ne mènera à rien de constructif. Si vous êtes célibataire, soyez très vigilant. Si vous êtes en couple, vous serez un peu euphorique en fin d'année et un minimum de lucidité s'imposera. Dans l'ensemble, cette année vous apportera paix et affection. Que de secrets et de cachotteries ! Les sentiments ne se manifesteront pas, sauf en fin d'année. Une tendance à l'euphorie vous entraînera, vous et votre partenaire, dans des situations tout à fait inhabituelles. Soyez prudent, ne prenez pas de gros risques et sachez apprécier la routine.

SANTÉ

Si, dans cette année, vous connaissez déjà des problèmes de santé, il sera important de bien vous reposer. Seuls, le repos, la détente et le retour aux sources amélioreront votre état. Des vacances à la mer notamment vous feront le plus grand bien. Vous aurez besoin de vous refaire une santé essentiellement sur les plans intellectuel, psychique et mental. Un état de stress ne ferait qu'aggraver la situation. Ne vous tracassez pas ; au contraire, soyez confiant. Vous serez surtout détendu pendant les troisième et dernier trimestres.

ARGENT

Cette année pourra vous apporter richesse ou pauvreté, selon la façon dont vous gérerez votre vie. Plus vous chercherez à gagner de l'argent, moins vous en aurez, et vice-versa. La situation sera catastrophique pour les spéculateurs, les joueurs, et pour tous ceux qui recherchent exclusivement les gains matériels. Vous aurez la paix, financièrement, durant les premier et troisième trimestres. Vous ferez sans doute des dépenses exagérées pendant les deuxième et troisième trimestres. Soyez prudent et méfiez-vous de vous-même.

Si dans votre grille d'inclusion le nombre 7 est manquant
Vous serez mélancolique, impatient et porté à la dépression. Vous aurez l'impression d'être martyrisé et abandonné, et aurez tendance à pleurer sur vous-même. Reprenez-vous, car cette attitude ne ferait qu'aggraver la situation. En effet, des événements viendront vous perturber, et il vous faudra réagir à ces tests du destin. Vous devrez alors maîtriser ce laisser-aller psychologique. Pour ce faire, priez, méditez, reprenez-vous. Profitez-en pour apprendre à connaître le monde surnaturel, un univers merveilleux qui vous donnera confiance et force et qui vous permettra de dépasser vos faiblesses. Changez-vous et le destin changera.

SI VOTRE NOMBRE CLÉ EST 5, VOICI VOS PRÉVISIONS POUR CETTE ANNÉE

TRAVAIL

Vous connaîtrez une année particulière, tout à fait hors du commun. Vous n'hésiterez pas à changer d'orientation, du fait d'inspirations nouvelles et profondes. En cours d'année (environ en mars, juillet puis septembre), vous vivrez des étapes importantes, où vous allez découvrir une nouvelle passion professionnelle et partir sur de nouvelles bases plus intéressantes. Laissez-vous aller, attendez beaucoup de la providence. Ne vous surmenez pas et laissez faire votre imagination. Vous aurez du génie, il faudra le laisser s'exprimer en vous. Il vous étonnera, vous prendrez conscience de potentialités que vous ne soupçonniez même pas jusqu'ici. Exploitez-les, elles vous permettront d'avoir une crédibilité nouvelle et accrue. Vous bénéficierez d'une notoriété beaucoup plus large au cours des deuxième et troisième trimestres.

AMOUR

Cette année pourra voir la consolidation d'une relation déjà existante. Si vous êtes célibataire, sachez que l'année sera favorable à une union, voire à un mariage, notamment lors des premier et deuxième trimestres. Si vous êtes toujours célibataire, et si vous n'avez pas profité du bel aspect de l'année dernière, vous rencontrerez peut-être quelqu'un (plutôt vers le second semestre). Cette rencontre, assez originale et assez exceptionnelle, se déroulera dans des conditions inattendues, sans doute hors de votre région ou même de votre pays. Si l'année passée s'est vécue sans problèmes majeurs, vous pourrez espérer des réconciliations et même une vie amoureuse harmonieuse. Sur le plan familial, domaine sacré entre tous, vous ferez évoluer les intérêts de votre famille de façon surprenante. Vous serez posé, réfléchi et serez soucieux d'établir un bon climat pour une meilleure vie affective.

SANTÉ

Rien de grave à signaler. Toutefois, si vous avez déjà souffert de problèmes de santé, vous vous sentirez très fatigué, épuisé même, et peut-être aussi très fragile émotionnellement. Ce ne sera donc pas le moment d'entreprendre des régimes ou des cures de « remise en forme », ni de vous surmener. Ne forcez pas l'organisme, soyez très prudent en ce domaine. Ne commettez aucun excès, et soyez modéré dans vos désirs. Ayez confiance en la providence, et sachez que votre esprit aura une influence déterminante sur votre corps. Alors, prenez-en bien soin, cultivez-le et nourrissez-le de lectures et de musiques douces, et votre santé s'améliorera peu à peu.

ARGENT

Soyez très vigilant sur le plan financier car les problèmes d'argent vous guetteront. Si vous recherchez exclusivement les gains matériels et financiers, le destin vous fera comprendre que ce type de désir ne doit pas être prioritaire. Si vous cherchez le côté philosophique et spirituel en toute chose, vous en serez récompensé. Plus vous donnerez de vous-même aux autres, plus vous recevrez du destin. N'investissez pas et ne négociez pas, vous risqueriez d'en pâtir. Les nouvelles affaires que l'on vous proposera ne seront que des utopies, ne vous y attardez pas. Abstenez-vous de toute démarche dans le domaine immobilier, ou alors, allez-y sur la pointe des pieds. Un excès de dépense sera à redouter durant le deuxième trimestre. Prudence !

Si dans votre grille d'inclusion le nombre 7 est manquant

N'hésitez pas à exprimer ce que vous ressentez. Ayez la foi et ayez confiance. En effet, le destin vous placera dans des situations fort délicates, où l'on attendra beaucoup de vous, et de la façon dont vous allez réagir. Il vous faudra arborer une attitude alliant la force et la sérénité. Si vous êtes un peu sceptique, ne le montrez pas. Le paraître jouera en effet un rôle primordial dans votre vie, au cours de cette période. Si vous refusez les responsabilités, vous verrez du même coup s'évanouir des opportunités qui auraient pu changer votre vie professionnelle, affective et spirituelle.

SI VOTRE NOMBRE CLÉ EST 6, VOICI VOS PRÉVISIONS POUR CETTE ANNÉE

TRAVAIL

Vous allez vous organiser, mettre en place de nouvelles stratégies et agir avec un esprit constructif. Votre vocation sera de vous occuper des autres et vous serez appelé à gérer une équipe. Ainsi devrez-vous entretenir une relation plus étroite avec vos collaborateurs, vos clients, votre patron. Vous allez complètement changer dans votre façon d'être avec votre entourage et vous en profiterez pour vous améliorer et vous perfectionner. Le deuxième trimestre sera propice aux pojets que vous allez entreprendre et qui annonceront un avenir meilleur. Vous changerez peut-être même de profession. Si vous êtes à la recherche d'un emploi, ou d'un poste meilleur, profitez de cette période car, quelle que soit votre situation du moment, vous aurez l'opportunité d'acquérir un statut plus intéressant. Vous passerez bien sûr par un temps d'adaptation (quatrième trimestre), où de petites difficultés surviendront. Mais, vous reprendrez vite le dessus car la providence et la chance seront de votre côté.

AMOUR

Vous structurerez votre vie affective, de façon à ce qu'elle ait une plus grande place dans votre vie quotidienne, mais aussi en lui donnant une dimension plus spirituelle. L'assouvissement des passions ne vous intéressera pas. En revanche, vous voudrez réaliser une union dans un esprit sacré, un esprit de sagesse. Ce sera en effet l'année de la raison, de la foi et de la vérité. L'hypocrisie et le côté superficiel des choses seront évacués. Vous vous sentirez bien dans votre peau. Si vous êtes seul, une relation pourra naître et vous procurer de grandes satisfactions. Les deuxième et troisième trimestres seront des périodes charnières pour les célibataires comme pour les couples.

SANTÉ

Pour les interventions chirurgicales et les longs traitements, attendez plutôt l'année prochaine. Reposez-vous et vous pourrez ainsi guérir plus facilement. Les premier et troisième trimestres seront favorables au repos total. Vous pourrez de la sorte retrouver l'harmonie dans votre corps. Les deux autres trimestres vous épuiseront.

ARGENT

Contrairement à l'aspect très positif que vous connaissez sur le plan professionnel, tout ce qui a trait à vos finances se portera plutôt mal. Sur le plan financier, vous serez effectivement démuni, en proie aux angoisses, aux conflits. Évitez d'investir à long terme, ainsi que de faire des transactions immobilières et de spéculer. Vous pourriez perdre de l'argent, et regretter des achats antérieurs. Redoublez de vigilance durant les deux derniers trimestres.

Si dans votre grille d'inclusion le nombre 7 est manquant
Vous vous remettrez en question et vous vous sentirez un peu seul. Faites en sorte que cette période transitoire se passe au mieux et n'hésitez donc pas à affronter les moments de solitude que le destin vous imposera. Profitez-en pour faire le bilan des sept années passées. Ne soyez pas impatient et, surtout, ne déprimez pas si vous vous sentez seul. Au contraire, préparez-vous à une vie nouvelle qui débutera au début de l'année prochaine. La patience sera donc de rigueur. Si vous en manquez, votre vie affective et professionnelle risquerait de s'en trouver déstabilisée, pendant le dernier trimestre.

SI VOTRE NOMBRE CLÉ EST 7, VOICI VOS PRÉVISIONS POUR CETTE ANNÉE

TRAVAIL

Veillez cette année à ne pas agir en arriviste et en ambitieux, car cela ne produirait aucun résultat. Si vous sacrifiez votre altruisme pour courir coûte que coûte après le succès et la gloire, vous verrez, notamment lors du deuxième trimestre, le monde s'écrouler autour de vous. Des ennemis se déclareront et vous serez impuissant devant leur force destructrice. Vous comprendrez alors que vous allez devoir vous occuper d'autre chose que de vous-même. En vous tournant vers les autres, en ne pensant plus seulement à votre personne et à votre réussite, vous pourrez obtenir tout ce que vous souhaitez. « Faire bien, faire encore mieux » devra être votre devise. Les deux années à venir dépendront de la façon dont vous allez vous comporter cette année. Agissez avec philosophie et spiritualité, et vous pourrez espérer énormément. Vous serez surtout récompensé lors des troisième et quatrième trimestres. Ce dernier trimestre sera riche en coups de chance, à condition d'avoir confiance en la providence.

AMOUR

Votre vie affective dépendra beaucoup de vos faits et gestes de ces deux dernières années. Si vous êtes célibataire et que vous avez mal agi ces derniers temps, vous en pâtirez cette année. Vous serez seul et vous en souffrirez. Si vous surmontez cette épreuve, vous serez récompensé et ferez beaucoup de nouvelles connaissances. Dans le cas contraire, vous ne cesserez d'être malmené par les événements. Cette année sera une période d'initiation. Il vous faudra comprendre les erreurs commises, retrouver votre sagesse et cesser d'agir en bourreau des cœurs. Une année nouvelle s'ouvrira alors devant vous. Mais, seule une foi complète et aveugle vous y aidera. Si vous êtes en couple et que vous avez commis antérieurement des fautes, vous vous sentirez pris à votre propre piège. Vous serez trahi par votre partenaire et vous découvrirez des choses que l'on vous avait dissimulées.

SANTÉ

Vous allez devoir réparer des erreurs commises lors des trois dernières années (surtout lorsque vous étiez en année personnelle 5). Si vous avez vécu votre année personnelle 5 de façon excessive, vous aurez à régler des dettes morales. D'autre part, de nouveaux problèmes apparaîtront (virus, troubles sanguins). Avec un système immunitaire fragilisé, vous serez extrêmement sensible à toute maladie (attention aux maladies vénériennes !), et vous regretterez les pertes d'énergie inutiles et les excès de l'année personnelle 5.

ARGENT

Les choses vont se gâter et les matérialistes devront traverser des épreuves difficiles. Évitez de faire des placements et d'investir, sinon vous irez droit à la catastrophe. Il se pourrait que l'on vous propose une affaire exceptionnelle, que l'on voudrait vous faire partager au travers d'une association ou d'un engagement. Demandez à réfléchir. Il sera encore bien assez temps d'agir vers le premier trimestre de l'année prochaine. En résumé, soyez très prudent : les premier, deuxième et dernier trimestres seront dangereux ; seul le troisième trimestre permettra quelques bonnes affaires, de quoi reprendre le dessus. Il sera beaucoup donné aux gens démunis, et beaucoup repris à ceux qui auront utilisé leur argent, pour asseoir leur pouvoir personnel.

Si dans votre grille d'inclusion le nombre 7 est manquant

Vous aurez tendance à être impulsif alors que la situation va requérir de la diplomatie. Ne brisez pas des relations professionnelles qui vous seront bénéfiques. Soyez extrêmement prudent et très réfléchi. Le premier trimestre sera une période difficile en tout domaine. Si vous tentez de vous en sortir seul, les autres trimestres seront encore moins aisés. Laissez faire le destin, votre foi rendra les épreuves moins éprouvantes. Profitez-en pour méditer et vous préparer philosophiquement et spirituellement à une année personnelle 1 (dans trois ans) exceptionnelle, où vous connaîtrez un nouveau départ.

SI VOTRE NOMBRE CLÉ EST 8, VOICI VOS PRÉVISIONS POUR CETTE ANNÉE

TRAVAIL

Vous connaîtrez une année de réflexion et vous vous investirez de façon nouvelle dans votre métier. Dès le deuxième trimestre, de plus grandes responsabilités vous seront offertes. Le dernier trimestre verra l'aboutissement de tous vos efforts. Vous serez sollicité de toutes parts durant les deux derniers trimestres. Ne vous surmenez pas. Perfectionnez-vous dans votre travail, pour une plus grande réussite.

AMOUR

Les deuxième et troisième trimestres seront très favorables au mariage. Pour les célibataires, une aventure secrète sera de l'ordre du possible. Mais faites attention et sachez que cet amour naissant ne sera qu'éphémère. De manière générale, la fidélité et l'amour seront récompensés. En revanche, le vice et la tromperie seront sanctionnés. Soyez donc honnête, sinon vous verrez votre petit monde s'écrouler et, par la force des choses, vous serez condamné à la solitude.

SANTÉ

Là sera votre point faible. Des troubles psychosomatiques apparaîtront au fur et à mesure que les mois défileront. Ne négligez rien, reposez-vous, vous limiterez ainsi les dégâts.

ARGENT

Ceux qui savent faire preuve de patience seront récompensés. Moins vous serez exigeant, plus vous serez chanceux. En revanche, les personnes omnibulées par leurs biens personnels ne subiront que des revers de fortune et connaîtront même un désastre financier. Le premier trimestre sera votre « baromètre » ; si vous commencez à rencontrer des difficultés, il vous faudra impérativement changer d'attitude. Ceux qui adopteront une attitude plus sereine recevront de l'argent de tous les côtés : héritages, prêts, bénéfices inattendus. Ils pourront ainsi mieux péparer une année 8 (l'année prochaine) favorable à toute transaction. N'investissez pas cette année. Mieux vaudra économiser afin de constituer un capital conséquent pour les années à venir.

Si dans votre grille d'inclusion le nombre 7 est manquant

Ne soyez pas trop calculateur. L'honnêteté primera cette année. Et si vous ne savez pas faire preuve de patience et d'authenticité, le troisième trimestre sera très pénible. Vous risquerez en effet d'être victime de vos escroqueries et de perdre beaucoup. Demeurez donc tout simplement honnête et rien de grave ne se produira.

SI VOTRE NOMBRE CLÉ EST 9, VOICI VOS PRÉVISIONS POUR CETTE ANNÉE

TRAVAIL

Les projets que vous mettrez en œuvre cette année se réaliseront l'année prochaine. De nombreux obstacles surgiront lors du premier semestre et beaucoup de portes demeureront fermées. Soyez très patient, car le second semestre et surtout le dernier trimestre vont accélérer le cours des événements. Des fautes commises lors du deuxième trimestre, par manque de patience, risqueraient de tout gâcher. Soyez vigilant.

AMOUR

Plus que jamais, vous devrez rendre des comptes et payer vos fautes passées. Les passions empoisonneront votre vie affective, suscitant en vous une forte envie de fuir. Vous éprouverez le besoin de connaître d'autres horizons. Soyez sur vos gardes.

SANTÉ

Le premier semestre sera délicat, car vous serez fragilisé et mal dans votre peau. Évitez, si possible, les interventions chirurgicales et les nouveaux traitements. Le deuxième trimestre vous aidera à trouver des solutions à vos troubles. Si de nouveaux symptômes apparaissaient, ils s'agirait là de conséquences de votre vie passée. Évitez tout ce qui est artificiel ou inutile, recherchez les méthodes et médecines naturelles, et votre santé s'améliorera progressivement.

ARGENT

Une mauvaise année financière en perspective, avec des pertes d'argent à la clé. Toutefois, le dernier trimestre vous aidera à améliorer votre situation. Ce redressement financier de dernière minute vous permettra de mieux préparer l'année suivante, qui exigera un certain capital de départ. Ne réalisez aucun investissement et soyez extrêmement prudent, de manière générale.

Si dans votre grille d'inclusion le nombre 7 est manquant
Recherchez la stabilité dans votre vie. Ayant soif d'aventures et de découvertes, vous brûlerez des étapes. Attention ! Ne faites pas table rase du passé avec l'idée de construire une vie soi-disant totalement différente. Au contraire, faites preuve de patience et de sagesse. Faites confiance en la providence, tout en sachant que les trois premiers trimestres vous malmèneront. Seul le dernier pourra être influencé par l'attitude que vous aurez décidé d'adopter. En fonction de celle-ci vous pourrez espérer régler des conflits, aussi bien professionnels que sentimentaux. Vous vivrez des moments plutôt pénibles mais, heureusement, une année merveilleuse s'annoncera pour vous dans trois ans, donc, encore une fois, patience.

SI VOTRE ANNÉE PERSONNELLE EST 8

Voici les neuf différentes années personnelles 8.
À l'aide de votre nombre clé (que vous avez calculé p. 20), vous allez rechercher votre année personnelle correspondante et lire vos prévisions.

Si votre nombre clé est : 1 voir p. 142
2 voir p. 144
3 voir p. 145
4 voir p. 146
5 voir p. 147
6 voir p. 149
7 voir p. 150
8 voir p. 152
9 voir p. 153

SI VOTRE NOMBRE CLÉ EST 1, VOICI VOS PRÉVISIONS POUR CETTE ANNÉE

TRAVAIL

Vous allez devoir vous battre. Si l'année passée était placée sous le signe de la prudence, cette année, au contraire, exigera de vous que vous vous lanciez la tête la première et que vous vous battiez avec acharnement. Vos objectifs ne pourront être atteints qu'à cette condition. La récompense n'arrivera que dans ces circonstances. Les premier et dernier trimestres seront excellents. Cependant, vous rencontrerez quelques obstacles et devrez lutter, au cours des deuxième et troisième trimestres. Par ailleurs vous conclurez pendant ce deuxième trimestre des affaires traînant depuis plusieurs années. De nouvelles possibilités d'emploi vont s'offrir à vous et vous permettre d'être plus en harmonie avec vous-même.

AMOUR

Les conflits ne manqueront pas et seront source de multiples tensions. Vos préoccupations du moment porteront davantage sur votre avenir professionnel et financier que sur votre vie sentimentale. La situation s'améliorera un petit peu en fin d'année (en novembre et en décembre), vous permettant de réparer les « pots cassés » lors des deuxième et troisième trimestres. Pour les célibataires, des rencontres sans lendemain seront au programme : inutile de planifier quoi que ce soit !

SANTÉ

De nombreux troubles de type psychosomatique risqueront de surgir, suite à une tension et à un stress trop importants. Vous subirez une très forte baisse d'énergie, lors du troisième trimestre. Surveillez vos intestins. De grandes fatigues pourront se déclencher en raison d'un excès de travail, d'un surmenage. Les choses devraient s'arranger en fin d'année. Pour une intervention chirurgicale ou pour commencer un nouveau traitement, préférez le premier trimestre.

ARGENT

Vous allez connaître une année à double tranchant. D'une part, vous pourrez récupérer l'argent perdu antérieurement, mais d'autre part, vous subirez encore des pertes. Précisons que toutes ces épreuves, survenues durant le deuxième et le début du troisième trimestre, vous serviront de tremplin, puisque des opportunités inattendues vont surgir par la suite. Le premier trimestre sera propice aux investissements et aux placements. D'ailleurs, ceux-ci vous permettront de mieux préparer votre année personnelle 1 (dans deux ans) qui s'annonce radieuse.

Si dans votre grille d'inclusion le nombre 8 est manquant
Ne vous laissez pas aller ! Vous aurez tendance à négliger l'argent, le pouvoir, l'instruction. Vous déprimerez complètement. Il vous faudra absolument réagir. Ce sera une année de lutte pour vous. Si vous baissez les bras, tout risquera de s'effondrer autour de vous. Contraignez-vous, battez-vous et, dans deux ans, vous récolterez les fruits de votre acharnement. Si vous ne luttez pas, les deuxième et troisième trimestres seront très durs à traverser.

SI VOTRE NOMBRE CLÉ EST 2, VOICI VOS PRÉVISIONS POUR CETTE ANNÉE

TRAVAIL

Vous vivrez une année singulière. Vous quitterez votre ancienne situation professionnelle, les circonstances vous permettant d'envisager un poste plus important. Les responsabilités seront sans doute plus lourdes, mais évitez de vous lamenter, même si vous avez le sentiment que vous avez été bousculé, essentiellement lors du deuxième trimestre. Le premier semestre sera une période de conflits et de luttes. Vous surmonterez ce mauvais pas, mais au prix de bien des efforts. Ne regrettez rien car le jeu en vaudra la chandelle : cette année sera synonyme pour vous de prospérité et de succès.

AMOUR

Si vous êtes célibataire, les premier et troisième trimestres vous seront favorables. Même si l'harmonie n'est pas au rendez-vous cette année, vous verrez une relation se concrétiser. Quant à vous, mesdames, vous pourrez envisager un mariage. Il s'agirait d'un mariage essentiellement motivé par des besoins de stabilité, de sécurité et de profits. Il engendrera d'ailleurs une bonne entente sur le plan familial. Pour les couples, le moment sera venu d'investir dans le confort de la famille (maison, auto, vacances...). En somme, votre relation sera fondée sur des aspects matériels, qui contribueront à souder votre couple. Si vous êtes à la retraite, vous pourrez envisager de réaliser des économies, afin de voyager, de faire par exemple une croisière à deux l'année prochaine.

SANTÉ

Vous déborderez d'énergie, même si de légers troubles viennent la mettre à rude épreuve. De toute façon, vous aurez le dernier mot. Ne vous inquiétez donc pas trop pour ces petites attaques sans gravité. Pour une intervention chirurgicale ou un nouveau traitement, préférez nettement le premier trimestre. Si vous ne pouvez faire autrement, consultez le tableau des jours et des mois personnels les plus favorables, afin d'éviter des complications ultérieures.

ARGENT

Vous serez peut-être en réel manque d'argent cette année. Mais, rassurez-vous, des transactions et des placements vous feront vite profiter d'affaires inespérées. Menez votre lutte comme il se doit, car les deux années à venir dépendront de votre conduite. Les investissements seront conseillés pendant les premier et dernier trimestres.

Si dans votre grille d'inclusion le nombre 8 est manquant

Sachez faire bonne usage du pouvoir que vous aurez acquis en cours d'année. Faites bénéficier les autres de votre influence, mais avec sagesse et intelligence. N'agissez pas en arriviste, ou pire, en dictateur. En agissant de façon irréfléchie, vous verriez s'effondrer un bien auquel vous teniez beaucoup et qui vous avait été donné par le destin.

SI VOTRE NOMBRE CLÉ EST 3, VOICI VOS PRÉVISIONS POUR CETTE ANNÉE

TRAVAIL

Une année puissante en perspective, où vous ferez preuve de beaucoup d'énergie. Vous serez en mesure de conclure des affaires qui traînaient depuis plusieurs années. De nouvelles relations et de nouveaux contacts vous aideront à réaliser vos ambitions. Les deux premiers trimestres vous seront très favorables. Malheureusement, le second semestre annoncera une perte sur le plan relationnel et des situations de conflit. Débattez-vous, sans agressivité ni arrogance envers les autres, et tout s'arrangera.

AMOUR

Des conflits et risques de ruptures seront à envisager. Les sentiments n'occuperont que peu de place dans votre vie cette année. Cependant, amorcez le dialogue et n'agissez pas inconsidérément. Veillez à ne pas être intolérant ni égoïste. Les célibataires, quant à eux, connaîtront quelques aventures sans conséquence. Un mariage pourra être envisagé, durant les premier et deuxième trimestres, avec une personne rencontrée lors d'une bonne année personnelle.

SANTÉ

Vous serez fragile pendant toute la deuxième partie de l'année, et surtout le dernier trimestre, où vous serez moins dynamique. Le premier semestre, au contraire, sera positif, car vous serez en pleine possession de vos moyens (aussi bien physiques que psychologiques). Surveillez bien votre alimentation car elle pourrait vous causer une intoxication alimentaire vers le troisième trimestre. Vous risquez également de connaître des carences alimentaires, et votre système intestinal s'en ressentira.

ARGENT

Le premier semestre, et surtout le premier trimestre, sera très favorable aux transactions et aux placements. À partir du 1er juillet, évitez de conclure de nouvelles affaires car elles vous conduiraient à un échec certain.

Si dans votre grille d'inclusion le nombre 8 est manquant

Ne croyez surtout pas que tout vous est acquis. Si vous partez avec cette conviction, dès le début de l'année, le destin s'arrangera pour vous montrer que vous avez tort. Vous risquez de perdre beaucoup sur les plans professionnel et financier, durant le premier semestre. Au cours du second semestre, soyez sur vos gardes, sinon vous aurez à souffrir de votre négligence.

SI VOTRE NOMBRE CLÉ EST 4, VOICI VOS PRÉVISIONS POUR CETTE ANNÉE

TRAVAIL

Cette année sera très bénéfique, car vous jouirez de la reconnaissance de toute la profession et, paralèllement, d'une promotion sociale appréciable. Une surcharge d'activités se fera sentir lors du premier trimestre. Le reste de l'année reposera entièrement sur votre conduite durant cette période : si vous agissez avec tact et sagesse, la renommée et de nouveaux horizons s'ouvriront devant vous, vous offrant un avenir prometteur.

AMOUR

Ce ne sera pas cette année que vous rencontrerez le grand amour. Seules les situations déjà établies pourront aboutir à un mariage, surtout au troisième trimestre. La gente féminine sera davantage favorisée. En toute hypothèse, il s'agira d'une union placée sous le signe du bien-être matériel. Cependant, rien ne changera cette année. Quant aux couples, ils modifieront leur manière de vivre : ils auront davantage d'imagination, améliorant de la sorte leur vie affective.

SANTÉ

Vous serez dans une forme éblouissante, surtout pendant les deuxième et dernier trimestres. L'exercice et le sport seront vivement conseillés : vous aurez besoin d'entretenir votre forme. Aucun risque concernant les interventions chirurgicales ou les nouveaux traitements. Toutefois, commencez-les de préférence au second ou au dernier trimestre. Veillez à ne pas prendre de risques sur le plan physique ; en effet, ils pourraient entraîner des troubles osseux ou musculaires.

ARGENT

Toute transaction immobilière et tout placement seront voués à la réussite. Certains litiges pourront surgir, mais vous en sortirez victorieux, notamment en cas de procès. Précisons que si votre attitude, ces trois dernières années, a été sensée et sage, vous connaîtrez un « paradis » financier et matériel. La meilleure période pour spéculer sera le deuxième trimestre. Des résultats se feront sentir dès le troisième trimestre.

Si dans votre grille d'inclusion le nombre 8 est manquant

Votre situation stable, aux niveaux financier et professionnel, risquera de vous entraîner dans une sorte d'euphorie générale et, par conséquent, de vous démobiliser. Soyez donc sur vos gardes. Sinon, il y aura de fortes probabilités pour que vous rencontriez de grosses pertes financières ou autres difficultés du même ordre. Considérez l'argent avec respect, maîtrisez vos élans et faites un effort de lucidité.

SI VOTRE NOMBRE CLÉ EST 5, VOICI VOS PRÉVISIONS POUR CETTE ANNÉE

TRAVAIL

Un premier trimestre riche en péripéties, aussi bien positives que négatives, vous incitera à prendre des initiatives hardies. Apprenez que toute nouvelle initiative, prise durant le premier trimestre et exigeant un grand investissement de votre part, se révélera fructueuse dans les années à venir. Si vous vous impliquez lors de ce premier trimestre en respectant les trois impératifs d'honnêteté, de moralité et d'authenticité, et en agissant avec méthode et tolérance, la prospérité et le succès seront garantis. Durant le deuxième trimestre, prêtez attention à vos entreprises, tout en continuant à vous battre pour vos projets déjà engagés. Surtout, n'accordez aucun crédit aux nouvelles propositions éventuelles. Vous connaîtrez la consécration au cours du second semestre : vous serez honoré, reconnu et encouragé par votre entourage. Sachez que lors du dernier trimestre, vous bénéficierez de soutiens et d'aides inattendues et providentielles. Une bonne année dans l'ensemble si vous savez rester lucide.

AMOUR

Faites l'impossible, durant le premier semestre et surtout le deuxième trimestre, pour éviter les conflits qui se multiplieront. Ils pourraient en effet constituer une entrave à vos succès financiers et professionnels de l'année. De plus, ils risqueraient de réduire considérablement les longs moments de bonheur, prévus à partir du troisième trimestre et jusqu'à la fin de l'année. Si, durant cette première partie de l'année, vous vous sentez mal à l'aise avec votre partenaire, avant de penser que vous êtes un incompris ou que l'on vous rejette, demandez-vous si vous n'êtes pas responsable d'un certain climat d'incompréhension, en raison d'une absence de dialogue. Dans la seconde partie de l'année (pour plus de détails, vous reporter aux mois et aux jours personnels), l'ambiance sera heureusement beaucoup plus détendue, pour les couples comme pour les célibataires. Ces derniers, d'ailleurs, feront des rencontres sentimentales, durant le quatrième trimestre, qui pourraient avoir des suites intéressantes. Ces relations nouvelles se constitueront au cours de moments de détente, mais dans le cadre de vos activités professionnelles. En définitive, les célibataires auront intérêt à s'occuper d'abord de leur travail pour pouvoir, en fin d'année, être plus disponible pour leur vie affective.

SANTÉ

Vous serez animé d'une grande vitalité, mais vous irez au-delà de vos capacités réelles, surtout durant le deuxième trimestre. D'où de petits accidents, des états congestifs et des troubles musculaires. Lors de ce deuxième trimestre, faites de l'exercice afin d'apprendre à organiser et à discipliner votre trop-plein d'énergie. Évitez les interventions chirurgicales trop importantes et, si possible, fixez-les plutôt au cours du premier et du dernier trimestres. Toutefois le troisième trimestre sera la meilleure période de l'année pour régler définitivement tous les problèmes qui traînaient depuis déjà longtemps.

ARGENT

Au cours de ce premier trimestre, vous serez tenté par des entreprises onéreuses. Si vous vous y lancez, prenez toutes les précautions exigées lors de vos investissements. Pendant tout ce trimestre, pesez bien le pour et le contre de chacune de vos décisions. Lors du second trimestre, il vous faudra esquiver les pièges du destin qui vous poussera à la dépense. Vous maîtriserez brillamment de la sorte votre budget et vos projets financiers jusqu'à la fin de l'année. Le second semestre se caractérisera par des succès financiers. Votre inspiration en matière d'investissements sera fertile, bien que pas toujours sans risque. Néanmoins, l'originalité dont vous ferez preuve s'avérera positive. En résumé, cette année vous appellera à agir et à concrétiser vos espoirs d'ordre financier, surtout durant les premier et troisième trimestres.

Si dans votre grille d'inclusion le nombre 8 est manquant

Vous devrez, pendant cette année, être particulièrement vigilant sur les quelques points suivants. Si vous faites preuve d'honnêteté et de bonne volonté en agissant dans le sens souhaité par le destin, vous pourrez éviter de grandes épreuves. Ces épreuves se manifesteraient, le cas échéant, de façon inéluctable et sans aucune possibilité de retour en arrière. Voici les quelques attitudes clés que vous aurez intérêt à observer. Vous ne devrez pas craindre que quelqu'un prenne votre place, ni maintenir les autres dans la dépendance afin de préserver votre pouvoir. Vous devrez au contraire permettre aux autres de découvrir l'épanouissement au sein de responsabilités, en les aidant et en les encourageant. Tout au long de l'année, et tout particulièrement les six premiers mois, vous devrez vous initier à la valeur de l'argent. Sinon, la faillite, la pauvreté et le manque d'argent viendront vous surprendre. En résumé, cette année, le destin voudra vous enseigner quel devra être votre rapport avec le pouvoir, l'argent et la connaissance. Il vous placera pour cela dans des circonstances où vous devrez faire bon usage de votre autorité et de vos ressources en général, sans jamais vous laisser guider par l'orgueil.

SI VOTRE NOMBRE CLÉ EST 6, VOICI VOS PRÉVISIONS POUR CETTE ANNÉE

TRAVAIL

Vous aurez envie d'entreprendre beaucoup de choses et serez attiré par tout ce qui a trait au matérialisme. Sachez que la tolérance et la maîtrise de soi vous seront d'une absolue nécessité pour parvenir à vos fins. Dès le deuxième trimestre, organisez-vous, imposez-vous des méthodes de travail, et soyez prudent dans vos investissements. Si vous devez investir, faites-le pendant le premier semestre, et même, de préférence, au cours du premier trimestre. Ce sera d'ailleurs pendant cette période que vous bénéficierez de nouveaux appuis. Enfin, redoublez de vigilance au cours du troisième trimestre.

AMOUR

Votre vie sentimentale laissera beaucoup à désirer, durant le second semestre. Les célibataires auront d'ailleurs bien d'autres sujets de préoccupations. Votre avenir financier vous semblera des plus inquiétants et monopolisera toute votre attention.

SANTÉ

Si vous souffrez déjà de troubles physiques ou psychiques, soyez très vigilant lors du deuxième trimestre. Les problèmes nerveux et digestifs vont sans doute refaire surface et considérablement vous affaiblir. Ceux qui auront récemment subi une intervention chirurgicale devront absolument profiter de ce premier semestre pour se reposer et se régénérer. Dans tous les cas de figures, le second semestre sera une période de grande fatigue.

ARGENT

Profitez des deux premiers trimestres pour opérer des transactions. Vous devrez vous méfier du troisième trimestre où vous serez sujet aux mauvaises affaires. Ne vous découragez pas cependant, restez sur vos postions. Persévérez, et vous vous approcherez du succès. Il serait fort opportun d'économiser le plus possible, sinon vous raterez des affaires en or, à cause d'un capital trop juste.

Si dans votre grille d'inclusion le nombre 8 est manquant

Veillez à ne pas jeter l'argent par les fenêtres, car vous le regretteriez rapidement. Une très bonne opportunité se présentera sans doute en fin d'année. Il vous faudra alors être très performant au niveau de la gestion de votre budget. Votre réussite dépendra essentiellement de votre attitude. Ne vous laissez pas impressionner par le pouvoir et par l'argent, jouez franc-jeu et ne dépensez pas à tort et à travers.

SI VOTRE NOMBRE CLÉ EST 7, VOICI VOS PRÉVISIONS POUR CETTE ANNÉE

TRAVAIL

Si vous êtes doté d'une personnalité dynamique, vous allez être comblé car de nombreux défis vous seront proposés. Vous vous lancerez sans doute dans de nouveaux projets qui vous tiendront à cœur et qui vous permettront d'accéder à un statut social prometteur. Les deux premiers trimestres constitueront une période idéale pour le lancement de vos projets. Mais au cours des deux suivants, abstenez-vous de toute entreprise. Le mieux sera encore de vous occuper de programmes enclenchés au préalable. De nouveaux accords conclus au cours du second semestre vous permettront de régler certains problèmes, qui vous entravaient dans vos entreprises. Par ailleurs, vous bénéficierez de nouveaux contacts. Rassemblez toute votre énergie pour lutter et penser efficacement.

AMOUR

Vous ferez passer en priorité votre avenir professionnel. Cependant, pour les célibataires, les deuxième et troisième trimestres seront favorables à quelques aventures avec, fort certainement, des collègues de bureau. Pour vous, mesdames, la période sera propice au mariage, à condition toutefois que vous ayez rencontré la personne avec qui vous vivez dans une année favorable. Les couples pourraient profiter de cette période pour prendre des vacances. En même temps, essayez de donner un nouveau souffle à votre vie de couple.

SANTÉ

Une année dynamique et sans maladie grave. Cependant, si vous êtes déjà malade, soyez sur vos gardes lors du dernier trimestre. Les premier et troisième trimestres seront tout à fait favorables à une intervention chirurgicale. Dépensez donc votre trop-plein d'énergie en pratiquant un sport.

ARGENT

Le moment sera idéal pour les investissements et les spéculations. Tout ce que vous entreprendrez sera placé sous le signe de la réussite ; ce sera autant d'occasions de faire fructifier votre capital. N'hésitez pas à utiliser votre argent, à le faire travailler. Toutefois, soyez prudent lors du dernier trimestre. N'agissez pas non plus de façon précipitée, ayez la patience d'attendre les profits. Vous les toucherez à des périodes différentes selon que vous êtes en années 1, 4 ou 5. Il vous faudra attendre deux ans pour l'année 1, six ans et sept ans pour les deux autres années.

Si dans votre grille d'inclusion le nombre 8 est manquant
Il vous faudra faire preuve de courage car vous aurez de nombreux comptes à rendre. Analysez et comprenez vos erreurs, cela pourra peut-être atténuer vos dettes morales. Essayez de réparer ou de rattraper toutes les erreurs commises. N'attendez surtout pas que le destin vous mette au pied du mur pour prendre de bonnes résolutions.

SI VOTRE NOMBRE CLÉ EST 8, VOICI VOS PRÉVISIONS POUR CETTE ANNÉE

TRAVAIL

Les satisfactions ne pourront être obtenues que par la lutte. N'entreprenez rien durant le deuxième et le dernier trimestre. Arrêtez vos opérations en cours. Au cours du premier et du troisième trimestre, vous allez prendre en charge de lourdes responsabilités et devoir vous engager personnellement dans de nouveaux projets. La récompense de votre attitude viendra ultérieurement et sera proportionnelle à votre acharnement présent. En revanche, n'entreprenez rien durant les deuxième et dernier trimestres.

AMOUR

C'est la débandade complète ! Vous serez mal dans votre peau et vous vous sentirez seul, surtout si vous êtes célibataire. Des conflits risqueront d'éclater lors du premier semestre chez les couples, mais tout devrait rentrer dans l'ordre au cours du second semestre. Ne soyez pas agressif mais faites plutôt preuve de tolérance et de maîtrise.

SANTÉ

Votre état de santé sera en dents de scie. Très satisfaisant lors des premier et troisième trimestres, il laissera beaucoup à désirer pendant les deuxième et dernier trimestres, où vous subirez de grandes fatigues dues à votre travail. Le moment ne sera donc pas venu de tenter quoi que ce soit dans le domaine médical.

ARGENT

De bonnes affaires permettront à vos revenus de considérablement s'accroître au cours des premier et troisième trimestres. Mais vous ne récolterez ces dividendes que plus tard. N'investissez pas pendant le second et le dernier trimestre. Évitez toute transaction, car elle se solderait par un échec.

Si dans votre grille d'inclusion le nombre 8 est manquant

Soyez sur vos gardes : tout ce que vous avez créé, tout ce que vous avez construit, sera menacé d'effondrement. Il vaudra mieux baisser les bras et faire preuve de patience. Heureusement, dans deux ans, tout s'arrangera. Vous devrez aussi réparer vos fautes passées. Pensez-y et profitez-en pour revenir à la sagesse. Prenez alors conscience de votre manque de tolérance et de votre manque de respect vis-à-vis de l'argent.

SI VOTRE NOMBRE CLÉ EST 9, VOICI VOS PRÉVISIONS POUR CETTE ANNÉE

TRAVAIL

Vous ferez preuve de beaucoup d'énergie pour affronter une vie professionnelle harassante. Vous serez bien dans votre peau, vous rayonnerez au sein de votre équipe professionnelle, devant vos clients et devant votre patron. Vous serez lucide et vous aurez l'esprit très clair au cours des premier et deuxième trimestres. Mais il vous faudra lutter le reste de l'année. Pour obtenir des résultats, il faudra vous ménager. Enfin, le moment ne sera pas venu de démissionner : adaptez-vous, la situation contraire vous serait néfaste.

AMOUR

Les couples vivront une période trouble lors du deuxième trimestre. Les célibataires devront éviter toute nouvelle aventure. Cependant, au cours du premier trimestre, un mariage pourra fort bien être envisagé avec une personne rencontrée pendant une année favorable.

SANTÉ

Les cycles du deuxième et du troisième trimestre amèneront des pertes d'énergie et des complications. Évitez, si possible, les interventions importantes ou les traitements médicaux trop contraignants. Seul, à la rigueur, le premier trimestre serait favorable. Dans l'ensemble, votre état général sera plutôt affaibli. L'appareil digestif (hémorroïdes) et la circulation sanguine seront des points particulièrement sensibles.

ARGENT

N'investissez que pendant les six premiers mois. Au-delà, ce ne serait que pures pertes. Par ailleurs, encaissez ce que les autres vous doivent afin de vous constituer des bases solides, vous permettant d'investir avant le mois d'octobre. Il serait préférable que vous réserviez une partie de votre argent au bénéfice d'une bonne cause. Les fautes commises antérieurement pour une attitude excessive s'en trouveraient ainsi allégées.

Si dans votre grille d'inclusion le nombre 8 est manquant
Tout vous réussira à condition de faire preuve de tolérance et de modestie. N'abusez pas de votre influence. Si vous luttez, tout se passera pour le mieux.

SI VOTRE ANNÉE PERSONNELLE EST 9

Voici les neuf différentes années personnelles 9.
À l'aide de votre nombre clé (que vous avez calculé p. 20), vous allez rechercher votre année personnelle correspondante et lire vos prévisions.

Si votre nombre clé est :
1 voir p. 156
2 voir p. 157
3 voir p. 158
4 voir p. 159
5 voir p. 160
6 voir p. 161
7 voir p. 162
8 voir p. 163
9 voir p. 164

SI VOTRE NOMBRE CLÉ EST 1, VOICI VOS PRÉVISIONS POUR CETTE ANNÉE

TRAVAIL

Dès le début de l'année, et surtout au cours des deuxième et troisième trimestres, d'heureux concours de circonstances vous aideront à résoudre un grand nombre de questions pénibles, qui traînaient depuis longtemps. Vous allez enfin pouvoir mettre un terme à des situations confuses, où vous aviez rencontré une opposition farouche. Dans le même temps, ne projetez rien de nouveau et laissez les événements travailler pour vous. Réglez tous les problèmes en cours, cela vous permettra d'aborder sereinement l'année prochaine. La prudence sera de rigueur aux alentours des mois d'avril et de septembre.

AMOUR

Faites preuves d'initiative et d'originalité au sein du couple. Sinon des troubles risqueront de compromettre votre vie affective, peut-être trop paisible. Les célibataires verront des aventures sans importance prendre fin. Ce n'est pas cette année qu'ils rencontreront l'âme sœur !

SANTÉ

Vous ne serez pas au meilleur de votre forme durant cette année. Vous manquerez de dynamisme et d'énergie. Ne perdez surtout pas confiance en vous, et faites le point. Les problèmes finiront bien par se résoudre d'eux-mêmes.

ARGENT

Les projets engagés dans les années précédentes finiront par aboutir. Soyez vigilant quant aux nouvelles transactions, et attendez de préférence l'année prochaine pour vous engager dans quelque affaire que ce soit. Enfin, des pertes seront possibles, durant le dernier trimestre, à cause d'investissements réalisés en année personnelle 7.

Si dans votre grille d'inclusion le nombre 9 est manquant
Vous subirez des attaques et des pressions de toutes parts. Ne pensez pas seulement à vous, prêtez également attention aux autres. Organisez-vous, afin de ne pas vous laisser surprendre. En effet, le destin vous fera passer par une série de situations assez éprouvantes, qui vous mettront sous tension, jusqu'à ce que vous compreniez que les clés du bonheur et de la tranquillité sont l'amitié, la générosité et l'amour. C'est alors seulement que les soucis et les ennuis se dissiperont d'eux-mêmes, pour se transformer en havres de paix et d'harmonie.

SI VOTRE NOMBRE CLÉ EST 2, VOICI VOS PRÉVISIONS POUR CETTE ANNÉE

TRAVAIL

Vous mettrez de l'ordre dans vos affaires, et vous ferez preuve d'une disponibilité inhabituelle. Vous allez apprendre à vous affirmer différemment, grâce à de nouvelles relations. Vous penserez même à changer de métier, mais n'en faites rien pour l'instant, vous gâcheriez tous les efforts fournis jusqu'ici.

AMOUR

Vous n'échapperez pas aux conflits. Les troisième et dernier trimestres seront d'ailleurs les moments les plus délicats à traverser. En effet, vous risquerez d'être ébranlé dans votre stabilité affective. Soyez très vigilant. Ne modifiez pas pour autant votre conception du couple. Réfléchissez bien avant d'agir car certaines erreurs pourraient se révéler fatales. Les célibataires feront des rencontres lors du deuxième et du troisième trimestres, mais un sentiment de solitude les envahira et les poursuivra tout au long de l'année.

SANTÉ

Vous serez las, fatigué et vidé de toute votre énergie. Sachez vous cultiver et rechercher une nouvelle éthique de vie. Reposez-vous. Faites tout pour vous remettre en forme. Profitez-en pour effectuer un bilan général de votre état physique et psychologique, et pour prendre les dispositions qui s'imposeront. Évitez néanmoins les interventions chirurgicales lors du deuxième et du dernier trimestre.

ARGENT

Vous allez subir quelques pertes, qui n'arrangeront pas la situation, bien au contraire. Évitez alors de vous lancer dans de nouvelles affaires. Récoltez plutôt ce que vous avez déjà semé, notamment au cours du troisième trimestre. Vous partirez ainsi sur de nouvelles bases, en bénéficiant d'un capital plus important.

Si dans votre grille d'inclusion le nombre 9 est manquant
Vous vous sentirez trahi, à la fois professionnellement et amoureusement. Pour parer à ce sentiment, soyez donc à l'écoute des autres. Sachez apprécier à sa juste valeur la compagnie de votre conjoint(e) et de vos amis. Sensibilisez-vous aux problèmes de votre entourage, au lieu de ne penser qu'à vous-même. Redevenez généreux, cela pourrait constituer pour vous un atout de taille pour votre avenir.

SI VOTRE NOMBRE CLÉ EST 3, VOICI VOS PRÉVISIONS POUR CETTE ANNÉE

TRAVAIL

L'heure sera au bilan, suite aux actions menées pendant les huit années précédentes. Vous pourrez élaborer des projets, mais évitez pour le moment de concrétiser quoi que ce soit. Vous le ferez l'année prochaine. Les deux premiers trimestres vous inciteront à conclure et à permettre le dénouement d'une situation fâcheuse. Vous serez surpris par la révélation de talents cachés. Toute initiative ou formation, visant à développer des aspects nouveaux de votre personnalité, se révéleront extrêmement avantageuses pour vous, étonneront votre entourage professionnel et, de plus, vous combleront.

AMOUR

N'essayez pas de retenir les personnes ou les choses qui auraient tendance à vous délaisser peu à peu. Cette attitude ne vous amènerait que des ennuis. Vous fuirez certaines relations, pour repartir sur de nouvelles bases plus saines. Il sera conseillé aux couples de changer leur style de vie, afin de s'épanouir davantage. Les célibataires se détacheront de relations sans grand intérêt, et ne rencontreront l'amour que dans deux ou trois ans : patience ! Soyez tous prudents lors des second et dernier trimestres, car certains conflits pourraient alors surgir.

SANTÉ

Surveillez attentivement votre alimentation ! Les personnes, souffrant déjà de problèmes de santé, trouveront enfin les solutions appropriées et le moyen d'en finir avec ces petits troubles.

ARGENT

De grosses sommes d'argent à la clé, mais qui risqueront fort d'être dilapidées aussitôt gagnées. Vous souhaiterez lors des deuxième et troisième trimestres vivre pleinement votre vie. Vous désirerez, pour cela, vous dégager de toute contrainte matérielle. Attention tout de même à ne pas verser dans l'extravagance. Quelques ventes pourront vous rapporter de l'argent en fin d'année. Essayez d'économiser. En effet, l'année prochaine, un certain capital de départ vous sera très utile pour amorcer de nouveaux projets fort intéressants.

Si dans votre grille d'inclusion le nombre 9 est manquant

Ne vous laissez pas aller, ressaisissez-vous. Vous serez soit trop superficiel, et donc trop excentrique, soit trop égoïste, avec toutes les conséquences négatives que cela suppose, pour vous occuper sérieusement d'affaires urgentes. Essayez d'exprimer votre créativité et de donner au maximum de votre personne. Apprenez à ne pas négliger les valeurs sociales et humaines. Communiquez et partagez votre temps avec les autres, et en particulier avec votre partenaire. Sinon vous laisserez échapper votre chance et tout se retournera contre vous.

SI VOTRE NOMBRE CLÉ EST 4, VOICI VOS PRÉVISIONS POUR CETTE ANNÉE

TRAVAIL

Vous allez enfin pouvoir conclure toutes les affaires inachevées, qui traînaient depuis huit ans. Pour ce faire, débarrassez-vous de certains poids vous freinant dans votre activité, afin de repartir sur de nouvelles bases. Allez de l'avant. Accomplissez et terminez tous les projets déjà entrepris et, surtout, ne faites pas preuve d'autoritarisme auprès de vos collègues, cette attitude serait plutôt malvenue. La tâche sera ardue cette année, surtout durant le deuxième et le troisième trimestres. Les personnes dont vous dépendez professionnellement seront, vous le remarquerez, fort exigeantes et ne supporteront pas, par exemple, la moindre négligence dans l'organisation.

AMOUR

Vous serez fragile, sensible et tenté par quelques nouvelles idylles. Malheureusement, tout ce que vous entreprendrez cette année sera voué à l'échec. Alors, il vaudrait mieux que vous maîtrisiez vos sentiments et que vous dissimuliez vos pensées secrètes. Attendez-vous à certaines déceptions. Les célibataires seront préoccupés et déstabilisés émotionnellement. Les couples, eux aussi, subiront des déboires (surtout entre avril et septembre). Alors, faites preuve de calme, au lieu de vous laisser entraîner par vos pulsions, sinon vous risquerez de commettre de graves erreurs. Apprenez à rester stoïque, compréhensif, tolérant et réceptif.

SANTÉ

Si vous connaissez déjà quelques troubles sur le plan osseux, sanguin ou dentaire, faites très attention. Entreprenez un bilan général de votre état physique, mais n'entamez aucun nouveau traitement (sauf, peut-être, au cours du dernier trimestre), et évitez, si possible, les interventions chirurgicales. L'année prochaine sera bien plus favorable.

ARGENT

Agissez judicieusement et vous réussirez des ventes fort profitables. Mais n'investissez surtout pas : vous ne feriez que perdre ce que vous aviez gagné précédemment. De faibles rentrées d'argent vous permettront de régler quelques dettes. Essayez pourtant d'économiser. Toute transaction (en vente) devra être conclue de préférence pendant le deuxième ou le troisième trimestre.

Si dans votre grille d'inclusion le nombre 9 est manquant

Ne vous laissez pas submerger par des préoccupations purement matérielles. D'autres problèmes, notamment dans votre entourage, exigeront une attention soutenue de votre part et nécessiteront votre aide. Soyez à l'écoute des autres, car une attitude de repli égoïste vous nuirait considérablement et vous risqueriez alors de perdre beaucoup dans tous les domaines. Soyez tolérant, généreux et compréhensif envers les autres.

SI VOTRE NOMBRE CLÉ EST 5, VOICI VOS PRÉVISIONS POUR CETTE ANNÉE

TRAVAIL

Les coups de chance et les hasards heureux caractériseront toute cette année. Vous allez vous débarrasser de tous vos ennuis, pendant les périodes charnières de mars-avril et d'août-septembre. Les nouvelles occasions se présenteront en grand nombre, mais n'entreprenez rien de nouveau. Méfiez-vous du surmenage, notamment en fin d'année.

AMOUR

Célibataires, vous manquerez d'affection et rechercherez de tous côtés un peu de douceur. Votre vie amoureuse ne sera pas des plus simples. Vous vous sentirez amoureux, puis trahi, et ce sera la débâcle ! Vous chercherez la personne qui vous satisfera sur tout les plans. Les couples, quant à eux, subiront les contrecoups de leurs initiatives antérieures, notamment durant le troisième et le dernier trimestres. Restez unis et attendez l'année suivante pour vivre des moments plus harmonieux. Pour le moment, recherchez vos nouvelles passions communes.

SANTÉ

Vous serez débordant d'énergie. Profitez-en pour vous faire faire un check-up. Pourtant, les interventions chirurgicales importantes seront à éviter, dans la mesure du possible. Si des maladies font leur apparition, elles proviendront d'un abus commis en année 5 ou en année 7. Soignez-vous bien !

ARGENT

Vous récolterez les fruits de votre travail passé, effectué en années 4 et 5. Le peu de capital que vous aurez amassé sera rapidement dépensé et passera en voyages ou autres activités. Restez vigilant. Toute transaction entreprise pendant les deuxième et troisième trimestres serait vouée à l'échec.

Si dans votre grille d'inclusion le nombre 9 est manquant

Vous pourriez être tenté de tout laisser tomber. De plus, vous agirez en parfait égoïste. Ressaisissez-vous, et faites des concessions. Il vous faudra faire face et agir. Par un excès de sensiblerie et votre manque d'autodiscipline, vous risquerez de gaspiller vos dons, vos talents, vos énergies et, en somme, votre potentiel. Il faudra que vous vous fassiez violence pour libérer tout l'amour qui sommeille en vous.

SI VOTRE NOMBRE CLÉ EST 6, VOICI VOS PRÉVISIONS POUR CETTE ANNÉE

TRAVAIL

Noyé sous la masse de vos obligations, vous aurez du mal à faire face. Ne vous laissez pas surprendre par les problèmes qui se présenteront en début d'année. Dans la précipitation, vous risquerez également de passer à côté de bonnes affaires, au cours du mois de mai. La fin de l'année sera plus calme, et vous pourrez vous préparer à repartir sur des bases nouvelles.

AMOUR

De nombreuses tensions, en fin d'année (troisième et dernier trimestres), rendront les discussions difficiles. Restez ouvert au dialogue, car ce sera le seul moyen d'arranger les affaires. Les célibataires rencontreront un « coup de cœur », mais pour éviter les déceptions, il faudra faire preuve de patience. En bref, l'année sera en dents de scie. Ne vous laissez pas emporter par de grandes envolées, car vous ne feriez que tomber de plus haut.

SANTÉ

Votre système immunitaire sera très affaibli, et les circonstances vous empêcheront de vous relaxer suffisamment. Vous serez en perte d'énergie, alors sachez vous reposer pour vous ressourcer. Enfin, ne subissez aucune intervention chirurgicale, et ne commencez aucun traitement, dans la mesure du possible.

ARGENT

Profitez des deuxième et troisième trimestres pour récupérer l'argent que l'on vous doit. Cette période sera également favorable aux transactions importantes, telles que la vente immobilière. Évitez de réinvestir. Constituez-vous un capital conséquent, cela vous sera fort utile pour conclure une bonne affaire, dans le courant de l'année prochaine.

Si dans votre grille d'inclusion le nombre 9 est manquant
Ne faites pas de sentimentalisme, cela vous nuirait. Apprenez à faire des sacrifices, à écouter votre entourage et à aider vos proches. Le destin cherchera, cette année, à vous donner un grand coup de pouce pour votre évolution spirituelle. Si ce grand coup de pouce devient un grand coup de pied, c'est que vous n'aurez pas assez développé vos richesses intérieures, pour votre bien mais aussi pour le plus grand bonheur de votre entourage.

SI VOTRE NOMBRE CLÉ EST 7, VOICI VOS PRÉVISIONS POUR CETTE ANNÉE

TRAVAIL

Si vous avez conçu des projets au cours de l'année passée et que vous en attendez les résultats avec impatience, sachez que toutes vos affaires risqueront de prendre du retard et que vous rencontrerez bon nombre d'oppositons durant les deuxième et troisième trimestres. Une amélioration certaine débloquera tous ces aspects négatifs. Ne vous bercez pas d'illusions, conservez votre acquis. N'écoutez pas les beaux parleurs et restez vigilant. Pensez aussi aux autres. Ne les abandonnez pas, aidez-les plutôt. Si votre comportement, vos paroles et vos gestes ont été empreints de bon-sens ces derniers temps, le quatrième trimestre se déroulera dans une atmosphère de paix et de sérénité.

AMOUR

Les célibataires ne devront pas s'attendre à rencontrer le grand amour cette année. Beaucoup de remises en question chez les couples. Seul le dernier trimestre sera relativement agréable, dépourvu de conflits. Restez patient et, surtout, réservé dans vos sentiments. L'immoralité sera fortement sanctionnée cette année. La tristesse et la morosité seront aussi à éviter, car cela n'arrangerait rien, bien au contraire. Les rencontres ne seront que passagères.

SANTÉ

Vous serez physiquement et moralement affaibli, car votre travail ne vous laissera que peu de temps pour souffler. Évidemment, il ne sera pas question d'entreprendre quoi que ce soit, médicalement parlant (surtout lors des deuxième et troisième trimestres). Attention également aux problèmes sanguins. Si vous avez le choix, recourez plutôt aux médecines douces.

ARGENT

Toutes les transactions, pendant les trois premiers trimestres, seront véritablement à proscrire. D'énormes retards viendront vous gêner. Vous rentrerez cependant dans vos fonds au dernier trimestre, car vous bénéficierez d'occasions de vente, avec de petites rentrées d'argent à la clé.

Si dans votre grille d'inclusion le nombre 9 est manquant

Ne soyez pas égoïste ; essayez de vous occuper des problèmes des autres. Tendez-leur la main, adoptez une attitude de simplicité et d'humilité. Tournez résolument votre cœur vers l'extérieur. Sinon vous traverserez de longs moments de solitude, qui susciteront en vous un désir plus grand d'altruisme.

SI VOTRE NOMBRE CLÉ EST 8, VOICI VOS PRÉVISIONS POUR CETTE ANNÉE

TRAVAIL

Vous allez enfin pouvoir concrétiser de nombreux projets, datant de plusieurs années. Les trois premiers trimestres seront assez éprouvants. En effet, vous connaîtrez des déceptions au sujet d'amis qui auront trahi votre confiance ; ils risqueront même de faire échouer tous vos projets. Ne perdez pas votre temps dans une course aux Judas, n'ayez comme seule préoccupation que l'aboutissement de vos projets. Le dernier trimestre vous sera très bénéfique, sur tous les plans : notoriété, réalisation de projets... Ne fuyez donc pas devant l'adversité. Ne vous démoralisez pas, car cela vous mènerait à l'échec. Les résultats que vous obtiendrez à la fin de l'année seront liés aux efforts que vous aurez fournis précédemment.

AMOUR

Les mois d'avril, mai, juin, août, septembre et octobre, seront défavorables aux couples et, de façon générale, à tout type de relations, quelle qu'en soit la nature. Ce seront des périodes difficiles où ruptures et tensions remettront en question l'ordre établi. Les célibataires connaîtront tour à tour amour fou et déception amère, ce qui les perturbera énormément. Ne soyez sûr de rien, car vous seriez déçu dans les années à venir. Vous serez en fait en pleine période de transition !

SANTÉ

Attention aux inflammations, aux chutes et aux petits accidents. Surveillez votre santé, mais n'entreprenez aucune cure. Vous aurez besoin de toute votre énergie. Évitez aussi toute intervention chirurgicale, ainsi que tout traitement trop pénible pour l'organisme. Des problèmes préexistants pourront prendre fin cette année, surtout au dernier trimestre.

ARGENT

Vous serez satisfait de la bonne marche de vos affaires et vous verrez arriver des profits non négligeables. Économisez et préparez convenablement les transactions futures, car un manque de capitaux vous ferait rater de très bonnes occasions.

Si dans votre grille d'inclusion le nombre 9 est manquant

Faites attention à la façon dont vous allez aborder l'existence, surtout sur le plan affectif et professionnel. Ne soyez pas égoïste et d'une excentricité déplacée. Ne vous faites pas d'illusions, ne vous apitoyez surtout pas sur vous-même. Sachez maîtriser votre agressivité. Toutes vos actions devraient tendre à la réalisation du bien d'autrui. Une telle attitude vous évitera de nombreuses épreuves.

SI VOTRE NOMBRE CLÉ EST 9, VOICI VOS PRÉVISIONS POUR CETTE ANNÉE

TRAVAIL

L'alternative suivante va se présenter à vous cette année : ou bien vous bénéficierez d'avancements, ou bien vous risquerez d'assister en spectateur impuissant à l'effondrement de votre situation professionnelle. Tout ce que vous réussirez cette année sera relatif aux efforts fournis lors des huit années précédentes. Vous récolterez ce que vous aurez semé. Si vous savez prendre le bon parti des choses et adopter une attitude positive, tout vous réussira cette année : des voyages agréables vous seront offerts dans le cadre de votre activité professionnelle ; vous pourrez recevoir également des récompenses vous permettant de vivre des situations insolites, que vous apprécierez tout paticulièrement ; vous découvrirez en vous des talents nouveaux et vous élaborerez un certain nombre de plans et de stratégies pour les concrétiser l'année prochaine. Les mois les plus favorables seront janvier, mai, octobre, novembre et décembre, alors qu'avril, août et septembre pourront s'avérer plus délicats. Sachez cette année adopter une attitude positive, ayez un rayonnement d'espoir et de confiance, et vous éviterez sans nul doute tous les écueils.

AMOUR

Vous vivrez des événements très divers cette année et serez, quelle que soit votre situation, envahi d'une insupportable insatisfaction. Ainsi, si vous vivez une relation fragile, des élans de bonheur alterneront avec un désir très vif, celui de redevenir célibataire. Si vous êtes marié, vous aurez du mal à contenir votre désir de renouveau et de sensations fortes. Vous voudrez absolument échapper à la routine. Enfin, si vous êtes des célibataires endurcis, vous serez pris par une angoisse existentielle difficile à assumer. Ce sera une des années les plus lourdes à porter dans le domaine des sentiments, tant elle sera tourmentée. Vous vivrez des émotions inattendues, des pertes affectives, des coups de foudre, des amours platoniques, des sentiments d'abandon. Alors un conseil : mariés, concubins ou célibataires, laissez de nouvelles connaissances entrer dans votre vie pour y insuffler une nouvelle vigueur. N'attachez aucune importance à vos émotions qui vous troubleront et vous berceront d'illusion. Sachez tout de même que l'année suivante sera beaucoup plus heureuse.

SANTÉ

Surveillez votre état général, tout particulièrement lors des mois de février, avril, juillet, août et septembre. Ce sera en effet à ces divers moments que vous subirez une certaine perte d'énergie. Le destin montrera, à travers de petits problèmes de santé, sa volonté de vous amener à la sagesse, à la compréhension et à la modération. Effectivement, vous devrez cette année, surtout lors des mois sus-nommés, apprendre à reposer votre organisme. Les activités liées à l'esprit, telles que les études, la lecture, l'initiation et la formation, seront au contraire dynamisantes. La tête et la circulation sanguine seront plus sensibles.

ARGENT

Cette année terminera et bouclera un cycle, pour en ouvrir un nouveau. Les investissements éventuels seront vivement recommandés. Par ailleurs, l'année sera favorable, et surtout le dernier trimestre, à la tenue d'un bilan financier. Préparez-vous également à une affaire de grande envergure l'année prochaine. Comme pour la vie professionnelle, vous récolterez cette année le fruit de vos placements et de vos efforts antérieurs. Mais vous risquez, pour des raisons de défoulement, de vous relâcher complètement, et de dépenser tout ce que vous aviez pu accumuler. N'en faites rien, car le peu économisé devra être investi l'année suivante. Ces opérations prendront des proportoins que vous ne soupçonnez pas encore. Cette évolution sera largement positive. Vous vivrez des cycles ascendants où, progressivement, vous accéderez à une situation d'abondance et où vous ne vous sentirez plus dans le besoin. Précisons enfin que le mois d'avril annonce des pertes financières. Soyez très vigilant.

Si dans votre grille d'inclusion le nombre 9 est manquant

Le destin attendra de vous un travail ayant trait au développement de la conscience, à la religion, au progrès de la science ou à une réforme sociale, ainsi qu'à tous les domaines liés à ces sujets. Sachez que vous serez tenté de vous renfermer et d'adopter une attitude très égoïste. Si vous ne pensez qu'à vous-même et si vous vous désintéressez du progrès en général et de l'évolution de l'humanité, même à un échelon modeste, vous souffrirez de pressions extérieures qui vous feront comprendre, tôt ou tard, l'importance de notions telles que la générosité, le dévouement ou l'altruisme. En somme, vous pourrez éviter une année négative, à condition d'être capable de compatir à la douleur et à la souffrance d'autrui.

VOTRE MOIS PERSONNEL

Chaque mois, durant 30 ou 31 jours, une vibration nouvelle vous aidera à vous situer en cours d'année. Elle vous indiquera les périodes les plus favorables pour agir et pour entreprendre, dans votre situation professionnelle et financière, dans votre vie affective et familiale, et pour prévenir vos éventuels problèmes de santé.
Désormais, grâce au mode d'emploi (p. 22), vous savez calculer votre mois personnel. Vous remarquerez, dans le chapitre suivant, qu'il en existe plusieurs. Un seul, bien entendu, correspond à votre personnalité. Vous le retrouverez grâce au nombre de votre année personnelle (voir p. 21).

SI VOTRE MOIS PERSONNEL EST 1

Voici les neuf différents mois personnels 1.
À l'aide du nombre de votre année personnelle (que vous avez calculé p. 21), vous allez rechercher votre mois personnel correspondant et lire vos prévisions.
Si votre année personnelle est : 1 voir p. 170
2 voir p. 171
3 voir p. 172
4 voir p. 173
5 voir p. 174
6 voir p. 175
7 voir p. 176
8 voir p. 177
9 voir p. 178

SI VOTRE ANNÉE PERSONNELLE EST 1, VOICI VOS PRÉVISIONS POUR CE MOIS

TRAVAIL

Si, en milieu de mois, vos affaires ou vos relations venaient à connaître une évolution délicate ou si des conflits devaient survenir, tenez compte de l'avis de votre entourage, car vous aurez tendance à avoir des réactions impulsives ou l'impression que tout est acquis. Vous risquez de négliger certains aspects de votre vie professionnelle. Soyez prudent, surtout entre le 7 et le 14 et du 21 à la fin du mois. En revanche, des idées et des méthodes originales dans votre travail vous aideront à progresser et à reprendre l'avantage sur la situation, entre le 14 et le 21.

AMOUR

Des tensions affectives seront à prévoir car, dans la première quinzaine, vous traverserez une période difficile. En revanche, des sympathies et des relations nouvelles vous mettront du baume au cœur, et ceci, entre le 14 et le 21. Sinon, rien d'extraordinaire n'est à signaler. Les amours ne seront pas votre principale préoccupation durant ce mois.

SANTÉ

Votre santé sera excellente, à condition de garder votre calme. En effet, des tensions nerveuses risquent d'intoxiquer et d'empoisonner votre sang. Méfiez-vous des surplus de médicaments (excitants, calmants), des abus d'alcool et de tabac.

ARGENT

Vous désirerez réussir des choses importantes et vous serez prêt à faire le maximum pour y parvenir. Vous devriez tenir compte de l'opinion de certaines personnes qui seront critiques à l'égard de vos projets. Elles auront raison. Soyez vigilant durant ce mois et patientez, au moins du 1er au 14, avant de vous engager dans une entreprise trop importante.

SI VOTRE ANNÉE PERSONNELLE EST 2, VOICI VOS PRÉVISIONS POUR CE MOIS

TRAVAIL

Vous pourrez compter sur de nombreux appuis tout au long de ce mois. C'est le moment de faire appel à vos amis ou à vos proches, pour réaliser les projets souhaités. La première quinzaine et la dernière semaine seront excellentes pour foncer et entreprendre. Vous réussirez car les idées et l'imagination ne vous feront pas défaut. Il semblerait que votre besoin de changer de vie professionnelle soit justifié et réalisable, durant ce mois, par l'amplitude de mouvements et par l'énergie dont vous faites preuve. Donc, l'influence générale sera excellente. Profitez-en.

AMOUR

Les amours seront sous le signe de l'amitié. Les célibataires, s'ils ne tombent pas amoureux, noueront des amitiés fort intéressantes qui les engageront dans des relations stables, durables et très enrichissantes sur le plan émotionnel. Les couples ne seront pas transportés par des sentiments d'amour fou et de type « cupidonien », mais ils préfèreront de bonnes soirées de détente et de discussion, comme de vrais amis, ce qui les soudera. Vous connaîtrez, lors de la première quinzaine, des moments très agréables. Quelques mésententes seront à prévoir entre le 14 et le 21, mais rien de grave.

SANTÉ

Attention aux imprudences et à la précipitation. Il est vrai que, ce mois-ci, tout ira très vite. Vous aurez tendance à être excité et euphorique. Veillez donc à ne pas faire de mouvements brusques. Les nerfs et les vertèbres coincés vous causeront sans doute de petits problèmes. Soyez prudent.

ARGENT

Les perspectives financières seront très encourageantes. Vous pourrez même envisager des bénéfices. Vous aurez tendance à dépenser votre argent en vie mondaine (restaurants et autres lieux de plaisir) pendant la dernière semaine, alors qu'il serait plus sage d'économiser.

SI VOTRE ANNÉE PERSONNELLE EST 3, VOICI VOS PRÉVISIONS POUR CE MOIS

TRAVAIL

Contrairement au mois précédent, vous devriez être en mesure, par vos compétences, de largement progresser. Vous serez ambitieux et souhaiterez améliorer votre confort et votre vie professionnelle, à tous les points de vue. Foncez car votre mérite sera reconnu. Vous serez écouté et l'on ira dans le sens de vos projets. Vous entretiendrez de bonnes relations, autant avec vos collègues qu'avec vos supérieurs. Même si la conjoncture est moins favorable entre le 7 et le 14, pouvant créer des limitations et des retards dans vos entreprises, elle se débloquera dès le 14 et sera excellente dans la troisième semaine.

AMOUR

Très fidèle dans vos affections et vos sentiments, vous serez, toutefois, peu démonstratif. Vous rechercherez, avant tout, plus de stabilité dans vos affaires et dans votre vie professionnelle. Si vous vous engagez dans une nouvelle union, ne scellez rien de durable. Laissez agir la providence qui vous mènera, certainement dans les mois à venir, vers des périodes propices à un attachement stable. Si vous vivez en couple, vous serez un pilier important dans la vie de famille et affective en général. Faisant confiance à votre nature déterminée, on attendra de vous toutes les décisions.

SANTÉ

Un surcroît d'activités risque de susciter un grand stress et de provoquer migraines ou névralgies assez tenaces. Soyez vigilant et traitez en conséquence les premiers symptômes. Les médecines douces pourront vous y aider.

ARGENT

Les finances seront bonnes, car vous allierez intuition et sens pratique, ce qui vous permettra de sentir, spontanément, où se trouvent vos intérêts. La situation favorisera tous les investissements, notamment dans la première et la dernière semaine. La deuxième semaine sera particulièrement propice à tout projet immobilier.

SI VOTRE ANNÉE PERSONNELLE EST 4, VOICI VOS PRÉVISIONS POUR CE MOIS

TRAVAIL

Certains retournements de situation vont venir transformer le cours normal de votre vie sur le plan du travail. Durant ce mois, des changements bénéfiques seront synonymes de promotion et d'avancement. Cela comblera votre désir de découvrir de nouveaux horizons. De nombreuses opportunités vont se présenter à vous avant le 21. Saisissez-les, car elles ne se représenteront pas de sitôt.

AMOUR

Pour les couples, c'est l'entente parfaite. Les sentiments seront solides, profonds, véritables, et vous vous épaulerez mutuellement. Réconciliation, amitié et affection formeront le climat qui régnera tout au long de ce mois. Si vous êtes célibataire, vous serez stimulé par une ou des rencontres qui vous apporteront beaucoup et vous permettront, de façon originale d'ailleurs, d'envisager un nouvel avenir. Par tout ce que vous allez découvrir et comprendre dans ce domaine, vous allez devenir un homme nouveau ou une femme nouvelle.

SANTÉ

Votre nature enthousiaste, qui vous porte à aimer les plaisirs de la table, risque de vous occasionner des problèmes digestifs. Soyez prudent ! Gare aux intoxications, aux abus d'alcool et de tabac !

ARGENT

Prenez en considération les bons contacts qui vous offriront de nouvelles possibilités d'augmenter considérablement vos revenus. Pour faire fructifier votre argent, n'hésitez pas à utiliser des partenariats, des associations, à condition que ces derniers ne vous engagent pas à long terme, mais vous permettent, au contraire, de réaliser des affaires ponctuelles, s'amorçant rapidement. Ce sera le cas avant la fin du mois.

SI VOTRE ANNÉE PERSONNELLE EST 5, VOICI VOS PRÉVISIONS POUR CE MOIS

TRAVAIL

Vous ressentirez le besoin tout à fait justifié de vous améliorer. Pour vous, l'attitude clé de ce mois sera d'empoigner la vie d'une manière concrète et rapide. Vous aurez les atouts et l'énergie nécessaires pour y parvenir. La promotion sera dans l'air, notamment dans les deuxième et dernière semaines. De bonnes vibrations vous inviteront à gagner du terrain et à réussir toutes vos entreprises.

AMOUR

Ce mois sera propice à la paix, à l'amour : cela pourra se manifester par un rapprochement avec votre partenaire ou, si vous êtes célibataire, par de nouvelles rencontres ; vous tomberez amoureux et chercherez à construire une union durable. Il vous faudra oser faire le premier pas entre le 7 et le 14 ou entre le 21 et la fin du mois.

SANTÉ

Vous n'avez rien de grave à redouter durant ce mois. Les petits problèmes rencontrés précédemment ne vous préoccuperont pas, et vous aurez raison ; la période entre le 14 et le 21 sera à éviter pour démarrer un nouveau traitement ou entreprendre une nouvelle cure.

ARGENT

Vos ambitions financières seront sans doute freinées par de petits obstacles, notamment entre le 14 et le 21. Même si vous n'avez aucune prise sur eux, vous devrez lutter. Avant le 7, évitez d'engager des actions. Dès le 21, tout se débloquera pour améliorer considérablement vos affaires ou vos revenus.

SI VOTRE ANNÉE PERSONNELLE EST 6, VOICI VOS PRÉVISIONS POUR CE MOIS

TRAVAIL

Des perspectives assez exceptionnelles d'évolution de carrière vont se présenter à vous, notamment dans la deuxième quinzaine. Cependant, vous risquez de vous laisser dérouter par des retards, des contrariétés, lors de la deuxième semaine. C'est fort dommage, car vous aurez toutes les capacités pour évaluer les situations qui vous seront présentées. N'hésitez pas à en user sinon le manque de confiance vous freinera. Vous disposerez de tous les atouts pour vaincre ces obstacles. Dans l'ensemble, ce mois vous apportera épanouissement et satisfaction.

AMOUR

Votre caractère instable ne vous permettra pas d'envisager une relation durable. Vous n'aurez pas la tête à rechercher l'élu(e) de votre cœur. En revanche, la fin du mois sera plus propice pour rechercher et donner de l'affection.

SANTÉ

Vous bénéficierez d'une excellente vitalité au cours de la dernière semaine. Il faudra en profiter pour faire une remise en forme de votre corps et de votre psychisme. À part cela, rien de grave à signaler, excepté de petites tensions durant la première quinzaine de ce mois.

ARGENT

Entre le 14 et le 21, vous n'hésiterez pas à réaliser des spéculations financières un peu hasardeuses, et cela vous est vivement conseillé. Les aspects seront excellents pour ce faire. Vous aurez beaucoup de chance pendant les troisième et quatrième semaines. Toutefois, restez vigilant pour tout ce qui concerne votre situation financière.

SI VOTRE ANNÉE PERSONNELLE EST 7, VOICI VOS PRÉVISIONS POUR CE MOIS

TRAVAIL

Ce sera le mois des réformes. Suite à de nombreux succès, vous devrez faire face à un surcroît d'activités et, par conséquent, envisager de nouvelles stratégies pour mieux réussir. Dans l'ensemble, le mois sera excellent. N'hésitez pas, surtout le 1er et le 7, le 14 et le 21.

AMOUR

Rien à signaler d'important pendant ce mois et c'est logique ! Les principales préoccupations resteront d'ordre professionnel. Les circonstances favoriseront les célibataires, qui seront amenés à avoir des contacts fort agréables au cours de certaines démarches professionnelles… Vous ferez sans doute des rencontres sans lendemain, qui vous laisseront des souvenirs bien agréables.

SANTÉ

La tension nerveuse sera très forte ; elle sera source de stress, d'anxiété et d'instabilité, particulièrement en fin de mois.

ARGENT

N'hésitez pas à engager de l'argent sans tenir compte des avis de l'un ou de l'autre. Vous pourrez faire confiance à votre instinct. Il ne vous trompera pas. Dans ce domaine, la première quinzaine sera très favorable, notamment entre le 7 et le 14.

SI VOTRE ANNÉE PERSONNELLE EST 8, VOICI VOS PRÉVISIONS POUR CE MOIS

TRAVAIL

L'occasion vous sera donnée d'affirmer votre personnalité dans votre milieu professionnel. Vous aurez toute l'attention des autres, voire les honneurs et les courbettes. Profitez-en. Très favorable du 7 au 14 et du 21 à la fin du mois.

AMOUR

On vous regardera, on vous portera de l'affection. Si vous êtes célibataire, ce sera très agréable, vous serez sollicité de toutes parts. Dans le cas contraire, l'élu(e) de votre cœur aura un soudain besoin de votre présence. Période très favorable entre le 1er et le 14.

SANTÉ

Vers le milieu du mois, une mauvaise circulation du sang vous vaudra peut-être de petits problèmes. Faites de la marche et de l'exercice, et tout ira mieux. Tout traitement nouveau ou toute intervention, pouvant être reportés, sont déconseillés entre le 14 et le 21.

ARGENT

Vous allez vous sentir obligé de faire des dépenses et, peut-être, de vivre au-dessus de vos moyens. Soyez prudent, surtout entre le 14 et le 21, car les investissements ne porteraient pas les fruits escomptés.

SI VOTRE ANNÉE PERSONNELLE EST 9, VOICI VOS PRÉVISIONS POUR CE MOIS

TRAVAIL

Vous n'aurez guère de soucis à vous faire. Une recrudescence d'activités vous fera oublier de nombreuses tracasseries. Une nouvelle direction, très favorable, se présentera après le 21.

AMOUR

Vous envisagerez avec votre partenaire, de nouvelles bases d'entente. Durant ce mois, des mots et des altercations vives seront échangés mais ne provoqueront ni rupture ni conflit grave. Dès le 21, une ambiance plus amoureuse régnera.

SANTÉ

D'une manière générale, votre santé sera bonne. Lors de la deuxième semaine, vous serez sans doute agité, stressé. Ne vous inquiétez pas, ces tensions disparaîtront comme par enchantement.

ARGENT

Attachez-vous à perfectionner votre organisation de façon à ne rien laisser au hasard, afin que vous puissiez tirer parti, avec un maximum d'efficacité, de la position bénéfique de ce mois. Très bon après le 21.

SI VOTRE MOIS PERSONNEL EST 2

Voici les neuf différents mois personnels 2.
À l'aide du nombre de votre année personnelle (que vous avez calculé p. 21), vous allez rechercher votre mois personnel correspondant et lire vos prévisions.

SI VOTRE ANNÉE PERSONNELLE EST 1, VOICI VOS PRÉVISIONS POUR CE MOIS

TRAVAIL

Ce mois favorisera les contacts. De nouvelles amitiés vont naître et vont faciliter votre ascension professionnelle. Certains trouveront un emploi. Vous devrez, tout au long de ce mois, aller au-devant des autres, renouer avec d'anciens amis, en un mot, communiquer. Et surtout, ne pas vous isoler. Le résultat sera positif et inattendu. Dans votre travail, la créativité sera mise en valeur, entre le 7 et le 14 puis du 21 à la fin du mois. De légers conflits et une certaine tension, dus à des retards, seront à craindre avant le 7. L'instabilité sera prédominante entre le 14 et le 21.

AMOUR

Pour les célibataires, c'est un mois qui privilégiera les rencontres, même si elles restent au niveau de l'amitié, de la fraternité et du partage. Entre le 14 et le 21, les relations affectives prédomineront. Vous aurez alors besoin d'amour et d'affection, que vous soyez célibataire ou en couple. Les circonstances se prêteront à des contacts et à des relations plus intimes, plus sensuelles. À la fin du mois, l'amitié sera plus que jamais présente. Beaucoup d'invitations et de sorties en vue. Surtout, ne les refusez pas !

SANTÉ

L'activité trépidante du mois dernier vous a fragilisé nerveusement. Détendez-vous, prenez du recul, agissez avec circonspection, sinon vous risquez fort d'être envahi par une irrépressible sensation d'épuisement. Inutile de forcer sur le plan physique. Portez plutôt vos efforts sur le plan intellectuel.

ARGENT

Évitez d'investir sur de nouveaux projets ce mois-ci. Toute nouvelle spéculation sera à étudier. Pour les lancements, les projets et les entreprises, il serait préférable, si possible, d'attendre le mois prochain. Quant aux investissements amorcés le mois dernier, ils ne porteront pas leurs fruits maintenant ; néanmoins, ils travailleront dans l'ombre. Sur le plan financier, le mot d'ordre de ce mois sera : soyez patient !

SI VOTRE ANNÉE PERSONNELLE EST 2, VOICI VOS PRÉVISIONS POUR CE MOIS

TRAVAIL

Vous aurez l'impression ce mois-ci que le monde entier se ligue contre vous. Attention aux conflits d'autorité ! Il vous est conseillé de faire le gros dos, de garder le calme et le sourire, si possible. Gare à l'impulsivité et aux mouvements d'humeur, entre le 1er et le 21 : cela pourrait considérablement nuire à votre situation professionnelle. Les associations, les contrats, les changements de travail, les transferts de bureau seront à éviter, car ils seront source de problèmes. À partir du 21, une ère de détente va s'amorcer. Il faudra attendre le 24 pour que tout s'harmonise enfin.

AMOUR

Des conflits et des tensions seront possibles entre le 1er et le 14. Dès cette date et jusqu'à la fin du mois, vous pourrez rétablir l'harmonie dans vos relations affectives et dissiper les malentendus. Les célibataires feront une rencontre décisive, tout à fait propice à l'amour.

SANTÉ

Vous aurez du mal, vu l'état de nervosité extrême dans lequel vous vous trouvez actuellement, à vous discipliner, que ce soit intellectuellement ou physiquement. Un sentiment très net d'insatisfaction vous entraînera vers des abus, qui risquent de vous déstabiliser. Prenez du recul, détendez-vous et votre état général s'améliorera. Ce ne sera pas le moment idéal pour commencer un nouveau traitement. Mieux vaudra éviter, autant que possible, les interventions chirurgicales.

ARGENT

Ce mois-ci, des difficultés matérielles seront à prévoir. Certains contacts, que vous avez eus le mois dernier, pourront être bloqués. Des ruptures de contrats seront à craindre, entraînant des pertes financières. Soyez prudent dans vos négociations ; attendez le mois prochain pour investir.

SI VOTRE ANNÉE PERSONNELLE EST 3, VOICI VOS PRÉVISIONS POUR CE MOIS

TRAVAIL

Le mois n'apportera pas de grands changements. Des retards pris dans les contacts ou dans les négociations vont susciter des tensions. Irritation et énervement seront dans l'air. Vous supporterez mal les faits et gestes de vos collaborateurs. Patience et discrétion vous seront alors recommandées. Adoptez la politique des trois singes : « ne rien voir, ne rien entendre et ne rien dire », sinon les conflits iront crescendo.

AMOUR

C'est un mois où votre sensibilité sera forte, et vous aurez envie de découvrir de nouvelles sensations. Pour ceux qui sont en couple, les relations déjà existantes seront menacées, si vous ne maîtrisez pas cette euphorie passagère. Pour les célibataires, les rencontres faites entre le 14 et le 30 seront instables et sans lendemain. Donc, amusez-vous, si vous voulez, mais ne tombez pas amoureux !

SANTÉ

Les tensions du mois s'accumulant, le stress vous guettera. La meilleure thérapie sera encore le sport : footing, longues marches, etc. Rien de tel que le calme et le bon air de la campagne, pour vous aider à éliminer les toxines.

ARGENT

L'aspect financier ne sera pas en situation favorable ce mois-ci. Si vous attendez des rentrées d'argent, elles seront retardées. Les spéculations ne seront que déceptions, les bénéfices seront maigres. Beaucoup de retards en perspective. Un conseil : attendez le mois prochain.

SI VOTRE ANNÉE PERSONNELLE EST 4, VOICI VOS PRÉVISIONS POUR CE MOIS

TRAVAIL

Votre mois se décomposera en deux parties. La première quinzaine (surtout entre le 7 et le 14) sera un cap très difficile à passer, sur le plan professionnel. Vous aurez envie de faire table rase mais, surtout, gardez votre self-control car, pendant la deuxième quinzaine (notamment entre le 14 et le 21), tout évoluera. On vous écoutera, on vous comprendra, et vous obtiendrez satisfaction dans vos démarches. La période favorisera les accords, les nouveaux contacts, la réalisation d'affaires nouvelles. Au-delà du 21, de petits grains de sable viendront contrarier votre progression, mais rien de bien inquiétant. Ce sera un mois fort, où vous devrez concrétiser, avec brio, votre avenir professionnel.

AMOUR

Votre grande soif d'amour et d'affection vous amènera à vivre des moments très forts avec votre partenaire, que ce soit dans le cadre du mariage ou d'une nouvelle idylle. L'amour sera en situation favorable, pendant les trois premières semaines. Gardez les pieds sur terre car, après le 21, des tensions seront à prévoir. Il va falloir descendre de votre petit nuage pour affronter les dures réalités.

SANTÉ

L'équilibre général sera difficile à maintenir. En effet, des tensions professionnelles, des histoires de cœur, vous perturberont moralement et psychologiquement, mais n'affecteront pas votre résistance physique. Ce mois, les nouvelles thérapies et les opérations seront à éviter, dans la mesure du possible.

ARGENT

La première quinzaine du mois sera instable financièrement. Les investissements, engagés pendant cette période, entraîneraient des pertes importantes. En revanche, l'aspect financier sera excellent entre le 14 et le 21. Vous pourrez réaliser pendant cette période des profits et des bénéfices. Les placements, faits avec prudence bien entendu, seront productifs, mais à condition que cela soit dans la lancée du mois précédent.

SI VOTRE ANNÉE PERSONNELLE EST 5, VOICI VOS PRÉVISIONS POUR CE MOIS

TRAVAIL

Une sensibilité à fleur de peau ! Vous serez très susceptible tout au long de ce mois, et notamment les trois premières semaines. Tatillon et ombrageux, vous n'établirez pas autour de vous un climat de bonne et cordiale entente. Restez vigilant et maître de vos impulsions, car l'ambiance relationnelle sera tendue. À partir du 21, des opportunités s'offriront à vous. La pression va alors progressivement tomber. Profitez de ce bel aspect de fin de mois pour négocier, entreprendre des démarches et obtenir ce que vous désirez.

AMOUR

Un mois électrique, où le dialogue et l'échange semblent vouer à l'échec. N'essayez pas, coûte que coûte, d'aplanir les tensions ou les conflits : vous ne feriez qu'enflammer les passions. Attendez le 21. L'ambiance affective, bien qu'encore fragile, sera alors un peu plus détendue.

SANTÉ

Durant les quinze premiers jours, et surtout entre le 7 et le 14, des tensions nerveuses et une hypersensibilité pourront ébranler votre psychisme. Ne vous laissez pas submerger par vos émotions ; ayez une attitude morale ferme et positive. Un traitement, à base de vitamines et d'oligoéléments, pourra vous y aider. Soyez fort. Vous recouvrerez équilibre et tonus au cours de la seconde quinzaine ; tout s'arrangera alors.

ARGENT

Les trois premières semaines seront décevantes financièrement. Soyez vigilant. Les pertes seront plus nombreuses que les profits. Cet aspect négatif vous quittera le 21. À partir de cette date, le changement sera radical. Le cycle favorisera les rentrées d'argent. Vous allez pouvoir traiter les affaires qui étaient en suspens ou bloquées. Ce sera un bon moment pour vendre ou pour acheter. Votre esprit sera vif, alerte, et vous saurez saisir les opportunités.

SI VOTRE ANNÉE PERSONNELLE EST 6, VOICI VOS PRÉVISIONS POUR CE MOIS

TRAVAIL

Un mois positif dans l'ensemble. Professionnellement, on vous appréciera. Une promotion ou une reconnaissance de vos mérites va sans doute vous échoir, notamment pendant la première quinzaine. Le succès frappera alors à votre porte. Au-delà, maintenez le statu quo ; ne brusquez rien. La conjoncture vous sera favorable, vous allez vers de nouvelles responsabilités et, déjà, on vous le fait comprendre.

AMOUR

Si vous êtes célibataire, vous serez comblé. En effet, les trois premières semaines seront très propices aux rencontres. Vous ne saurez pas résister aux charmes de votre entourage, tant professionnel qu'amical. Ne vous impatientez pas, la relation sera longue à se concrétiser. Pour les non-célibataires, des tensions seront à craindre dans la seconde quinzaine du mois. Ne vous enfermez pas dans le mutisme ou dans la rancœur. Il vous faudra ouvrir le dialogue, aplanir les difficultés, trouver un équilibre, sinon les conflits vont s'intensifier dans les mois à venir. Il sera important de trouver des solutions positives lors de cette période.

SANTÉ

Ce mois, vous serez bien dans votre peau et dans votre tête. Vous aurez un punch et un dynamisme étonnants. Ceux qui ont démarré un traitement médical le mois dernier verront leur état général s'améliorer et sentiront sourdre en eux une vitalité nouvelle. Dans l'ensemble, un bon mois.

ARGENT

L'aspect financier sera favorable. Si l'on vous doit de l'argent, ce sera le moment de le réclamer, notamment pendant la première quinzaine. Vous saurez faire preuve de tact et de diplomatie pour arriver à vos fins. La période sera également excellente, pour traiter et conclure des achats et des ventes, surtout entre le 7 et le 14.

SI VOTRE ANNÉE PERSONNELLE EST 7, VOICI VOS PRÉVISIONS POUR CE MOIS

TRAVAIL

Vous voilà depuis peu dans un nouvau contexte, et vous avez décidé de vous adapter, de vous intégrer. Il vous faudra affronter les oppositions de vos collègues ou de vos collaborateurs. Évitez de heurter les sensibilités. Soyez diplomate, n'imposez pas vos points de vue. Vous devrez tenir compte de l'avis des autres. Observez, soyez discret, c'est dans l'ombre que vous progresserez.

AMOUR

Célibataires, c'est votre mois. Mis à part la première quinzaine frustrante, où vous vous sentirez seul, incompris, les nouveaux aspects de la seconde quinzaine vous mettront du baume au cœur. Une cascade de rencontres va vous chavirer le cœur. Les relations seront intenses, mais saurez-vous faire un choix ? Certains, très romantiques, ébaucheront une histoire d'amour platonique, qui les exaltera.

SANTÉ

L'hiver vous a fatigué. Le printemps qui arrive sera la période idéale pour revitaliser votre organisme. Votre état général a besoin de retrouver un bon équilibre. Faites de l'exercice, organisez-vous de grandes balades, mangez équilibré. Ne vous privez pas de tisanes, si vous les aimez ; elles vous aideront à retrouver votre forme.

ARGENT

Pendant ce mois, évitez de négocier des affaires importantes, car vous pourriez être la victime d'aigrefins. Méfiez-vous des vols, surtout durant la deuxième quinzaine, où un aspect de perte et d'échec prédominera. Donc, prudence et vigilance.

SI VOTRE ANNÉE PERSONNELLE EST 8, VOICI VOS PRÉVISIONS POUR CE MOIS

TRAVAIL

Votre professionnalisme n'est plus à démontrer. Vous êtes apprécié ; les promotions vont couronner votre réussite. Pour d'autres, les propositions et les projets nouveaux afflueront. Vous pourrez donner des accords de principe, mais surtout, pas de précipitation. Les affaires entreprises pendant ce mois verront leur aboutissement le mois prochain, ou le mois suivant ; certaines nécessiteront même un délai plus long. Entre le 7 et le 14, il y aura du nouveau dans l'air. Un excellent créneau, entre le 14 et le 21, vous permettra de négocier avec succès et de mener à bien certaines démarches dans votre milieu professionnel.

AMOUR

Les célibataires placeront leurs relations sur un plan plus intellectuel qu'émotionnel. Une rencontre sera possible ; elle vous bouleversera par son charme et son rayonnement. La deuxième quinzaine, vous serez en accord avec vous-même et, au-delà, vous nagerez dans la félicité. Les couples pourront connaître quelques tensions entre le 7 et le 14, mais tout s'arrangera à la fin du mois, où une sensualité aiguisée réconciliera les amoureux.

SANTÉ

Ce sera la grande forme. Une libido débordante vous fera croquer la vie à belles dents ; vous serez de véritables épicuriens.

ARGENT

Des aspects bénéfiques, pendant la première semaine et du 14 au 21, favoriseront les transactions financières. Prudence tout de même car, poussé par une farouche énergie, vous risquez de faire des erreurs. Soyez perspicace, et vous ferez des profits. Si vous avez envie de renouveler votre look, votre garde-robe, eh bien, faites-vous plaisir.

SI VOTRE ANNÉE PERSONNELLE EST 9, VOICI VOS PRÉVISIONS POUR CE MOIS

TRAVAIL

S'ouvre devant vous une période de remise en question professionnelle. En vous, une envie de rompre avec le passé, de repartir sur de nouvelles bases. Mais cela ne sera pas sans conflit ni heurt, comme vous le constaterez entre le 7 et le 21. La période favorisera les projets de restructuration, les nouveaux programmes, les nouvelles stratégies, et c'est avec efficacité que vous agirez après le 21.

AMOUR

Très émotif, vous aurez du mal à être objectif. Un mot ou une attitude maladroite, et vous aurez la sensation que le monde s'écroule autour de vous. Ne soyez pas si idéaliste. Ayez une attitude ouverte. Consolidez les relations déjà existantes, sinon les conflits s'intensifieront.

SANTÉ

Votre volonté de vous surpasser vous épuisera littéralement, d'où une augmentation du stress, se traduisant par d'éventuels troubles digestifs. Surveillez votre circulation sanguine. Si vous avez eu des problèmes de santé au cours des mois précédents, ménagez-vous afin d'éviter toute rechute.

ARGENT

Les bénéfices ne seront pas importants, ce mois-ci. Des retards et des contretemps seront à prévoir dans les rentrées d'argent. Pendant les trois premières semaines, il vous sera déconseillé de signer des accords financiers ou de faire des investissements, à moins qu'ils n'aient été étudiés attentivement. Il vous faudra prendre patience. Attendez quelques mois, que votre situation financière s'éclaircisse et reparte sur des bases solides.

SI VOTRE MOIS PERSONNEL EST 3

Voici les neuf différents mois personnels 3.
À l'aide du nombre de votre année personnelle (que vous avez calculé p. 21), vous allez rechercher votre mois personnel correspondant et lire vos prévisions.

Si votre année personnelle est : 1 voir p. 190
2 voir p. 191
3 voir p. 192
4 voir p. 193
5 voir p. 194
6 voir p. 195
7 voir p. 196
8 voir p. 197
9 voir p. 198

SI VOTRE ANNÉE PERSONNELLE EST 1, VOICI VOS PRÉVISIONS POUR CE MOIS

TRAVAIL

Que tous ceux qui sont doués d'un esprit de créativité et d'inventivité s'adonnent ouvertement à leurs talents et laissent libre cours à leur imagination. Ce mois les y engagera. Ils feront figures de véritables novateurs. Cependant, si vous n'avez pas de travail, sachez que le mois ne sera pas très propice aux démarches, mais privilégiera plutôt les projets. Des retards seront à craindre entre le 7 et le 21, et notamment entre le 14 et le 21. Après le 21, tout vous sera permis.

AMOUR

L'amour ne sera pas votre souci majeur, ce mois-ci. L'amitié au contraire occupera une place privilégiée dans votre vie et vous apportera tout le soutien nécessaire à votre équilibre. Les relations affectives seront malmenées entre le 14 et le 21, mais ne bouleverseront en rien votre situation.

SANTÉ

Les problèmes de santé rencontrés ces derniers mois ne connaîtront pas de nette amélioration. Votre organisme sera encore fragile. Vous serez anxieux, ce qui pourra déclencher une insuffisance hépatique. Détendez-vous. Organisez des sorties ou des soirées entre amis, c'est un excellent remède contre l'angoisse.

ARGENT

La première et la dernière semaine seront des périodes où vous pourrez réaliser des bénéfices intéressants. Profitez de cette même période pour toute demande de prêt, de crédit ou pour toute démarche auprès des banques. Il vous sera tout de même recommandé d'être vigilant dans vos investissements. Les ventes se concluront par des profits ; les achats, en revanche, seront plus judicieux le mois prochain.

SI VOTRE ANNÉE PERSONNELLE EST 2, VOICI VOS PRÉVISIONS POUR CE MOIS

TRAVAIL

Vous n'aurez pas l'esprit au travail. Vous aurez, en revanche, envie de profiter des bonnes choses de la vie. Vous nouerez de nouvelles amitiés ; vous rechercherez la nouveauté dans divers domaines. La créativité dominera ce mois, et vos idées novatrices favoriseront votre assise professionnelle. Des aspects positifs, particulièrement entre le 14 et le 21, vous feront faire un grand pas dans votre carrière.

AMOUR

L'amour et l'amitié vous combleront de tous leurs bienfaits. Vous aurez toutes les raisons du monde pour vous sentir bien dans votre peau. Les couples vivront des émotions intenses. Quant aux célibataires en quête d'amour, ils rencontreront un cœur libre, dans la première quinzaine.

SANTÉ

Vous serez vraiment en superforme. Votre énergie et votre dynamisme entraîneront votre entourage dans un tourbillon positif. Pour ceux qui désirent commencer un traitement ou une cure, la période la plus favorable ira du 14 au 21. Des jours clés : les 7, 16 et 25.

ARGENT

Les investissements seront protégés, ce mois-ci. Les trois premières semaines seront gratifiantes ; vous pourrez réaliser des profits importants. Sachez saisir les opportunités. Une idée géniale vous permettra d'augmenter vos revenus. Exploitez-la.

SI VOTRE ANNÉE PERSONNELLE EST 3, VOICI VOS PRÉVISIONS POUR CE MOIS

TRAVAIL

Quel mois ! Vous n'allez pas vous ennuyer. Vous allez devoir faire preuve de beaucoup de capacités d'adaptation et d'une bonne dose de perspicacité pour faire face à tous les bouleversements au sein de votre travail. Entre le 7 et le 21, il semblerait que de nouvelles responsabilités s'offrent à vous. Saisissez les opportunités, adaptez-vous, et les promotions seront gratifiantes.

AMOUR

Des tensions affectives avec votre partenaire, entre le 7 et le 21, affecteront votre moral. Voyez des amis, leur chaude amitié vous sera d'un grand réconfort. Sortez, détendez-vous, vous aurez besoin de vous évader, de vivre des situations nouvelles.

SANTÉ

Attention ! La prudence sera recommandée, surtout à ceux qui ont des troubles rénaux ou urinaires. Ce mois prédisposera aux rechutes. Pour les autres, la tension nerveuse que vous subirez quotidiennement pourra provoquer des dermatoses (psoriasis, eczéma, etc.).

ARGENT

Excellent financièrement, le mois favorisera les investissements et les transactions. Il vous sera conseillé d'agir entre le 1er et le 7, et entre le 14 et le 21.

SI VOTRE ANNÉE PERSONNELLE EST 4, VOICI VOS PRÉVISIONS POUR CE MOIS

TRAVAIL

Ce mois s'annonce excellent. Les aspects seront très favorables à la réussite de vos objectifs. Ce sera le moment de faire connaître vos idées et de les faire approuver. Des obstacles, des retards freineront peut-être votre progression pendant la première quinzaine, surtout du 7 au 14. Ne vous découragez pas, ce ne sera que passager. Foncez, car la dernière semaine sera gratifiante. Les investissements de ces derniers mois porteront leurs fruits dans la seconde quinzaine. Il vous sera conseillé de ne pas innover entre le 7 et le 14.

AMOUR

Méfiez-vous des rencontres amoureuses que vous ferez pendant la deuxième semaine, elles ne vous amèneront que des déceptions. Ne perdez pas votre temps, la dernière semaine vous réservera des surprises très agréables. L'imprévu sera au rendez-vous.

SANTÉ

La première quinzaine, votre organisme sera fragilisé. Il faudra attendre la deuxième quinzaine, pour sentir une amélioration et, à partir du 21, un aspect harmonieux viendra rétablir l'équilibre. Si cela vous est possible, attendez le mois prochain pour commencer de nouveaux traitements.

ARGENT

La vigilance sera de rigueur la deuxième semaine, des pertes pouvant survenir pendant cette période. Au-delà, l'aspect sera très positif. Ce sera le moment d'investir, de lancer de nouveaux projets. Vous pourrez obtenir l'aide de gens influents ou des appuis financiers. Deux jours forts à signaler : le 15 et le 16. Foncez.

SI VOTRE ANNÉE PERSONNELLE EST 5, VOICI VOS PRÉVISIONS POUR CE MOIS

TRAVAIL

Un mois créatif et constructif. Vous serez inspiré pour mettre en place et réaliser de nouveaux projets. Votre esprit fourmillera d'idées, que vous aurez les moyens de concrétiser. Tout se déroulera dans une ambiance conviviale, amicale et agréable. Le travail ne vous semblera ni lourd, ni pénible. Vous l'aborderez de façon ludique. Profitez de cet état d'esprit pour vous lancer des challenges, des défis : vous atteindrez vos objectifs. À partir du 25, les projets se matérialiseront ; l'activité sera alors à son summum.

AMOUR

Rencontres et amitiés donneront un côté passionnel et très agréable à vos journées de travail. Rien néanmoins qui ne puisse déboucher sur une relation durable, sur un parfait équilibre. Les personnes, qui sont en couple, vibreront à l'unisson et échafauderont des plans pour l'avenir.

SANTÉ

Rien d'important à signaler. Si vous êtes soucieux de votre image, sachez que cette période sera tout à fait indiquée pour régler les petits problèmes liés à l'esthétique. Les médecines douces (homéopathie, phytothérapie, etc.) sont des médications qui vous conviendront parfaitement ce mois-ci.

ARGENT

D'importantes rentrées d'argent stabiliseront vos finances et, pour certains, permettront d'investir dans des biens mobiliers ou immobiliers. Ceux que des problèmes d'argent poursuivaient depuis plusieurs mois trouveront enfin les solutions salvatrices. L'amélioration s'est amorcée depuis mai, et ce mois-ci connaît une évolution financière particulièrement importante. Vous pourrez faire fructifier vos économies entre le 7 et le 14.

SI VOTRE ANNÉE PERSONNELLE EST 6, VOICI VOS PRÉVISIONS POUR CE MOIS

TRAVAIL

Vous aurez tendance à vous disperser dans diverses activités et à vous éparpiller. Il est vrai que, professionnellement, le mois sera agité mais ne vous laissez pas submerger par des émotions qui pourraient être nuisibles à votre équilibre. Le moyen de bien vivre cet aspect sera de s'investir dans des activités créatives et de privilégier la communication.

AMOUR

Votre très grande sensibilité vous poussera à rechercher la tendresse, les câlins, les mots doux. Pour combler ce besoin, vous sortirez et, par l'intermédiaire de vos amis, vous pourrez faire une rencontre. Pour les couples, balades, sorties, week-ends à la découverte de nouveaux horizons resserreront les liens.

SANTÉ

Vous jouissez d'une bonne résistance physique, mais faites tout de même attention ! À toujours courir, vous finirez par vous épuiser. Surveillez votre alimentation car elle risque d'être soumise à rude épreuve, lors de vos marathons. Ménagez-vous dans la seconde quinzaine, et notamment entre le 14 et le 21, où le surmenage pourrait altérer votre équilibre psychique.

ARGENT

La prudence sera de rigueur, dans le domaine financier. Il va falloir freiner votre envie de vivre largement, surtout au cours de la seconde quinzaine. Vous voudrez épater vos amis, en jouant les grands seigneurs. Vous aurez tendance à jeter votre argent par les fenêtres. Attention, ce ne sera pas le moment de « frimer ».

SI VOTRE ANNÉE PERSONNELLE EST 7, VOICI VOS PRÉVISIONS POUR CE MOIS

TRAVAIL

Le moment est venu de faire avancer vos projets et d'œuvrer pour le succès de vos entreprises. Votre acuité intellectuelle est à son apogée : vous évaluerez très vite les situations, remettant en question, si nécessaire, des points qui vous paraissent obscurs et qui freinent votre progression. Du 7 au 14 et après le 21, vous mènerez vos démarches et vos affaires avec brio.

AMOUR

Pendant ce mois, vous aurez envie de goûter aux plaisirs de la vie, mais en véritable épicurien, c'est-à-dire qu'il s'agira d'un plaisir plus cérébral que physique. En effet, c'est l'amour platonique qui vous stimulera. Vous serez mu par le désir de rencontrer, encore et encore, des personnalités différentes, qui enrichiront votre connaissance de l'âme humaine. Certaines rencontres pourront influer sur votre carrière. Les couples se passionneront pour un même idéal, et cela les rapprochera.

SANTÉ

Votre état général est satisfaisant. Les problèmes de santé, qui se sont déclarés les mois précédents, seront en amélioration. Quelques tensions nerveuses, entre le 14 et le 21, vous perturberont.

ARGENT

Profitez de ces bons aspects pour réaliser des investissements. Si vous désirez dépenser pour vous, n'hésitez pas : faites-vous plaisir. Il n'y a pas grand risque car vous serez beaucoup plus mesuré dans vos rapports avec l'argent que le mois dernier.

SI VOTRE ANNÉE PERSONNELLE EST 8, VOICI VOS PRÉVISIONS POUR CE MOIS

TRAVAIL

Entre le 1er et le 21, les contacts, dans le cadre professionnel, s'avéreront fructueux. Peut-être quelques frictions ou une légère instabilité, mais rien de nature à bloquer votre progression. Certaines réalisations seront en fait l'aboutissement des contacts pris ces derniers mois. Les projets se concrétiseront. Profitez de ces trois semaines pour matérialiser vos objectifs. Au-delà du 21, la période sera dévolue à tout ce qui est administratif. Veillez à ne pas négliger les détails.

AMOUR

La vibration sera favorable aux relations affectives éloignées. Les couples vivant ensemble traverseront au contraire des périodes de tensions, faites de ruptures et de réconciliations. Vous supporterez difficilement vos proches ; vous aurez besoin de rencontrer des gens et de parler.

SANTÉ

Une vie sociale bien remplie et de bons repas bien arrosés peuvent à la longue fatiguer votre organisme. Soyez vigilant. Aussi, vers la fin du mois, après ces agapes, vous sera-t-il conseillé d'éliminer les toxines par des activités physiques et un sérieux régime.

ARGENT

Les perspectives financières seront excellentes et vous pourrez même engranger, en vue de périodes moins fastes. Profitez de la première quinzaine pour réaliser tous vos investissements et toutes vos transactions car, la dernière semaine, vous rencontrerez quelques retards et quelques oppositions.

SI VOTRE ANNÉE PERSONNELLE EST 9, VOICI VOS PRÉVISIONS POUR CE MOIS

TRAVAIL

Attention ! La première quinzaine du mois sera très instable, pleine de contradictions, et l'illusion risquera de vous entraîner vers des chimères. Soyez circonspect vis-à-vis des relations nouvelles qui vous seront présentées. Les amis de longue date seront des appuis plus sûrs. Ils pourront vous offrir des opportunités intéressantes. La deuxième quinzaine, vous serez amené à rectifier le tir et à vous orienter différemment. En fin de mois, des responsabilités nouvelles vous seront proposées. Réfléchissez bien avant d'accepter, la tâche sera épuisante.

AMOUR

Eh bien, ce mois-ci, vous aurez envie de jeter votre bonnet par-dessus les moulins ! Prenez garde, ce ne sera pas du goût de votre partenaire : les reproches vont fuser, les conflits vont éclater. À bon entendeur…

SANTÉ

Soyez très vigilant. Votre organisme est malmené. Surveillez votre état général. Ménagez-vous, ce n'est pas le moment de prendre des risques.

ARGENT

Vos finances vont mal en ce moment. Vous aurez peut-être besoin d'aide pour boucler des échéances. Durant les trois premières semaines, vous vous débattrez dans un climat de luttes et de complications sans fin. Prenez du recul. Il faudra attendre le 21 et au-delà pour qu'un aspect favorable vienne remettre un peu d'ordre dans vos finances.

SI VOTRE MOIS PERSONNEL EST 4

Voici les neuf différents mois personnels 4.
À l'aide du nombre de votre année personnelle (que vous avez calculé p. 21), vous allez rechercher votre mois personnel correspondant et lire vos prévisions.

Si votre année personnelle est : 1 voir p. 200
2 voir p. 201
3 voir p. 202
4 voir p. 203
5 voir p. 204
6 voir p. 205
7 voir p. 206
8 voir p. 207
9 voir p. 208

SI VOTRE ANNÉE PERSONNELLE EST 1, VOICI VOS PRÉVISIONS POUR CE MOIS

TRAVAIL

La première semaine (du 1er au 7 très exactement), sera une période très constructive où vous aurez tout intérêt à vous organiser et à agir avec méthode. Du 7 au 14, le climat sera légèrement instable, mais cela ne durera pas. Soyez patient. Entre le 14 et le 21, une semaine très bénéfique s'ouvrira devant vous. Vos relations professionnelles prendront une autre dimension, et vous pourrez envisager un rayon d'action plus large. Après le 21, prenez du recul. Laissez pousser ce que vous avez semé. Occupez-vous essentiellement des questions administratives. Évitez les investissements et les nouveaux contacts.

AMOUR

Préoccupé par votre carrière, l'amour ce mois-ci passera au second plan. Votre partenaire se sentira bien seul. Vous ne saurez pas vous détendre et apprécier les tête-à-tête amoureux.

SANTÉ

Soyez vigilant. Une surcharge d'activités pourrait entamer votre résistance physique et réveiller des maux anciens. Du calme, relaxez-vous !

ARGENT

Vous risquerez tout au long de ce mois de vous sentir considérablement limité dans vos ambitions financières. Beaucoup de luttes en perspective, qui n'amèneront pas de bénéfices immédiats mais qui se révéleront fructueuses dans les mois à venir.

SI VOTRE ANNÉE PERSONNELLE EST 2, VOICI VOS PRÉVISIONS POUR CE MOIS

TRAVAIL

Ce mois sera très chargé en activités professionnelles. Il exigera un rythme de travail soutenu et un effort intense de votre part. Vous serez surchargé de travail ; vous vous sentirez surmené. De plus, vos supérieurs seront très exigeants. Ne vous autorisez aucune négligence, chaque détail aura son importance. Évitez de vous emporter, car cela vous serait préjudiciable. Maîtrisez votre nervosité, votre impulsivité, et tout se passera bien. La première quinzaine sera très constructive. Vous bâtirez et planifierez. Les projets, échafaudés cette quinzaine subiront quelques retards dans les mois à venir, mais ils se matérialiseront en fin d'année ou dans le courant de l'année prochaine. Ne soyez donc pas impatient. La troisième semaine (entre le 14 et le 21), des changements et des impondérables viendront modifier vos plans. Au-delà du 21, de nouvelles responsabilités vous seront confiées. Voilà un mois bien rempli, où il vous faudra déployer toute votre énergie. Préparez-vous et puisez dans vos réserves d'énergie !

AMOUR

L'amour sera peut-être au rendez-vous pour les célibataires, surtout dans la dernière semaine du mois. Si vous êtes en couple, des tensions seront à craindre dans la dernière semaine. Soyez attentionné avec votre partenaire, ou on ne manquera pas de vous le reprocher.

SANTÉ

Un conseil : ne vous laissez pas submerger par le travail. Prenez du recul, détendez-vous et occupez-vous de votre corps. Voyez votre dentiste, des problèmes dentaires pourraient surgir ce mois-ci.

ARGENT

Il semblerait que vous soyez à même de réaliser des affaires lucratives. Des propositions financières, notamment dans le domaine de l'immobilier, pourront se présenter. N'hésitez pas, saisissez-les. Les investissements seront favorisés en ce mois d'avril, surtout pendant la première quinzaine. Au-delà, soyez vigilant.

SI VOTRE ANNÉE PERSONNELLE EST 3, VOICI VOS PRÉVISIONS POUR CE MOIS

TRAVAIL

Un mois difficile, tendu. Vous serez déstabilisé dans votre travail. Vous étiez confiant et plein d'espoir, et vous voilà surpris et déçu. Les projets que vous aviez bâtis risqueront d'être retardés et les promesses que l'on vous avait faites ne seront pas tenues. Des obstacles viendront contrarier votre progression. Prenez du recul, évitez de vous engager, de vous mettre trop en avant, surtout pendant les trois dernières semaines. Soyez très vigilant entre le 7 et le 14.

AMOUR

Vous voilà déçu, contrarié, mal dans votre peau. Votre partenaire aura sur vous un regard peu flatteur. Tâchez de ne pas tomber dans les excès d'humeur qui vous nuiraient considérablement. Surveillez votre langage et votre comportement. Patientez : le mois prochain, tout ira mieux.

SANTÉ

Soyez vigilant, surtout entre le 7 et le 21. Ceux qui connaissent des problèmes osseux ou dentaires devront se faire suivre. Si vous le pouvez, évitez les nouveaux traitements et les interventions, pendant cette période.

ARGENT

Les investissements faits le mois dernier auront leurs retombées financières ce mois-ci. Soyez prudent entre le 7 et le 21. Au-delà du 21, les aspects s'harmoniseront, mais il vaudrait mieux attendre le mois prochain pour entreprendre de nouvelles démarches.

SI VOTRE ANNÉE PERSONNELLE EST 4, VOICI VOS PRÉVISIONS POUR CE MOIS

TRAVAIL

Vous réviserez vos plans pour, au besoin, rectifier le tir. Vous mettrez un terme aux activités qui jusque-là vous surmenaient. Vous n'hésiterez pas à faire de nouveaux investissements. Professionnellement, le mois ne sera pas négatif dans l'ensemble, mais des difficultés seront à prévoir dans la deuxième semaine (entre le 7 et le 14), et aux alentours du 21. Vous serez surmené, tendu, inquiet, ne sachant pas quel parti prendre parmi toutes les possibilités qui s'offrent à vous. Prudence dans vos nouveaux engagements, entre le 7 et le 14. La situation semble s'arranger après le 21 et jusqu'à la fin du mois.

AMOUR

Durant ce mois, vous serez soucieux. Vous ferez des rencontres inattendues, qui vous perturberont. Vous ne saurez plus que penser. Vous y verrez plus clair vers la fin du mois. Du 7 au 14 sera, sur le plan affectif, la période la plus difficile à traverser.

SANTÉ

Ce ne sera pas la superforme. Soyez vigilant, car vous êtes en perte de vitalité. Ménagez vos forces et accordez-vous des temps de repos. Il serait bon que vous fassiez un bilan. Envisagez également un traitement à base d'oligoéléments.

ARGENT

Si vous espériez de fortes rentrées d'argent en ce début de mois, vous risquez d'être déçu. Des pertes seront même à prévoir au cours des trois premières semaines. Mais ne vous découragez pas car, la dernière semaine, vous pourrez augmenter vos revenus. Restez très prudent dans vos investissements durant la première quinzaine. Entre le 7 et le 14, vous serez enfin récompensé des efforts fournis ces mois derniers. Mais, attention ! Les retombées seront proportionnelles au travail fourni précédemment : si vous avez manqué de méthode ou de précision, au lieu d'être récompensé, vous serez sanctionné.

SI VOTRE ANNÉE PERSONNELLE EST 5, VOICI VOS PRÉVISIONS POUR CE MOIS

TRAVAIL

La première quinzaine, des aspects très favorables vous permettront d'élargir vos perspectives professionnelles, d'aborder un nouveau profil de carrière et, surtout, de consolider votre position. La deuxième quinzaine, des blocages et des tensions apparaissent. Si vous le pouvez, profitez-en pour prendre des vacances. Sinon, contentez-vous de la routine habituelle. Un surcroît d'activités n'apporterait pas les résultats escomptés.

AMOUR

Célibataires, vous vous sentirez bien seuls pendant les trois premières semaines. La fin du mois vous consolera et vous apportera bien des joies. Après une période de remises en question durant la première quinzaine, les couples seront prêts à repartir sur de nouvelles bases et leurs liens affectifs s'en trouveront resserrés.

SANTÉ

Votre état général sera perturbé. La première quinzaine, des problèmes anciens pourront réapparaître. Ne dites pas : « ça passera » mais soignez-vous. La deuxième quinzaine, surtout entre le 14 et le 21, vous serez épuisé, oppressé, et même ceux qui sont en vacances auront l'impression de ne pas se détendre. N'hésitez pas à recourir aux médecines dites douces, pour une bonne remise en forme.

ARGENT

Financièrement, vous aurez l'occasion, au cours de la première quinzaine, d'augmenter votre potentiel financier et de faire fructifier vos économies. La première semaine sera très favorable, les 6 et 15 du mois seront des jours clés. Les investissements seront déconseillés après le 15. Dans l'ensemble, des retards seront à prévoir dans les rentrées d'argent concernant d'anciennes affaires. Patientez, la fin du mois et le début du mois prochain amèneront des temps de détente.

SI VOTRE ANNÉE PERSONNELLE EST 6, VOICI VOS PRÉVISIONS POUR CE MOIS

TRAVAIL

Des opportunités exceptionnelles se présenteront entre le 7 et le 14 et bouleverseront vos projets professionnels. Vous voilà, encore une fois, amené à changer de cap. Vous avez les compétences requises et on se chargera de vous le rappeler. Sachez exploiter tous ces atouts. Après le 14, commencera une période plus difficile, où il vous faudra faire preuve de prudence. Les points critiques seront les 14, 15, 21, 22 et 23.

AMOUR

Pendant ce mois-ci, la priorité des priorités, pour vous, ce sera la carrière. Vous aurez l'esprit monopolisé par un surcroît de responsabilités et vous ne serez pas d'humeur à batifoler. Votre partenaire se sentira bien seul.

SANTÉ

Vous êtes beaucoup trop surmené : trop de choses à penser, de détails à mettre au point, de projets à mettre en place. Une cure de magnésium et de phosphore vous fera le plus grand bien.

ARGENT

Dans l'ensemble, un mois favorable. Pendant la première quinzaine, vous pourrez négocier d'excellentes affaires financières. Reportez-vous au calendrier numérologique pour saisir les jours et les créneaux horaires les plus favorables. Si l'on vous doit de l'argent, ce sera le moment de le réclamer.

SI VOTRE ANNÉE PERSONNELLE EST 7, VOICI VOS PRÉVISIONS POUR CE MOIS

TRAVAIL

Les nouveaux projets que l'on vous soumet vous laisseront perplexe... même sceptique, et vous aurez bien raison. Les propositions faites pendant la première quinzaine se révéleront instables et ne vous apporteraient que des déceptions. Mettez cette période à profit pour faire le point, réviser vos méthodes de travail, apporter des améliorations. Ainsi, la seconde quinzaine, vous vous sentirez fort d'une nouvelle expérience professionnelle.

AMOUR

Quelle agressivité ! du calme ! Vous vous sentirez étouffé, prisonnier d'une relation que vous avez pourtant choisie. Vous ne saurez plus où vous en êtes et vous remettrez tout en question. Ne prenez pas de décisions importantes concernant votre vie affective. Maîtrisez plutôt votre impulsivité ; soyez prudent.

SANTÉ

Pendant la première quinzaine, vous serez dépressif. N'accordez pas plus d'importance aux choses qu'elles n'en ont véritablement. Relaxez-vous. La marche, le footing et la gymnastique seront des activités qui vous détendront. Vous noterez une amélioration progressive durant la deuxième quinzaine.

ARGENT

L'aspect financier sera en baisse, ce mois-ci, mais n'essayez pas d'y remédier, en vous lançant dans des affaires apparemment fructueuses. Elles se révéleraient rapidement n'être que des spéculations hasardeuses et se solderaient par des échecs. Soyez donc prudent. Ne faites pas d'investissement. Si vous devez entreprendre des démarches, afin de régler de délicates questions financières, faites-le entre le 14 et le 21. Un aspect favorable vous le permettra également le 24 (voir le calendrier numérologique).

SI VOTRE ANNÉE PERSONNELLE EST 8, VOICI VOS PRÉVISIONS POUR CE MOIS

TRAVAIL

Tout au long de ce mois, le climat sera très contradictoire. La première semaine (jusqu'au 7) et la dernère semaine (dès le 21) stimuleront en vous de nouvelles idées constructives et très prometteuses pour l'avenir. Les conditions de travail connaîtront une évolution rapide. Entre le 7 et le 14, vous serez sollicité de toutes parts et risquerez de vous éparpiller, sans résultat. Du 14 au 21, vous rencontrerez des obstacles. Pendant ces deux périodes (du 7 au 14 et du 14 au 21), vos paroles et vos actions seront mal interprétées : ce ne sera donc surtout pas le moment de faire des revendications.

AMOUR

En amour comme dans le travail, ce mois sera plein de contradictions. Pour certains célibataires, les relations affectives permettront d'envisager une amélioration professionnelle et financière. Pour les couples en revanche, elles seront conflictuelles et même explosives.

SANTÉ

Vous rêvez d'évasion. N'hésitez pas. La nature vous sera salutaire, surtout entre le 14 et le 21. En butte à des tribulations professionnelles sans fin, vous aurez intérêt à prendre du recul. Occupez-vous de votre bien-être. Les efforts que vous ferez, la discipline que vous vous imposerez, seront plus bénéfiques que n'importe quel nouveau traitement.

ARGENT

Vos idées seront très productives dans la première et la dernière semaine. Les investissements que vous réaliserez alors seront sans doute très porteurs. Votre efficacité dans ce domaine sera décuplée et vos compétences reconnues. Foncez. Entre le 14 et le 21, soyez très prudent au contraire car des pertes seront à prévoir.

SI VOTRE ANNÉE PERSONNELLE EST 9, VOICI VOS PRÉVISIONS POUR CE MOIS

TRAVAIL

Ce mois-ci, ce sera le parcours du combattant. Vous perdrez vos acquis ; vous vous engagerez dans de nouveaux projets qui ne tiendront pas la route. Soyez prudent, particulièrement entre le 7 et le 23. Suivez bien le calendrier numérologique, afin d'éviter le pire.

AMOUR

Vous vous sentirez déstabilisé dans votre vie affective. La baisse d'énergie que vous subirez vous rendra très émotif, hypersensible même. Votre jugement s'en trouvera faussé. Faites le gros dos et évitez de prendre des décisions importantes. Le temps se chargera de régler tous les problèmes.

SANTÉ

Si vous avez déjà des problèmes de santé, ce mois n'apportera aucune amélioration notable. Au moindre symptôme, consultez un médecin. Il vaut mieux prévenir que guérir.

ARGENT

La situation n'évoluera guère pendant la première quinzaine. Vous aurez l'impression que tout stagne. Ne vous laissez pas abuser par les nouvelles situations qui pourront se présenter dans la deuxième quinzaine… Elles ne seront qu'illusions. Le mois n'apportera pas de solutions à vos problèmes. Prudence et patience seront les seules voies de la sagesse. Tout se réglera le mois prochain.

SI VOTRE MOIS PERSONNEL EST 5

Voici les neuf différents mois personnels 5.
À l'aide du nombre de votre année personnelle (que vous avez calculé p. 21), vous allez rechercher votre mois personnel correspondant et lire vos prévisions.

Si votre année personnelle est : 1 voir p. 210
2 voir p. 211
3 voir p. 212
4 voir p. 213
5 voir p. 214
6 voir p. 215
7 voir p. 216
8 voir p. 217
9 voir p. 218

SI VOTRE ANNÉE PERSONNELLE EST 1, VOICI VOS PRÉVISIONS POUR CE MOIS

TRAVAIL

Si, ces derniers temps, rien ne se passait comme vous l'espériez, il semblerait que ce mois-ci, tout finisse par s'arranger. Vous aurez d'heureuses initiatives, vous permettant de régler des situations jusque-là confuses. Des propositions nouvelles se présenteront et accéléreront votre progression, tout particulièrement du 21 à la fin du mois. Les voyages et les déplacements seront placés sous de bons augures.

AMOUR

Le mois se déroulera dans un climat passionnel. Entre le 14 et le 21, les célibataires feront des rencontres enflammées ou captivantes. Ceux qui vivent déjà une relation affective connaîtront peut-être quelques petites frictions, entre le 7 et le 14. Mais, dans l'ensemble, c'est un mois où l'amour sera vécu harmonieusement et intensément.

SANTÉ

Quelle énergie débordante ! Modérez vos élans ; ne brûlez pas la chandelle par les deux bouts. Attention aux abus : votre état général en subirait les contrecoups et en serait perturbé.

ARGENT

Votre sens développé de l'intuition vous permettra de mener à bien d'excellentes affaires. Aussi, profitez-en pour placer et spéculer pendant la première semaine. Vous aurez des retombées très satisfaisantes dans les semaines à venir. Préférez les 5 et 17 de ce mois, qui seront des jours franchement exceptionnels.

SI VOTRE ANNÉE PERSONNELLE EST 2, VOICI VOS PRÉVISIONS POUR CE MOIS

TRAVAIL

Un changement se profile à l'horizon. Mais pour l'instant, jouez la carte de la prudence. Ne quittez pas votre emploi, sous prétexte que le contexte professionnel est tendu, ou que les relations sont trop conflictuelles. Votre position sera très délicate. La première quinzaine, vous aurez une mauvaise évaluation de la situation. Ne vous bercez pas d'illusions. Prenez du recul : vous y verrez plus clair après le 21. En attendant, ne prenez aucune décision. Ne lâchez pas la proie pour l'ombre.

AMOUR

Vous serez sur un terrain mouvant ce mois-ci. Vous subirez des tensions, qui affecteront vos relations ; il y aura de la rupture dans l'air. Vous aspirerez à un renouvellement, mais ce ne sera pas le moment. Patientez et soyez prudent dans vos choix et dans vos décisions.

SANTÉ

Vous ne serez pas au mieux de votre forme la première quinzaine, notamment entre le 7 et le 14, où de petits maux pourront survenir. Il faudra attendre le 14, pour connaître un renouveau psychologique et physiologique. La période sera alors propice à la prise de traitements nouveaux ou aux interventions chirurgicales.

ARGENT

Ce sera un peu la débandade dans les trois premières semaines, et plus particulièrement entre le 7 et le 21. Vous attendiez des changements d'ordre financier, voilà qu'ils sont d'ordre personnel et professionnel. Le mieux sera d'attendre le 21, où des aspects nouveaux vous permettront de trouver des solutions à vos problèmes financiers et, en tout cas, de prendre un bon bol d'oxygène.

SI VOTRE ANNÉE PERSONNELLE EST 3, VOICI VOS PRÉVISIONS POUR CE MOIS

TRAVAIL

Vos affaires seront en pleine expansion tout au long du mois, et particulièrement dans la seconde quinzaine. Un surcroît de travail, entre le 14 et le 21, vous mobilisera complètement. Vous serez contraint de laisser de côté les opportunités qui se seront présentées entre le 1er et le 15. Les projets élaborés pendant cette première quinzaine connaîtront une bonne évolution et se concrétiseront progressivement dans les mois à venir.

AMOUR

Les célibataires, vous allez vous jeter dans un tourbillon de relations passionnelles enrichissantes, mais sans lendemain, pouvant même déborder dans votre cadre professionnel. Amusez-vous, mais ne tombez pas amoureux. Ce mois-ci, votre pouvoir de séduction fera de vous un être irrésistible. Vous saurez trouver les mots, les gestes et les attitudes, qui enflammeront le cœur de votre partenaire.

SANTÉ

Ce mois sera idéal pour recouvrer un bon équilibre, si vous avez connu des problèmes. Profitez-en pour faire un check-up. Certains envisageront de changer de look, ce qui leur donnera un moral d'acier.

ARGENT

Les démarches que vous entreprendrez dans le domaine financier seront fructueuses, surtout entre le 7 et le 14. En effet, la période sera favorable pour obtenir l'appui de votre banquier ou pour traiter de points financiers avec vos clients ou avec vos collaborateurs (voir le calendrier personnel pour saisir les meilleurs créneaux horaires). Dans l'ensemble, vos finances seront protégées tout au long du mois. Peut-être de petits contretemps au-delà du 21, mais rien de grave.

SI VOTRE ANNÉE PERSONNELLE EST 4, VOICI VOS PRÉVISIONS POUR CE MOIS

TRAVAIL

Vous venez de traverser des mois difficiles. Il vous reste encore quelques problèmes à régler mais ensuite, une phase de reconstruction et de stabilisation s'amorcera, notamment entre le 1er et le 21. Vous serez amené, dans le cadre de votre travail, à effectuer des déplacements et des démarches qui aboutiront favorablement. Soyez opiniâtre et persévérant. Vous serez peut-être obligé de renouveler déplacements et démarches, mais vous arriverez à vos fins. Ne vous découragez pas.

AMOUR

Sur le plan affectif, vous serez très instable pendant les trois premières semaines. Dans le tourbillon de vos déplacements et de vos contacts, vous ferez de nombreuses rencontres, sans grande importance et sans lendemain. Il faudra attendre la dernière semaine pour connaître un aspect favorable.

SANTÉ

Une énergie nouvelle vous rendra punch et confiance en vous. Malgré les problèmes existants, vous arriverez à vaincre vos angoisses et les troubles qui peuvent subsister sur le plan physique. La première semaine sera tout particulièrement favorable à la prise de traitements nouveaux.

ARGENT

Quelles que soient les difficultés que vous avez pu rencontrer ces derniers mois, vous parviendrez à contrôler vos finances. Vous repartirez alors sur de nouvelles bases, notamment dans la deuxième semaine et plus sûrement encore à la fin du mois où, là, des rentrées inattendues vous donneront un second souffle. Soyez prêt à saisir les opportunités qui se présenteront à vous.

SI VOTRE ANNÉE PERSONNELLE EST 5, VOICI VOS PRÉVISIONS POUR CE MOIS

TRAVAIL

Ce mois-ci, vous serez créatif et rechercherez avant tout la nouveauté. Foncez, vous serez performant et vos projets s'accéléreront. Entre le 7 et le 14, vous vous sentirez épanoui, bien ancré dans votre milieu professionnel. Au-delà du 21, commencera une période dynamique.

AMOUR

Le climat sera passionnel. Pendant les trois premières semaines, vous garderez néanmoins la tête froide. Au-delà du 21, vous jouerez la carte de la provocation, du charme, de la conquête. Cependant, vous vous lasserez vite de ce petit jeu. En effet, vous éprouverez le besoin d'améliorer vos relations amicales, professionnelles, de resserrer vos liens affectifs et de ne pas rechercher, en permanence, les sensations fortes.

SANTÉ

Il faudra vous reposer, recharger votre organisme. Les escapades dans la nature seront le meilleur remède et vous permettront de faire le plein d'oxygène. Les sportifs seront en pleine forme la première quinzaine : un punch du tonnerre !

ARGENT

La première quinzaine sera ouverte aux discussions financières. Soyez prudent dans vos investissements, à moins qu'ils ne soient la suite logique de projets élaborés les mois précédents. Aux alentours du 15 et jusqu'au 21, des tensions surgiront, suite à des dépenses exagérées et peut-être au-dessus de vos moyens. Ne cédez pas à vos désirs de luxe.

SI VOTRE ANNÉE PERSONNELLE EST 6, VOICI VOS PRÉVISIONS POUR CE MOIS

TRAVAIL

Ce mois sera instable et difficile à vivre. Si vous attendez, de la part de vos collaborateurs ou de vos supérieurs, des certitudes, eh bien, vous serez déçu. La seconde quinzaine, des retards et des impondérables vous obligeront à rectifier le tir, à envisager de nouveaux projets, à faire de nouveaux plans. Évitez, durant cette période, les démarches dans votre cercle professionnel ; elles seront vouées à l'échec et pourront même aggraver une situation déjà instable.

AMOUR

Sur le plan affectif, ça va bouger ! Si vous êtes seul, vous vous bercerez d'illusions. Si vous êtes en couple, l'atmosphère sera tendue. Vous éprouverez quelques difficultés à régler certains problèmes anciens, risquant de mettre en péril votre relation. Une forte sensualité, entre le 7 et le 14, pourra vous amener à vivre des moments passionnés. Faites attention ! Essayez de mettre un peu d'ordre dans vos sentiments.

SANTÉ

La première quinzaine sera favorable aux bons rétablissements. La seconde quinzaine, surtout entre le 14 et le 21, les nouveaux traitements seront moins efficaces. Vous devrez, si vous le pouvez, repousser toute intervention chirurgicale.

ARGENT

Vous allez pouvoir équilibrer vos finances, malgré le climat électrique qui régnera durant les trois premières semaines. Jusqu'au 7 du mois et au-delà du 25, vous stabiliserez votre budget et trouverez le moyen de réaliser de nouvelles affaires. Vous ferez des rencontres qui, financièrement, vous permettront d'augmenter largement les objectifs que vous vous étiez fixés.

SI VOTRE ANNÉE PERSONNELLE EST 7, VOICI VOS PRÉVISIONS POUR CE MOIS

TRAVAIL

Soyez réaliste et rationnel, n'ayez pas des ambitions dépassant vos possibilités ! N'écoutez pas le chant des sirènes... Un esprit de bonne camaraderie régnera dans votre travail, durant la première quinzaine et au-delà du 21.

AMOUR

Gardez les pieds sur terre. Vous pourrez connaître des tensions affectives, durant la première semaine. Soyez prudent et réfléchi dans vos décisions. La dernière semaine, une rencontre, passagère mais agréable, pourra perturber quelque peu votre vie.

SANTÉ

Un état de surexcitation pourra vous amener à commettre des excès. Des tensions cérébrales vous feront passer de l'euphorie à l'état dépressif. Soyez vigilant. Ce mois-ci, vous l'avez remarqué, la discipline sera de rigueur sur les plans matériel, affectif et, naturellement, dans le domaine de la santé.

ARGENT

Un changement radical va venir bouleverser votre situation financière. Des solutions inattendues se présenteront à vous et vous donneront un sérieux coup de pouce. Soyez confiant. La période qui s'étend du 7 au 25 sera sans doute la plus prospère (voir le calendrier numérologique).

SI VOTRE ANNÉE PERSONNELLE EST 8, VOICI VOS PRÉVISIONS POUR CE MOIS

TRAVAIL

Encore quelques épreuves à traverser et vous verrez le bout du tunnel. Les différents projets, que vous avez amorcés le mois dernier, vont connaître une évolution heureuse. Pendant la première semaine et après le 21, vous pourrez entreprendre des démarches en toute tranquillité, que ce soit auprès de vos supérieurs hiérarchiques ou auprès de vos clients : elles seront concluantes. Entre le 14 et le 21, la période sera particulièrement favorable aux déplacements et aux voyages d'affaires. De légères tensions seront à prévoir entre le 7 et le 14, mais rien de grave.

AMOUR

Faites bien vos choix, placez clairement vos priorités. Ce mois sera important et décisif. Il pourra vous permettre de réaliser d'excellentes affaires. Ne laissez pas passer votre chance (surtout vous, les célibataires), en vous laissant aller à des excès passionnels ou en recherchant uniquement les joies de l'amour. Au-delà du 23 et jusqu'à la fin du mois, vous pourrez vous adonner à votre vie amoureuse. Pour les célibataires, une rencontre affective ne sera pas exclue, sinon vous redécouvrirez la tendresse avec l'élu(e) de votre cœur.

SANTÉ

Votre énergie et votre détermination vont mettre fin à tous les problèmes existants. Entre le 1er et le 7 et entre le 14 et le 21, une force nouvelle vous habitera, vous stimulera et vous donnera un esprit de battant.

ARGENT

Des appuis et des aides tout à fait providentielles se présenteront. Saisissez-les, et même, provoquez-les durant la première semaine et du 14 au 21. Après le 21, vous récolterez les fruits de vos démarches et de vos efforts. Vous pourrez mener des négociations pendant cette période mais les moments les plus favorables resteront la première et la troisième semaine.

SI VOTRE ANNÉE PERSONNELLE EST 9, VOICI VOS PRÉVISIONS POUR CE MOIS

TRAVAIL

Vous venez de traverser une période difficile. Les épreuves rencontrées vous ont considérablement mûri. Fort de cette nouvelle expérience, vous vous sentirez prêt à conquérir le monde. Pendant la première semaine et entre le 14 et le 21, foncez ; mais soyez prudent après le 21 car il y aura des tensions dans l'air.

AMOUR

Vous n'aurez qu'un seul désir : l'évasion. Vous rêverez de nouvelles rencontres, de nouvelles relations, et elles se présenteront ! Faites tout de même attention et réfléchissez bien : à tout vouloir, vous risquez de tout perdre.

SANTÉ

Les quinze premiers jours, vous serez fragile et vulnérable. L'inattention peut même être la cause d'accidents. La seconde quinzaine, le tonus vous reviendra et une nette amélioration s'amorcera.

ARGENT

Soyez mesuré dans vos dépenses pendant la première quinzaine. L'argent vous filera entre les doigts ! Si vous attendez des solutions, elles se présenteront à partir du 4 et dépasseront même vos espérances.

SI VOTRE MOIS PERSONNEL EST 6

Voici les neuf différents mois personnels 6.
À l'aide du nombre de votre année personnelle (que vous avez calculé p. 21), vous allez rechercher votre mois personnel correspondant et lire vos prévisions.

SI VOTRE ANNÉE PERSONNELLE EST 1, VOICI VOS PRÉVISIONS POUR CE MOIS

TRAVAIL

La première semaine laisse entrevoir d'heureuses perspectives. On vous confiera sans doute de nouvelles responsabilités. La deuxième semaine sera tendue et vous devrez affronter les exigences de vos supérieurs ou de vos collaborateurs, ce que vous vivrez assez mal. Entre le 14 et le 21, vous redeviendrez maître de la situation. Au-delà du 21, vous aurez tendance à vous désintéresser de votre travail, à vouloir rompre des accords ou des associations ne vous donnant pas entière satisfaction.

AMOUR

Vous nagerez en pleine contradiction. La première quinzaine, tout ira de travers, ce qui vous perturbera. Il sera alors impératif que vous retrouviez une certaine harmonie dans votre vie professionnelle et votre vie affective. La deuxième quinzaine, et surtout le 21, vous serez amoureux, prêt à démarrer une nouvelle vie avec l'élu(e) de votre cœur. Si vous êtes célibataire, une idylle pourra fort bien naître ce mois-ci.

SANTÉ

Vous serez sujet aux inflammations, évitez donc tous les facteurs inflammatoires : l'alcool, le tabac, le café, etc. L'appareil rénal et urinaire étant légèrement fragilisé, buvez beaucoup d'eau. Si vous avez déjà des problèmes de cet ordre, soyez plus vigilant encore et ne négligez aucun symptôme.

ARGENT

Si l'on vous doit de l'argent, la première et la troisième semaines seront les périodes idéales pour réclamer votre dû. Entre le 7 et le 14 et au-delà du 21, soyez très circonspect dans vos investissements. Vos idées seront bonnes mais elles ne seront pas réalisables. N'imposez pas à tout prix votre point de vue, aussi génial soit-il. Faites preuve de patience.

SI VOTRE ANNÉE PERSONNELLE EST 2, VOICI VOS PRÉVISIONS POUR CE MOIS

TRAVAIL

Dans la première quinzaine, vous vous distinguerez par d'excellentes initiatives. Après une période instable et délicate, vous voilà sûr de vous et confiant. Vous allez reprendre possession de tous vos moyens. Les conceptions originales, les contacts professionnels et les nouveaux accords seront protégés. Vers le 14 et le 15, vous aurez envie de flâner, de rêver à vos amours.

AMOUR

Dans la deuxième quinzaine, et particulièrement dès le 21, vous penserez avoir rencontré le grand amour. Ne vous laissez pas aller au feu de la passion, soyez prudent. Patientez quelques mois avant de trop vous engager dans une nouvelle relation. Les amours seront heureuses, car elles seront placées sous le signe de la tendresse et teintées d'espoir. Cependant, durant la seconde quinzaine, elles se révéleront dangereuses, dans le sens où elles déstabiliseront tous vos projets, dans la vie personnelle comme dans la vie professionnelle.

SANTÉ

Vous déborderez de vitalité et vous vous sentirez bien dans votre peau. Pour pallier les tensions affectives de cette dernière quinzaine, faites de la marche, du sport, du footing, cela vous détendra psychologiquement et physiquement.

ARGENT

L'aspect financier sera positif, entre le 7 et le 14. Pendant ce cycle, il vous sera conseillé d'investir, d'acheter, de vendre. Les résultats seront fructueux.

SI VOTRE ANNÉE PERSONNELLE EST 3, VOICI VOS PRÉVISIONS POUR CE MOIS

TRAVAIL

Votre esprit sera accaparé par les soucis personnels, et cela, au détriment de vos activités professionnelles. Reprenez-vous, car les obligations et les responsabilités professionnelles augmenteront dès le début du mois. Pour ne pas vous laisser submerger par une vie privée déstabilisante, parlez-en avec votre partenaire. Vous débloquerez ainsi la situation.

AMOUR

Dans votre vie sentimentale, les rapports seront tendus. Sortez de votre coquille, confiez-vous, communiquez : c'est dans le dialogue que vous trouverez les solutions. Si vous êtes célibataire, soyez sur vos gardes car une nouvelle rencontre dans la quinzaine ne sera source que de conflits.

SANTÉ

Dans l'ensemble, vous aurez une bonne forme physique, à condition, bien sûr, que vous résistiez à tout excès. Un surcroît de soucis et de responsabilités pourrait déclencher des troubles d'origine psychosomatique. Le stress et l'angoisse pourront réveiller des allergies, ou tout autre problème. Si vous le pouvez, évitez les nouveaux traitements ou les opérations chirurgicales, surtout au cours de la deuxième quinzaine.

ARGENT

Les placements, faits la première semaine et à partir du 24, seront fructueux dans le temps. En revanche, ils seront sans doute décevants et en tout cas très risqués, si vous investissez entre le 7 et le 21. Lors de cette période, demandez conseil à votre entourage, cela vous évitera de tomber dans des pièges.

SI VOTRE ANNÉE PERSONNELLE EST 4, VOICI VOS PRÉVISIONS POUR CE MOIS

TRAVAIL

Dans votre cadre professionnel, certains contacts s'avéreront fructueux. Ne précipitez rien, le temps travaillera pour vous. Vos affaires démarreront lentement, mais sûrement, et elles aboutiront. Durant la première semaine et après le 21, vous serez apprécié dans vos activités, et vous aurez l'occasion d'améliorer votre statut social.

AMOUR

Surmené par votre activité professionnelle et préoccupé par la réussite de projets importants, vous serez moins attentif à votre vie familiale et sentimentale. La deuxième semaine, une forte sensualité suscitera coups de tête et caprices. Prudence. Après le 21, vous pourrez, à nouveau, vous consacrer à votre petit monde.

SANTÉ

La charpente osseuse et la colonne vertébrale sont fragiles, ces temps-ci. Attention aux imprudences, aux mouvements brusques ou aux mauvaises positions. Au lever, une gymnastique douce et appropriée vous est conseillée, afin de chauffer vos muscles et d'éviter les accidents.

ARGENT

Placez, investissez durant la première semaine et au-delà du 22. En effet, des opportunités très prometteuses pour votre avenir s'offriront à vous, dans le domaine financier. Si vous attendez des rentrées d'argent, elles se feront et vous mettront à l'abri des imprévus. Soyez prudent entre le 14 et le 21, où là, des pertes seront à craindre.

SI VOTRE ANNÉE PERSONNELLE EST 5, VOICI VOS PRÉVISIONS POUR CE MOIS

TRAVAIL

Si les événements n'évoluent pas toujours dans le sens souhaité, notamment entre le 7 et le 14 et au-delà du 21, ce n'est pas une raison pour vous replier sur vous-même et pour refuser toutes les possibilités qui s'offriront à vous. Entre le 1er et le 7 puis entre le 14 et le 21, des moments forts et des cycles bénéfiques vous entraîneront vers la victoire. Vivez-les pleinement. Le conseil pour ce mois sera de rester optimiste et de garder confiance. Ce ne sera pas le moment de changer de direction. Évitez les longs déplacements.

AMOUR

Vous trouverez l'épanouissement dans votre vie affective. Des rentrées d'argent, dans la troisième semaine, apporteront la sécurité à votre foyer. Restez fidèle dans vos affections ; soyez démonstratif dans vos sentiments, et vous serez étonné de la confiance, de l'amour que l'on vous portera en retour. C'est le moment de vous stabiliser dans votre vie affective. La première quinzaine sera placée sous le signe de l'équilibre et de l'harmonie.

SANTÉ

Les mois à venir seront difficiles : préparez-vous dès maintenant physiquement et psychologiquement. Astreignez-vous à une saine discipline de vie (alimentation équilibrée, sport, etc.). Évitez, s'il n'y a pas d'impératif absolu, les nouveaux traitements et les interventions chirurgicales ; le mieux serait d'attendre deux à quatre mois.

ARGENT

Entre le 7 et le 14 et après le 21, des risques de pertes seront à prévoir ; un aspect très bénéfique au contraire, entre le 14 et le 21, viendra compenser les dommages financiers de la deuxième semaine. Plein d'idées germeront dans votre esprit et vous stimuleront. Votre ambition s'affirmera avec, à la clé, des succès financiers non négligeables.

SI VOTRE ANNÉE PERSONNELLE EST 6, VOICI VOS PRÉVISIONS POUR CE MOIS

TRAVAIL

Vous vous êtes beaucoup investi ces derniers mois, et vous avez le sentiment que l'on n'en tient pas compte. Ne vous alarmez pas. La reconnaissance viendra d'ici peu. Évitez de vous disperser. Ne prenez pas parti dans des affaires qui ne vous concernent pas : vous le regretteriez, car cela vous entraînerait dans des conflits dépassant votre entendement. Prudence donc, tout particulièrement la première semaine et au-delà du 21.

AMOUR

Si des tensions existent dans votre vie affective, ce mois va vous apporter les solutions appropriées et rétablir l'harmonie. Si vous venez de subir un échec sentimental, ne désespérez pas, une rencontre, d'ici quelques mois, va réchauffer votre cœur. Si vous êtes en couple, soyez prudent. Des tensions pourront éclater, notamment la première semaine et au-delà du 21. Évitez de vous emporter, et tout rentrera dans l'ordre, dans les derniers jours du mois.

SANTÉ

Vous serez hypertendu, vous aurez l'impression que rien n'aboutira jamais. Soyez confiant. Ne stressez pas sur les détails, tout se réglera comme il se doit, en son temps. Sinon, au-delà du 21, l'accumulation et le trop-plein de tensions provoqueront des troubles nerveux.

ARGENT

Vous avez déjà trouvé quelques solutions aux problèmes qui vous préoccupaient ces derniers temps ; ce mois-ci va vous apporter un éclairage nouveau sur vos finances. Les investissements, les ventes, les achats et les placements immobiliers seront conseillés durant les trois premières semaines, et particulièrement les 4, 16 et 22 de ce mois. Consultez également votre calendrier numérologique.

SI VOTRE ANNÉE PERSONNELLE EST 7, VOICI VOS PRÉVISIONS POUR CE MOIS

TRAVAIL

Vous saurez user de votre séduction et de votre charme pour arriver à vos fins professionnelles. En effet, c'est par une attitude de confiance et de force tranquille que vous imposerez vos points de vue. Vous serez écouté, respecté et apprécié, surtout durant la première quinzaine. Lors de cette période, des aspects favorables forceront les événements en votre faveur. Au-delà, vous serez plus instable. Ne pensez pas que tout est acquis. Allez jusqu'au bout de vos actions. Ne menez pas mille choses de front.

AMOUR

La première quinzaine sera assez tendue, alors que dans la deuxième, vous rechercherez tendresse et affection. Les sorties vous redonneront du tonus, les liens déjà existants s'en trouveront resserrés. Les célibataires auront de fortes chances de faire une rencontre.

SANTÉ

Vous serez en superforme, durant la première quinzaine. La deuxième, et surtout entre le 14 et le 22, vous serez fatigué, épuisé. Des problèmes anciens vont refaire surface. Au-delà du 21, vous serez véritablement surexcité, survolté même. Défoulez-vous. Les sports pourront vous être d'une grande aide : le vélo, la natation, la marche, etc. Pour prévenir les tensions de la seconde quinzaine, un traitement de vitamines et d'oligoéléments sera fortement recommandé.

ARGENT

La première quinzaine, soyez prudent dans vos dépenses. Vous pourriez manquer de liquidités. La troisième semaine vous permettra de rééquilibrer votre budget. De petites rentrées seront possibles, et vous pourrez demander de l'aide à vos proches ou à votre banquier (consultez votre calendrier numérologique). Soyez prévoyant car des tensions ne vont pas tarder à réapparaître après le 21.

SI VOTRE ANNÉE PERSONNELLE EST 8, VOICI VOS PRÉVISIONS POUR CE MOIS

TRAVAIL

Ce mois-ci, vous vous placerez comme objectif le perfectionnement professionnel et l'évolution de carrière. Vous aurez le sens des relations humaines, et vos talents d'organisateur vous feront apprécier de tous. Pour vous affirmer et pour progresser dans votre métier, profitez de la première et de la dernière semaine. Entre le 7 et le 14, un peu d'instabilité et, du 14 au 21, de petits accrochages en prévision. Faites attention, modérez vos paroles et maîtrisez vos impulsions.

AMOUR

Entre le 14 et le 21, vous serez amoureux et passionné. L'ambiance sera chaleureuse, et votre humeur en sera dynamisée. Si vous êtes célibataire, une relation affective pourra naître, durant la seconde quinzaine. Si cette rencontre se fait dans votre cadre professionnel, elle sera bénéfique pour votre promotion.

SANTÉ

L'été est là, tout va bien. Une envie de croquer la vie à pleines dents vous fera dépasser les petites tensions du quotidien. La prudence sera tout de même de bon ton entre le 7 et le 21.

ARGENT

Profitez de la première quinzaine et de la dernière semaine (après le 21) pour spéculer, faire des transactions, demander des appuis, négocier avec vos collaborateurs. Entre le 7 et le 21, pas d'improvisation. Évitez les dépenses importantes. Dans l'euphorie amoureuse du moment, vous serez amené à des prodigalités que vous risquez fort de regretter par la suite.

SI VOTRE ANNÉE PERSONNELLE EST 9, VOICI VOS PRÉVISIONS POUR CE MOIS

TRAVAIL

Une première quinzaine très conflictuelle. Des malentendus avec vos collaborateurs vont rendre les échanges difficiles, surtout entre le 7 et le 14. Cantonnez-vous à vos fonctions, évitez de prendre des initiatives qui ne sont pas de votre ressort : vous seriez confronté à des réflexions désagréables et non fondées, qui heurteraient votre sensibilité. Au-delà du 15, les malentendus se dissiperont, et vous retrouverez l'harmonie dans vos rapports professionnels. À votre grande satisfaction, vous serez soutenu dans vos actions par des amis.

AMOUR

Ce mois amènera un peu de piment à cette année un peu terne en amour. Pendant la première semaine et au-delà du 15, les célibataires feront une rencontre qui leur rendra la joie de vivre. Les couples connaîtront l'harmonie, les tensions s'apaiseront. Il ne tiendra qu'à vous de conforter ou non cette entente dans le temps.

SANTÉ

Pendant la première quinzaine, le stress vous guettera. Toutes les activités pouvant vous aider à la relaxation vous sont conseillées. Les excès de tous ordres seront à éviter, durant la seconde quinzaine.

ARGENT

Des limitations seront encore à prévoir, entre le 7 et le 21. Vous ne pourrez ignorer vos problèmes. Soyez vigilant et prévoyant. Ainsi vous pourrez profiter des bons aspects de la première et de la dernière semaine, pour réaliser des affaires (voir votre calendrier numérologique).

SI VOTRE MOIS PERSONNEL EST 7

Voici les neuf différents mois personnels 7.
À l'aide du nombre de votre année personnelle (que vous avez calculé p. 21), vous allez rechercher votre mois personnel correspondant et lire vos prévisions.

Si votre année personnelle est : 1 voir p. 230
2 voir p. 231
3 voir p. 232
4 voir p. 233
5 voir p. 234
6 voir p. 235
7 voir p. 236
8 voir p. 237
9 voir p. 238

SI VOTRE ANNÉE PERSONNELLE EST 1, VOICI VOS PRÉVISIONS POUR CE MOIS

TRAVAIL

Les trois premières semaines, des retards et des oppositions viendront freiner votre progression. Beaucoup d'efforts pour de piètres résultats. Ne négligez pas les détails, faites les mises au point nécessaires, afin d'éviter des obstacles trop importants. C'est du 1er au 10 du mois que les désaccords seront les plus forts. Après cette période, progressivement, des solutions se profileront à l'horizon. Dès le 21, vos activités reprendront un rythme normal, et vous pourrez vous préparer au mois prochain qui ne manquera pas d'activités.

AMOUR

Vous serez sujet au vague à l'âme. Vous vous sentirez seul et vous fuirez les relations affectives. Vous intérioriserez vos sentiments. Profitez de la période du 14 au 21 pour vous rapprocher de votre partenaire, qui ne comprend sans doute pas bien votre comportement.

SANTÉ

Le stress pourra être à l'origine, chez vous, de blocages psychiques et facteur de déstabilisation. Un ras-le-bol pourra se faire sentir. Prenez sur vous, disciplinez-vous. Le meilleur remède à cet état d'esprit sera de vous défouler en faisant du sport. La deuxième semaine, vous vous sentirez affaibli. Pour un prompt rétablissement, il faudra sans doute attendre le mois prochain.

ARGENT

Si, ces derniers mois, les affaires étaient prospères, ce mois-ci, ce sera un peu la débandade. La première quinzaine sera éprouvante, il faudra vous attendre à des échecs ou à des pertes. Après le 21, une stabilisation s'amorcera mais, dans l'ensemble, le mieux sera d'éviter de traiter ou de réaliser des transactions financières.

SI VOTRE ANNÉE PERSONNELLE EST 2, VOICI VOS PRÉVISIONS POUR CE MOIS

TRAVAIL

Vous êtes conscient que votre évolution professionnelle dépend des efforts que vous fournirez. En effet, il vous faudra lutter. Tout semblera vous échapper. Soyez diplomate. Arrondissez les angles et vous rallierez à vos idées clients, partenaires et relations professionnelles, qui n'adhéraient pas jusque-là à vos actions ou à vos projets. Pendant les trois premières semaines, gardez votre sang-froid et une parfaite maîtrise de vous-même, car vous risquez de rencontrer des aspects difficiles, qui pourront vous pousser à commettre des erreurs. Entre le 14 et le 21, ne cherchez pas à créer de nouveaux liens ou à réaliser des démarches importantes. Adoptez une attitude patiente empreinte de fermeté et, après le 21, vous serez payé en retour de cette autodiscipline que vous vous serez imposée. Votre situation se stabilisera.

AMOUR

C'est la Berezina ! Ne prenez pas de décisions irrémédiables. Réfléchisez bien avant d'agir. Réagissez calmement, ne soyez pas irritable. Soyez conciliant et adaptez-vous aux situations, même si, pour un temps, elles ne vous conviennent pas. Entre le 14 et le 21, les tensions vont s'accroître. Les célibataires feront sans doute une rencontre, mais qui risque de rester sans suite.

SANTÉ

Vous serez inquiet, énervé, agacé. Votre entourage aura bien du mal à vous supporter. Rien de vraiment grave mais vous dramatiserez tout. Du calme ! À force de tout monter en épingle, vous risquerez d'aggraver des problèmes existants, ou même d'en déclencher de nouveaux. Ne recherchez pas une sécurité psychologique dans la prise abusive de médicaments. Les interventions chirurgicales ou les traitements nouveaux seront à éviter, si possible, du 1er au 7 et du 14 au 21.

ARGENT

Soyez très vigilant et ne vous lancez pas dans de nouveaux investissements. Cependant, vous pourrez conclure des affaires engagées le mois dernier. La période favorisera les rentrées de sommes dues. Financièrement, le mois sera restrictif. Prenez votre mal en patience et faites des projets : vous pourrez les réaliser le mois prochain.

SI VOTRE ANNÉE PERSONNELLE EST 3, VOICI VOS PRÉVISIONS POUR CE MOIS

TRAVAIL

Vous allez élargir votre rayon d'action. La première quinzaine, et particulièrement entre le 7 et le 14, vous serez créatif, prêt à innover et à vous renouveler professionnellement. Vous ne manquerez pas d'idées nouvelles. Des contacts solides se préciseront d'ici la fin du mois, et surtout dès le 21, où vous entamerez un cycle très positif pour tout ce qui est relation de travail. Vos échanges seront favorisés et des liens amico-professionnels durables se créeront.

AMOUR

Célibataires, vous serez bien dans votre peau. Dès le 21, une relation pourra naître ; elle chamboulera votre mode de vie. Si vous vivez en couple, votre relation ne sera en rien monotone. Un brin de fantaisie et quelques changements dans les habitudes sauront égayer votre relation. Sachez vous évader, et vous vivrez des heures idylliques.

SANTÉ

La première quinzaine, vous tiendrez la grande forme. Vous déploierez un dynamisme impressionnant. Entre le 14 et le 21, pas d'imprudence car l'aspect sera négatif. À partir du 21, la forme reviendra et les problèmes s'estomperont d'eux-mêmes.

ARGENT

L'euphorie vous incitera aux grandes dépenses et aux investissements divers. Si vous avez de nouvelles idées, elles seront bonnes à condition qu'elles ne vous coûtent pas trop cher. Prudence. Résistez à cette tendance aux investissements : ils ne rapporteront pas les bénéfices escomptés et seront même négatifs pour tout le reste de l'année. Les affaires se porteront mieux le mois prochain. Restez donc sur vos gardes ; ne vous endettez pas. N'envisagez pas de prêts ni d'achats importants, vous les regretteriez.

SI VOTRE ANNÉE PERSONNELLE EST 4, VOICI VOS PRÉVISIONS POUR CE MOIS

TRAVAIL

Vous évoluerez dans un climat de franchise, qui renforcera les liens professionnels existants. Vous privilégierez la relation humaine. Vous serez agréablement surpris de trouver, chez vos interlocuteurs, la même profondeur d'âme. Voilà un aspect très positif, où vous pourrez construire pour l'avenir et, également, élargir votre champ d'action à d'autres régions ou à l'étranger.

AMOUR

Les trois premières semaines, vous sublimerez vos liens affectifs. Si vous êtes célibataire, vous ne vivrez que des relations sans lendemain. Après le 21, vous ferez sans doute des rencontres, mais qui ne satisferont pas pleinement votre nature idéaliste et vous vous sentirez toujours un peu seul. Les couples suivront leur train-train. Au-delà du 21, certains seront tentés de vivre des émotions fortes et de redécouvrir l'amour. Les événements s'y prêteront. Soyez à l'écoute.

SANTÉ

Occupez-vous de votre forme, de votre bien-être. Ayez une alimentation équilibrée et prenez le temps de vous aérer. Les excès, dans un sens comme dans l'autre, auront des répercussions sur votre état général. Seront déconseillés, notamment pendant la première semaine et après le 21, tout nouveau traitement ainsi que toute intervention chirurgicale pouvant être repoussée.

ARGENT

Un conseil : faites comme le petit écureuil, économisez. Dès le 21, ce sera le miroir aux alouettes. Si l'on vous propose une affaire qui paraît lucrative, soyez vigilant. Vous vous rendrez vite compte que ce n'était qu'une illusion. Dans l'ensemble, le climat financier ne sera pas bon. Si vous attendiez une aide ou des rentrées d'argent importantes, vous risquerez fort d'être déçu.

SI VOTRE ANNÉE PERSONNELLE EST 5, VOICI VOS PRÉVISIONS POUR CE MOIS

TRAVAIL

L'inspiration vous guidera et vous envisagerez de modifier votre façon de travailler. Votre intuition, votre faculté d'analyse et de compréhension seront accrues durant la première quinzaine. Toutes les démarches que vous entreprendrez seront couronnées de succès. Vous serez sollicité de toutes parts. Alors, n'ayez plus d'hésitation, imposez-vous et faites valoir vos points de vue. Les nouveaux projets se concrétiseront rapidement, à partir du 21. La chance sera au rendez-vous.

AMOUR

Votre esprit aventureux vous amènera à faire des rencontres intéressantes. Soyez à l'écoute des autres car certains contacts pourront vous êtres utiles et changer le cours de votre vie, notamment entre le 7 et le 21. Au-delà, c'est dans les voyages et dans les déplacements que vous pourrez établir des relations. Des liens secrets se souderont ; leur évolution sera plus intellectuelle que passionnelle. Dans les couples, les rapports seront empreints d'authenticité, souvent même passionnés, entre le 7 et le 21.

SANTÉ

La première quinzaine, vous déborderez de vitalité et vous vous investirez à fond dans votre travail. Attention, le surmenage vous guettera au cours de la seconde quinzaine. Pendant cette même période, n'hésitez pas à repousser, si vous le pouvez, les opérations chirurgicales et les nouveaux traitements.

ARGENT

Soyez à l'écoute de votre intuition. De manière générale, soyez prudent en ce qui concerne l'argent. Il serait bon de refréner quelque peu votre enthousiasme qui vous porte aux imprudences. En effet vous aurez envie de réaliser de grands projets et, peut-être, de vous faire des plaisirs répétés. Méfiance. Les investissements ne seront pas porteurs. Au-delà du 21, les voyages d'affaires ou d'agrément seront placés sous de bons aspects.

SI VOTRE ANNÉE PERSONNELLE EST 6, VOICI VOS PRÉVISIONS POUR CE MOIS

TRAVAIL

La première quinzaine, et surtout du 7 au 14, sera une période constructive, où vous serez appelé à des responsabilités nouvelles. Il vous faudra modifier vos objectifs. Des renouvellements seront envisagés au sein de votre équipe et amélioreront considérablement vos conditions de travail. Entre le 14 et le 21, vous serez inspiré, éclairé, pour résoudre les problèmes. Vous obtiendrez les éclaircissements demandés. Au-delà du 21, les relations se dégraderont. Une mésentente ou un rapport de forces éclatera, se traduisant par des conflits ouverts, des agressions verbales etc. Soyez très prudent.

AMOUR

La solitude vous pèsera et vous allez tout faire pour mettre un terme à cette situation. L'isolement vous sera d'autant plus insupportable que vous ressentirez un besoin intense d'affection. Tiraillé entre le désir d'affection et l'insatisfaction, vous allez devoir trouver le juste milieu et, en même temps, votre équilibre.

SANTÉ

Un mois délicat, où vous ne tiendrez pas la forme olympique. Surmené et déprimé, au cours de la seconde quinzaine, n'hésitez pas à tirer les sonnettes d'alarme. Aux premiers symptômes, reposez-vous, relaxez-vous.

ARGENT

Vous subirez des pertes, pendant la première semaine, après le 21 et jusqu'à la fin du mois. Tous les investissements financiers importants seront déconseillés. Ne prenez aucun risque, vous le regretteriez. Attendez. Les mois suivants seront meilleurs.

SI VOTRE ANNÉE PERSONNELLE EST 7, VOICI VOS PRÉVISIONS POUR CE MOIS

TRAVAIL

Ce sera un mois de remise en question professionnelle. Vous allez entrevoir de nouvelles possibilités dans votre carrière. Soyez prudent quant à leur concrétisation, mais que cela ne freine pas votre inspiration. Du 1er au 7 et du 15 au 21, vous ferez le point, et cela sera très bénéfique pour l'évolution de votre carrière, dans les mois et les années à venir. Des retards ou des tensions seront à craindre entre le 7 et le 14.

AMOUR

Votre vie affective sera un peu terne, ce mois-ci. Ce ne sera ni la sensualité dévorante ni les crises de sentimentalisme qui vous perturberont ! Sûr de vous, vous resterez maître de vos désirs et de vos passions. Vous irez plus loin dans votre relation avec l'être aimé. Les célibataires auront des aventures qui les laisseront indifférents. Pour compenser cette monotonie affective, consacrez-vous à vos hobbies.

SANTÉ

En ce début d'automne, ne vous laissez pas envahir par la déprime et par le spleen. Une cure de vitamines, de gelée royale ou d'oligoéléments vous fera le plus grand bien. Les journées, où vous pourrez débuter un traitement, seront les 3, 12, 21 et 30. Si vous le pouvez, reportez les interventions chirurgicales au mois prochain.

ARGENT

La chance ne sera pas au rendez-vous. Vous pourrez spéculer et jouer tant que vous voudrez : vous ne gagnerez pas. Soyez très prudent. Les investissements vous feraient perdre de l'argent. Une seule attitude à observer, c'est l'économie et la bonne gestion. Contentez-vous de faire le bilan et d'établir un planning budgétaire.

SI VOTRE ANNÉE PERSONNELLE EST 8, VOICI VOS PRÉVISIONS POUR CE MOIS

TRAVAIL

Ce mois-ci, vous ne progresserez guère sur le plan professionnel, au contraire, vous trouverez de nombreux obstacles sur votre route. Les démarches que vous entreprendrez pour atteindre vos objectifs, seront vouées à l'échec. Aussi, détendez-vous, prenez du recul, ne vous acharnez pas. Et même, si vous le pouvez, lâchez un peu vos activités habituelles et allez vous reposer. La chance vous sourira davantage dans un cadre extra-professionnel.

AMOUR

Pendant ces vacances, des rencontres, plus intellectuelles que sentimentales, vous enthousiasmeront. En effet, entre le 7 et le 14 et après le 21, vous verrez la relation affective sous un autre jour. Vous privilégierez l'esprit au physique et vous souhaiterez donner plus de profondeur à vos relations. Les couples devront profiter de ces vacances pour resserrer leurs liens et pour aplanir les difficultés qui, pour certains, durent depuis le début de l'année, sinon des conflits risqueront d'éclater entre le 7 et le 14 et après le 21.

SANTÉ

Fatigué, en perte de vitalité, évitez de fournir de gros efforts ou de prendre des risques. Les problèmes de santé, qui pourront surgir, seront d'ordre psychosomatique. Le surmenage étant à l'origine de ces troubles, vous aurez surtout besoin de vous reposer, de vous évader. Quittez votre contexte habituel, cela vous fera le plus grand bien. Si vous le pouvez, évitez les opérations chirurgicales.

ARGENT

Non seulement les transactions que vous entreprendrez ce mois-ci n'apporteront pas les bénéfices souhaités, mais ils entraîneront en plus de lourdes pertes. Le contexte matériel et financier sera négatif. Sagesse et vigilance vous seront recommandées.

SI VOTRE ANNÉE PERSONNELLE EST 9, VOICI VOS PRÉVISIONS POUR CE MOIS

TRAVAIL

Vous voilà déterminé et prêt à conquérir le monde pour augmenter votre potentiel professionnel. Mais attention, il y a danger. Durant la première quinzaine, votre sens de la stratégie risquera de vous faire défaut, pour laisser place à une fâcheuse tendance à l'utopie. C'est ainsi que, au lieu de travailler à l'élaboration de vos projets, vous vous retrouverez plongé dans de désagréables mésaventures. Soyez très vigilant, les conflits seront dans l'air tout au long de ce mois. Inutile d'envisager de nouveaux projets. Si vous le pouvez, prenez donc des vacances. Les voyages seront très agréables. Si vous évoluez dans un milieu artistique, créatif ou scientifique, vous serez amené à faire des découvertes passionnantes.

AMOUR

La déstabilisation inhérente au mois, vous rendra tendu et amer. La première quinzaine sera difficile à traverser affectivement. Prenez du recul et décidez de vivre chaque jour intensément : vous en retirerez beaucoup de satisfactions. La seconde quinzaine, des rencontres passionnantes, mais sans lendemain, vous aideront à passer ce cap.

SANTÉ

La première quinzaine, et particulièrement entre le 7 et le 14, vous vous sentirez vidé de toute énergie. La seconde quinzaine, vous réagirez et reprendrez le dessus. Évitez, si possible, les interventions chirurgicales et tout traitement nouveau durant cette période. La thalassothérapie et les médecines douces vous conviendraient parfaitement. Dans un genre différent, un bon remède également : le voyage. Rien de tel pour faire oublier les problèmes et les tensions de ce mois.

ARGENT

Les finances seront malmenées ce mois-ci. Les investissements et les placements seront absolument déconseillés, surtout pendant la première quinzaine où vous serez particulièrement inquiet et influençable. Mal conseillé, vous risquerez d'investir à perte. La seconde quinzaine, vous aurez les mains percées ! Attention, le moment sera mal choisi. Soyez discipliné et tenez-vous à votre budget, ou vous le regretteriez.

SI VOTRE
MOIS PERSONNEL
EST 8

Voici les neuf différents mois personnels 8.
À l'aide du nombre de votre année personnelle (que vous avez calculé p. 21), vous allez rechercher votre mois personnel correspondant et lire vos prévisions.

Si votre année personnelle est : 1 voir p. 240
2 voir p. 241
3 voir p. 242
4 voir p. 243
5 voir p. 244
6 voir p. 245
7 voir p. 246
8 voir p. 247
9 voir p. 248

SI VOTRE ANNÉE PERSONNELLE EST 1, VOICI VOS PRÉVISIONS POUR CE MOIS

TRAVAIL

Profitez de ce mois pour régler les problèmes qui vous préoccupent. Durant la première quinzaine et après le 21, vous aurez l'énergie nécessaire pour mener à bien vos démarches. Entre le 14 et le 21, des obstacles se dresseront et tendront à déstabiliser votre assise professionnelle et vos projets. Battez-vous. Luttez sans dévoiler vos atouts, ils vous serviront dans les mois à venir.

AMOUR

Les tensions et les heurts s'accumuleront. Une relation pourra même prendre fin. Attention ! Vous êtes trop idéaliste. Vous recherchez dans votre partenaire une perfection qui n'existe pas. Alors, comment voulez-vous être heureux en amour ? Vous passez votre temps à courir après l'impossible.

SANTÉ

On pourrait vous chanter « ça s'en va et ça revient » ! Après une première semaine de forme éclatante, vous subirez une nette perte d'énergie entre le 14 et le 21, ce qui fera de cette semaine une période délicate pour toute intervention chirurgicale, quelle qu'elle soit. Mais après le 21, vous manifesterez à nouveau un punch extraordinaire. Pour essayer de réguler ces dépenses d'énergie, prenez donc du magnésium et des oligoéléments.

ARGENT

Un mois où, dans l'ensemble, l'occasion vous sera donnée de redresser vos finances. Vous pourrez investir, spéculer en toute quiétude la première semaine et après le 21. D'heureuses opportunités s'y prêteront. En revanche, si des affaires vous sont proposées entre le 7 et le 21, jouez la carte de la prudence. Vérifiez au préalable auprès de vos grilles horaires que les propositions vous ont été faites au cours d'une période favorable.

SI VOTRE ANNÉE PERSONNELLE EST 2, VOICI VOS PRÉVISIONS POUR CE MOIS

TRAVAIL

Vous allez rencontrer des obstacles sur le plan relationnel. Vous parviendrez, malgré tout, à saisir des opportunités excellentes pour votre carrière. Mais, attention ! Il faudra absolument que vous utilisiez, à bon escient, le pouvoir qui vous sera dévolu. La première semaine sera la meilleure période du mois. Entre le 7 et le 14, des conflits pourront éclater. Au-delà du 21, tout rentrera dans l'ordre, les déplacements et les démarches professionnels seront bénéfiques.

AMOUR

Vous évoluerez dans un contexte de tensions et de conflits croissants. Mal dans votre peau, vous ne maîtriserez plus la situation et ne saurez plus comment vous y prendre. Entre le 7 et le 21, vous serez tenté de vous obliger — ou d'obliger les autres — à prendre des décisions. N'en faites rien. Après le 21, si vous voulez, mais le mieux serait tout de même d'attendre les prochains mois. Le temps est un allié précieux. Ne l'oubliez pas et gardez en mémoire la vieille maxime qui dit : « Le temps n'aime pas ceux qui font les choses sans lui. »

SANTÉ

L'appareil digestif sera sensible. Veillez à avoir une alimentation saine et équilibrée. Attention à ce que vous mangez, il y aura des risques d'intoxication.

ARGENT

Voici un mois où idées et opportunités permettront d'envisager de bonnes affaires, à condition toutefois qu'elles n'engagent pas de gros investissements et soient réalisables dans les mois à venir. Évitez de vous lancer dans les spéculations durant les deux mois prochains. Soyez vigilant. Des propositions douteuses vous seront présentées. Vous les reconnaîtrez aisément : on vous les soumettra en catastrophe et elles devront être exécutées dans la plus grande précipitation.

SI VOTRE ANNÉE PERSONNELLE EST 3, VOICI VOS PRÉVISIONS POUR CE MOIS

TRAVAIL

La première quinzaine sera excellente. Vous serez reconnu et apprécié de tous. Vous entrerez en contact avec des partenaires intéressants pour votre avenir. De nouvelles responsabilités vous seront proposées. Ne prenez pas le temps de réfléchir : acceptez tout ce que l'on vous soumettra car la seconde quinzaine sera sans doute moins rose. Des retards et des tensions relationnelles avec vos supérieurs seront possibles. En fait, la réussite de cette période (du 14 au 30) dépendra essentiellement de la première quinzaine : si vous avez accepté tout ce qui vous était donné durant les quinze premiers jours, la fin du mois sera bénéfique ; dans le cas contraire, vous vous exposerez aux échecs répétés. Alors ne refusez rien.

AMOUR

Là aussi, le mois sera découpé en deux parties. Pendant la première quinzaine, la quiétude de votre état d'esprit, alliée à une position sociale tout à fait enviable, vous feront apprécier par votre partenaire pour les couples, et par une rencontre de fraîche date pour les célibataires. En revanche, la deuxième partie de ce mois sera source de tensions et de désaccords.

SANTÉ

Durant les trois premières semaines, tout ira bien, mais au-delà du 21, soyez vigilant. Si vous connaissez déjà des problèmes, ils s'aggraveront, car vous serez en perte d'énergie. Ne prenez donc pas de risques, et n'essayez pas de dépasser vos limites physiquement.

ARGENT

Des amis ou des proches, durant la première quinzaine, vous solliciteront pour participer à des affaires aux bénéfices inespérés. Acceptez, cela vous donnera une situation très confortable et la possibilité de réaliser d'autres opérations. La deuxième quinzaine, les gros investissements seront déconseillés et, aux alentours du 21, des pertes seront même à envisager. Si vous n'avez pu placer, investir et acheter du 1er au 14, il sera sage d'attendre deux mois pour vous y remettre.

SI VOTRE ANNÉE PERSONNELLE EST 4, VOICI VOS PRÉVISIONS POUR CE MOIS

TRAVAIL

Bien dans votre peau, doté de magnétisme, de chaleur et de force, vous vous affirmerez avec brio. Vous refléterez la maîtrise du pouvoir, tout en sachant vous faire apprécier de tous. Toutes ces qualités vous permettront de tourner à votre avantage les situations les plus périlleuses, particulièrement entre le 7 et le 14 et après le 21. De ces deux périodes, où vous manifesterez une très grande créativité, votre crédibilité ressortira renforcée et votre influence confortée. Votre goût pour l'innovation se confirmera et vous excellerez dans les performances professionnelles. Ce mois-ci, aucun obstacle ne pourra vous résister.

AMOUR

Au sein du couple, les liens se resserreront et vous permettront de mieux vous réaliser dans votre profession. Dans le cadre de leurs activités professionnelles, les célibataires feront des rencontres passionnantes, mais de courte durée. Que cela ne vous décourage pas ; c'est l'amitié qui primera ce mois-ci, et l'affection de vos amis vous mettra du baume au cœur.

SANTÉ

Ce mois-ci, tout ira bien. Vous retrouverez l'énergie qui vous a fait défaut ces derniers mois. Un conseil, entretenez votre forme, en faisant du sport (footing, longues marches etc.) et en vous oxygénant. Votre résistance physique et psychologique s'en trouvera fortifiée. Ce sera avec énergie que vous affronterez les mois d'activités intenses qui vous attendent.

ARGENT

Vos finances vont reprendre un souffle nouveau. Vous voilà prêt à réaliser de nouvelles affaires. Pendant la première quinzaine et au-delà du 21, vous trouverez des solutions à vos problèmes financiers. Vos idées seront fructueuses. Des propositions inattendues vous permettront de concrétiser, de façon spectaculaire, des projets lucratifs. Entre le 14 et le 21, soyez plus vigilant, mais l'aspect ne sera pas totalement négatif.

SI VOTRE ANNÉE PERSONNELLE EST 5, VOICI VOS PRÉVISIONS POUR CE MOIS

TRAVAIL

Du 1er au 15, vous serez confronté à des conflits et à des problèmes professionnels. Du 15 au 21, des idées originales vous permettront de régler les situations conflictuelles. Au-delà du 21, vous innoverez et vous conclurez des accords nouveaux, ce qui sera excellent pour votre réputation. La situation sera favorable à tout type de démarche entre le 14 et le 21. Au-delà du 21, un aspect bénéfique favorisera la réalisation de projets.

AMOUR

Les trois premières semaines, vous serez romantique et rêverez du partenaire idéal. Après le 21, vous ferez une rencontre qui vous exaltera et vous enrichira considérablement, même si elle ne dure pas. Les couples vivront une entente parfaite. La passion alliée à la raison vous permettront de repartir sur des bases solides.

SANTÉ

Durant la première quinzaine, le stress pourra provoquer des névralgies, des tétanies. Faites des assouplissements et de la gymnastique. Soyez ouvert et réceptif. Adaptez-vous aux situations. Dès le 15, vous retrouverez forme et souplesse, aussi bien pour votre physique que pour votre état d'esprit.

ARGENT

De mauvais réflexes ou des actions trop précipitées pourront être à l'origine d'échecs regrettables. La première quinzaine, vous devrez agir avec prudence. Vos actions irréfléchies vous rendront vulnérables en affaires. Vous tomberez facilement dans les pièges. Fort heureusement, l'horizon se dégagera la troisième semaine. Du dialogue, vont naître des stratégies qui vous permettront, dès le 21, de réaliser de bonnes affaires. La meilleure période pour investir et faire fructifier votre argent se situera pendant la deuxième quinzaine.

SI VOTRE ANNÉE PERSONNELLE EST 6, VOICI VOS PRÉVISIONS POUR CE MOIS

TRAVAIL

Énergie, ambition, motivation : telle sera votre devise de ce mois. Vos relations avec vos supérieurs seront moins tendues. Vous verrez poindre à l'horizon des accords nouveaux. Mais ce ne sera que dans les mois à venir, que vous verrez vos efforts récompensés et vos compétences reconnues. La seconde quinzaine, n'écoutez pas ceux qui vous conseillent d'agir vite. Au contraire, il fauda brider votre impatience, car elle pourrait vous occasionner des complications dans votre milieu professionnel.

AMOUR

Du 7 au 21, votre intolérance et votre caractère entier donneront lieu à bien des problèmes avec votre partenaire. Usez de tact et de diplomatie. Prenez en considération les points de vue des autres, et vous minimiserez ainsi les conflits. Durant la première quinzaine, les célibataires seront en proie à une émotivité exacerbée, qui engendrera incertitude et instabilité. Cet état vous amènera à ne faire que des rencontres de courte durée. Ne vous attachez pas, vous le regretteriez très vite.

SANTÉ

Ce mois, votre appareil digestif sera fragile. Évitez les excès de tous ordres (tabac, alcool, médicaments, bonne chère…) surtout après le 21. Vous pourriez être victime d'une intoxication.

ARGENT

La première quinzaine, et notamment du 1er au 8, vous serez doté d'une bonne intuition. Elle vous permettra de rétablir vos finances, en acceptant les bonnes propositions. La deuxième quinzaine, évitez toute spéculation et investissez avec prudence. Ne prêtez pas d'argent, ou alors, avec de sérieuses garanties.

SI VOTRE ANNÉE PERSONNELLE EST 7, VOICI VOS PRÉVISIONS POUR CE MOIS

TRAVAIL

Vous disposerez, surtout après le 21, de la volonté, de l'énergie et des opportunités nécessaires pour régler des conflits professionnels, qui traînent depuis des mois. Pour asseoir votre position et pour faire valoir votre talent, perfectionnez-vous et ne tirez pas trop de plans sur la comète.

AMOUR

Entre le 7 et le 14, l'harmonie régnera. Les semaines suivantes, vous serez indécis. Une indécision pouvant même aller jusqu'à l'apathie, ce qui risquera d'engendrer des frictions. Un seul remède : réagir. Recherchez avec votre partenaire des activités culturelles. Les célibataires, entraînés par une rencontre, seront amenés à beaucoup fréquenter également les milieux culturels.

SANTÉ

La première quinzaine, vous ferez preuve d'une bonne vitalité qui, hélas, ira en s'amenuisant dans la deuxième quinzaine. Cela n'arrangera pas les problèmes existants. Il serait préférable, si cela est possible bien entendu, de repousser tout traitement nouveau ou toute intervention chirurgicale.

ARGENT

Pendant la première semaine et après le 21, confiance et crédibilité émaneront de votre personnalité. Ces périodes seront favorables à la réussite d'affaires, à la sollicitation d'aides ou d'augmentations. Entre le 7 et le 21, prudence et patience seront de rigueur. En effet, vous connaîtrez des retards dans les résultats de vos investissements. Les bonnes périodes pour acheter et investir, en restant dans les limites du raisonnable, iront du 1er au 7 et au-delà du 21 (voir le calendrier numérologique, pour les jours et les heures favorables).

SI VOTRE ANNÉE PERSONNELLE EST 8, VOICI VOS PRÉVISIONS POUR CE MOIS

TRAVAIL

Voilà un mois de conflits et de luttes. Vous aurez envie de faire table rase, afin de repartir sur de nouvelles bases. Attention, votre courage frôlera l'inconscience et l'immaturité ! Maîtrisez votre agressivité. Vous devrez, au contraire, faire preuve de mesure et de pondération. Il faudra vous améliorer, vous perfectionner pour les mois à venir. La période la plus favorable de ce mois sera entre le 14 et le 21.

AMOUR

La première quinzaine, rien ne va plus ; les tensions vont avoir tendance à s'aggraver. Entre le 14 et le 21, des aspects harmonieux vous donneront la possibilité de retrouver un équilibre affectif. À partir du 21, vous serez aussi têtu qu'un âne ! Écoutez donc les points de vue de vos proches. Ouvrez le dialogue, ne vous renfermez pas dans votre coquille. Si vous êtes célibataire, il vaudra mieux le rester. La période ne sera pas favorable aux rencontres et, s'il y en avait, elles seraient néfastes pour votre avenir.

SANTÉ

Du 1er au 7, se situera le meilleur aspect du mois. Profitez-en pour commencer un nouveau traitement. La période sera propice à toute intervention chirurgicale. Entre le 7 et le 14, vous aurez tendance à être amorphe, ce qui n'arrangera pas vos ennuis de santé. Il vous faudra attendre le mois prochain pour que ces problèmes s'estompent. Au-delà du 21, l'énergie revient avec tant de force qu'elle sera en excès, et provoquera excitation et euphorie.

ARGENT

Du 7 au 14 et au-delà du 21, vous traverserez des périodes très dangereuses sur le plan financier. La première semaine et entre le 14 et le 21, vous pourrez investir, mais il vous faudra compter sur la chance et sur une intervention amicale et providentielle, pour parvenir à un bon résultat.

SI VOTRE ANNÉE PERSONNELLE EST 9, VOICI VOS PRÉVISIONS POUR CE MOIS

TRAVAIL

Vous serez démoralisé. Vous n'arriverez pas à prendre de décisions. Pourtant, vous allez devoir trancher ce mois-ci ou le mois prochain, et repartir sur de nouvelles bases. Laissez faire les événements. Préparez-vous à des changements, peut-être même à des transformations, mais ne les provoquez pas. La première semaine, si vous le pouvez, prenez des contacts. Vous pourrez essayer de voir s'il y a quelques possibilités de changements dans votre travail, mais n'insistez pas. Le mieux à faire, pour les trois dernières semaines, sera de maintenir le statu quo.

AMOUR

Vous perdez pied, votre univers affectif semble s'écrouler. Vous ne savez plus que faire et vous vous affolez. Ne prenez aucune décision, laissez faire le destin, les problèmes se résoudront peu à peu. La seconde quinzaine, faites le point sur l'état de vos relations avec votre partenaire. Cette remise en question vous fera voir la vie affective sous un autre jour.

SANTÉ

Vous ne serez pas au mieux de votre forme, pendant ce mois. Si vous avez des ennuis de santé depuis quelque temps, vous aurez un peu de difficulté à vous rétablir. Les traitements de choc ne vous seront pas conseillés. Reposez-vous, détendez-vous. Vous pourrez faire une cure de vitamines pour vous aider à retrouver un équilibre. Ce ne sera pas le moment d'entreprendre des voyages ou de faire trop de sport, cela vous épuiserait.

ARGENT

Pas moyen d'endiguer les pertes, ce mois-ci ! Afin de limiter l'hémorragie pécuniaire, évitez de trop vous engager financièrement. Ne faites pas de prêt, ne vous endettez pas, vous le regretteriez. Il sera préférable, pendant toute cette période, de rester vigilant.

SI VOTRE MOIS PERSONNEL EST 9

Voici les neuf différents mois personnels 9.
À l'aide du nombre de votre année personnelle (que vous avez calculé p. 21), vous allez rechercher votre mois personnel correspondant et lire vos prévisions.

Si votre année personnelle est : 1 voir p. 250
2 voir p. 251
3 voir p. 252
4 voir p. 253
5 voir p. 254
6 voir p. 255
7 voir p. 256
8 voir p. 257
9 voir p. 258

SI VOTRE ANNÉE PERSONNELLE EST 1, VOICI VOS PRÉVISIONS POUR CE MOIS

TRAVAIL

Vous êtes soucieux et inquiet. Soyez rassuré, de nouvelles perspectives vont se présenter. Si vous êtes confiant et si vous gardez votre self-control, vous maîtriserez parfaitement la situation. Soyez attentif aux opportunités, ne négligez pas les détails. Des solutions se présenteront dans les mois à venir.

AMOUR

Sur le plan affectif, ce sera le grand désert et vous vous sentirez bien seul. Célibataires, votre mois ne sera égayé que par quelques aventures passagères. Si vous êtes en couple, soyez patient, votre partenaire sera plus attentionné dans les mois prochains.

SANTÉ

Pendant la première quinzaine, des coups de cafards vous déstabiliseront. Fort heureusement, c'est la vitalité qui l'emportera dans la deuxième quinzaine. Vous vous remettrez alors en question ; vous prendrez des décisions, qui vous permettront d'aborder, avec sérénité, le mois prochain.

ARGENT

En fin de mois, les idées et les projets fourmilleront dans votre tête, ouvrant de nombreuses perspectives sur la façon d'augmenter votre potentiel financier. Vous pourrez garder de côté ou retenir les propositions faites mais, rien ne devra se réaliser pour l'instant. Donc, faites des projets, établissez des plans financiers, ils se concrétiseront après le 21.

SI VOTRE ANNÉE PERSONNELLE EST 2, VOICI VOS PRÉVISIONS POUR CE MOIS

TRAVAIL

Vous voilà bien décidé à ne pas vous laisser faire. Vous êtes prêt à vous battre, pour conserver votre indépendance et pour ne pas dépendre de vos supérieurs. Vous montrerez, avec parfois un peu trop d'émotions, vos sentiments dans vos relations professionnelles. Cela vous nuira, soyez prudent. Dans l'ensemble, ce ne sera pas un mois excellent. Il semblerait que vous vous heurtiez à des oppositions importantes. Patience, le mois prochain amènera des solutions.

AMOUR

Des conflits relationnels continueront de vous exaspérer, que vous soyez en couple ou célibataire. Vous désirez une vie affective harmonieuse, et vous ne trouverez que déception. Il faudra prendre votre mal en patience et attendre le mois prochain.

SANTÉ

Votre état de santé est fragile. Tout ce qui est de type allergique, nerveux ou psychosomatique s'aggravera. Si vous n'avez pas de problèmes de santé, vous serez néanmoins angoissé, ce qui vous perturbera considérablement.

ARGENT

C'est la débandade ! Vous comptiez sur des aides qui se déroberont ou vous décevront. Vous pourrez peut-être rattraper le coup à la fin du mois, mais cela nécessitera beaucoup de perspicacité et de tact de votre part. Un mois difficile sur le plan financier. Évitez les investissements.

SI VOTRE ANNÉE PERSONNELLE EST 3, VOICI VOS PRÉVISIONS POUR CE MOIS

TRAVAIL

Dans votre cadre professionnel, des relations amicales vont naître et vous évoluerez dans un climat harmonieux. Dans la dernière semaine, de nouvelles perspectives s'offriront à vous et augmenteront votre crédit personnel. Très créatif, vous mettrez en place des stratégies, pour les mois à venir. Exploitez au mieux toutes les richesses de ce mois.

AMOUR

Les préoccupations [illegible]lement votre esprit, vous ne consacrerez que peu de te[illegible] de fait pourra nuire à vos relations. Essayez de concilier [illegible]

[illegible]

Votre état général se[illegible]ntenir votre forme, par une activité physique plus intens[illegible], l'exercice intellectuel apportera de grandes satisfactions[illegible]énéral.

ARGENT

La première et la dernière semaine, vous serez confronté à des obligations et vous ne jouirez pas de la liberté d'action souhaitée. Rien de bien dramatique. Il vous sera conseillé d'investir et de vous engager à long terme. Vous pourrez réaliser de petits profits, entre le 7 et le 21.

SI VOTRE ANNÉE PERSONNELLE EST 4, VOICI VOS PRÉVISIONS POUR CE MOIS

TRAVAIL

Profitez de cette période pour régler tous les problèmes administratifs. Les cycles favoriseront toutes les démarches auprès d'administrations, d'institutions etc. Vous voilà bien installé dans votre fonction. On vous sollicitera de toutes parts. Vous établirez, en étroite collaboration avec des personnalités de votre milieu professionnel, de nouveaux projets qui seront florissants, dans les mois et les années à venir. La période sera constructive du 1er au 21. Au-delà du 21, les contacts extérieurs (voyages, déplacements) seront favorisés.

AMOUR

Vous traverserez un cap difficile et, si vous vivez des tensions, il semblerait qu'elles se durcissent. Elles pourront toutefois s'atténuer vers la fin du mois pour certains ; pour d'autres, cette situation tendue les amènera à des conclusions hâtives. À la fin du mois, les célibataires seront envahis d'un sentiment de liberté ; ils aspireront à vivre des aventures passionnantes et passionnées.

SANTÉ

Les trois premières semaines, vous subirez le contrecoup de vos épreuves affectives. Les nouveaux traitements ou les interventions chirurgicales seront déconseillés dans la mesure du possible. Vous désirerez vivement retrouver votre équilibre et vous rechercherez des solutions à vos problèmes existants.

ARGENT

Très pris par vos activités professionnelles, vous n'aurez guère le temps de vous occuper de vos finances. Ce qui n'aura rien de dramatique, étant donné que les investissements, même minimes, sont déconseillés. Veillez même à ne pas vous endetter. Une amélioration se fera sentir dès le 21.

SI VOTRE ANNÉE PERSONNELLE EST 5, VOICI VOS PRÉVISIONS POUR CE MOIS

TRAVAIL

Extrêmement dynamique, vous aurez l'impression que tout est passionnant, que les choses vont bouger, que des transformations se préparent. Hélas, vous ne disposerez pas des moyens ni des outils pour agir. Vous vous sentirez limité, d'où une certaine instabilité sur tout le mois. Calmez-vous et prenez patience. Le mois prochain, la conjonture sera favorable. Les projets se débloqueront et amélioreront considérablement vos conditions de travail.

AMOUR

Vous êtes euphorique et prêt à croquer la vie à pleines dents. Modérez votre côté passionnel, qui est très dominant ce mois-ci. Soyez plus vigilant avec vous-même et avec les autres. Si vous êtes marié, on voudra vous faire vivre des heures inoubliables. Envisagez donc des voyages ou des longs week-ends à la campagne.

SANTÉ

L'énergie revient, et vous voilà motivé pour vous refaire une santé. Une forme excellente vous sera utile pour le mois d'action qui vous attend. Entre le 7 et le 21, la période sera favorable pour débuter un traitement, à condition qu'il ne dépasse pas deux à trois semaines. Les interventions chirurgicales et les longs traitements seront plus efficaces le mois prochain. Dès le 21 et jusqu'à la fin du mois, la santé sera plus délicate.

ARGENT

Attention aux dépenses, les finances risquent d'être déstabilisées à force de prodigalités excessives. Vous avez besoin de sensations fortes, et cela coûte cher. Tout s'arrangera sans doute le mois prochain. En attendant, évitez les coups de folie, et tenez bon !

SI VOTRE ANNÉE PERSONNELLE EST 6, VOICI VOS PRÉVISIONS POUR CE MOIS

TRAVAIL

Pendant les trois premières semaines, vous allez être surchargé de travail. De nouvelles tâches vous seront confiées. Elle vont vous demander une forte concentration, un gros travail de réflexion et vont vous épuiser cérébralement. Vous saturerez. Vous attendrez avec impatience de nouvelles responsabilités ou un nouveau poste. À partir du 21, vous ferez l'objet d'une attention soutenue chez vos collaborateurs : on vous écoutera. Vous entreverrez alors une amélioration dans votre situation.

AMOUR

La situation ne sera vraiment pas au beau fixe. Plus rien ne va dans votre vie affective. Les célibataires ne feront que des rencontres éphémères. Quant aux couples, la situation deviendra critique. Attention !

SANTÉ

Vous serez surmené, stressé. Veillez à une alimentation équilibrée et à une vie saine : Rien de tel pour vous dépenser et pour remédier à votre tension nerveuse. Évitez, si possible, les traitements et les interventions pendant ce mois.

ARGENT

Profitez de ce mois pour régler les problèmes financiers, que vous traînez depuis quelques temps. Si l'on vous doit de l'argent, ce sera le moment idéal pour le réclamer. Mais surtout, n'investissez pas, ce serait à perte.

SI VOTRE ANNÉE PERSONNELLE EST 7, VOICI VOS PRÉVISIONS POUR CE MOIS

TRAVAIL

Des contretemps et des obstacles jalonneront les trois premières semaines. Inutile de vouloir régler des problèmes en ce moment, les tensions ne feraient que s'accroître. Ce qui serait malvenu, vu votre situation instable. Prudence. Faites le gros dos et attendez. À partir du 24, les conflits s'apaiseront et des solutions se présenteront.

AMOUR

Les conflits s'intensifieront et les tensions affectives vont prendre une ampleur qui fera craindre des ruptures. Soyez conciliant. Trouvez des compromis et faites preuve de compréhension. La situation devrait pouvoir s'arranger. À partir des 24 et 25, un aspect harmonieux apportera la réconciliation dans les couples.

SANTÉ

Reposez-vous. Vous avez besoin de calme et de tranquillité. Prenez grand soin de votre état général. Évitez, si possible, les traitements nouveaux et les interventions chirurgicales.

ARGENT

Le mois sera très délicat. Si vous avez investi pendant des cycles négatifs, des pertes importantes seront à craindre. De façon générale, intervenez le moins possible. Abstenez-vous de toute démarche visant à stabiliser vos finances, elle serait vouée à l'échec. Ne tentez rien non plus pour récupérer de l'argent dû. Ce ne serait pas le moment.

SI VOTRE ANNÉE PERSONNELLE EST 8, VOICI VOS PRÉVISIONS POUR CE MOIS

TRAVAIL

Ce sera le mois des conclusions et des issues finales. Sur le plan professionnel, des situations prendront fin, toucheront à leur conclusion, ce qui sera favorable pour votre avenir. Vous terminerez le mois satisfait. Vous serez prêt à conquérir de nouveaux espaces. Restez serein, malgré tout.

AMOUR

Vous serez hypersensible, et les liens affectifs seront conflictuels. Vous ne supporterez rien, ni personne. Dès le 21, vous réagirez et vous vous rapprocherez de votre partenaire.

SANTÉ

Pendant les trois premières semaines, vous serez en perte de vitalité. Vous manquerez d'ardeur et de dynamisme, mais à partir du 21, votre état général s'améliorera et les problèmes disparaîtront, comme par enchantement. Évitez, si possible, de commencer un nouveau traitement.

ARGENT

Vous pourrez faire des projets, mais ne concrétisez rien ce mois-ci. Cela vous sera difficile, car vous serez sollicité de toutes parts. Préparez-vous pour le mois prochain.

SI VOTRE ANNÉE PERSONNELLE EST 9, VOICI VOS PRÉVISIONS POUR CE MOIS

TRAVAIL

Ce sera un mois où beaucoup de situations prendront fin. D'une part, la prudence vous sera recommandée, si vous voulez conserver votre acquis. D'autre part, ce sera pour certains le point de départ de nouvelles « aventures » qui débuteront le mois prochain.

AMOUR

Ce sera le bouleversement total. Les couples, qui vivent des conflits relationnels depuis plusieurs mois et qui n'ont pas trouvé de solutions à leur mésentente, vont se trouver au pied du mur. Vous allez devoir faire un choix. Le plus sage sera d'éviter toute précipitation. Vous vous trouverez en face d'une alternative. Pesez bien le pour et le contre avant de prendre la décision qui s'imposera. La conciliation et la réconciliation seront toujours possibles.

SANTÉ

Votre état général laisse à désirer. Vous subirez par moment des pertes d'énergie qui vous rendront amorphe. D'anciens symptômes vont peut-être refaire surface. Profitez donc de ce mois pour vous faire faire un check-up.

ARGENT

Vous n'aurez aucune liberté d'action ce mois-ci. Inutile de tenter la moindre opération ; vous ne disposerez d'aucune marge de manœuvre... Un seul conseil et une seule solution : attendez le mois prochain !

VOTRE JOUR PERSONNEL

Chaque journée est marquée par une vibration différente. Pour mieux réussir vos démarches, je vous conseille de suivre la tendance de la journée, ainsi que les cycles, heure par heure. Ces derniers vous indiquent les moments les plus propices à la rentabilité de vos entreprises, que ce soit pour solliciter un appui, signer un contrat, faire une demande de prêt ou réussir un entretien.
Ainsi, vous pourrez agir juste, dans la situation juste, au moment juste.
Désormais, grâce au mode d'emploi (p. 23), vous savez calculer votre jour personnel. Vous remarquerez dans le chapitre suivant, qu'il en existe plusieurs. Un seul, bien entendu, correspond à votre personnalité (pour la journée demandée). Vous le retrouverez grâce au nombre de votre mois (voir p. 22).

SI VOTRE JOUR PERSONNEL EST 1

Voici les neuf différents jours personnels 1.
À l'aide du nombre de votre mois personnel (que vous avez calculé p. 23), vous allez rechercher votre jour personnel correspondant et lire vos prévisions.
Si votre mois personnel est : 1 voir p. 262
2 voir p. 262
3 voir p. 263
4 voir p. 263
5 voir p. 264
6 voir p. 264
7 voir p. 265
8 voir p. 265
9 voir p. 266

SI VOTRE MOIS PERSONNEL EST 1, VOICI VOS PRÉVISIONS POUR CE JOUR

Vous vous sentirez rajeuni, prêt à conquérir de nouveaux horizons et, tel un chevalier plein d'espoirs et d'idéaux, vous ne vous laisserez pas décourager par les obstacles de la matinée. En effet, des personnes de votre entourage vont s'opposer à vos projets et à vos idées risquant, passagèrement, de vous déstabiliser émotionnellement. En revanche, une excellente période, entre 12 heures et 18 heures, vous redonnera la forme et l'énergie nécessaires pour mener à bien et avec succès tous vos objectifs. Au-delà de 18 heures, le ton de la journée se durcira et le climat sera moins harmonieux. Prudence.

0h 1 2 3 4 5 6 7 8 9 10 11 12 13 14 15 16 17 18 19 20 21 22 23 24h

☆	○	★	★	☆	☆	★	☆	○	☆	○	★	☆	★	○	○	☆	○	○	○	★	★	★	★

SI VOTRE MOIS PERSONNEL EST 2, VOICI VOS PRÉVISIONS POUR CE JOUR

On vous sollicitera de toutes parts ; vous jouerez parfaitement bien le rôle de leader, auquel on vous conviera. Vous apprécierez la façon dont on vous fera confiance, ce sera le moment d'investir et de faire avancer tous vos projets. Aujourd'hui, tout s'accélérera, notamment entre 8 heures et 12 heures et au-delà de 18 heures. Vous rencontrerez quelques petites limitations, entre 12 heures et 18 heures. Dès 18 heures, vous serez en revanche spectateur de circonstances riches en bonnes occasions. Alors, n'hésitez pas à accepter une invitation. Vous y ferez sans doute des rencontres fort enrichissantes.

0h 1 2 3 4 5 6 7 8 9 10 11 12 13 14 15 16 17 18 19 20 21 22 23 24h

☆	○	★	★	☆	☆	○	★	☆	☆	★	☆	○	○	○	○	☆	☆	☆	☆	☆	☆	☆	☆

SI VOTRE MOIS PERSONNEL EST 3, VOICI VOS PRÉVISIONS POUR CE JOUR

Vous vous lèverez avec le moral au beau fixe et, grâce à cet optimisme et à cette sérénité du matin, vous édifierez de nouvelles stratégies pour améliorer vos conditions de travail. Saurez-vous profiter de ces aspects favorables que vous offre le destin pour vous affirmer et vous accomplir ? Soyez attentif et à l'écoute des aides providentielles qui se manifesteront. La meilleure période se situera entre 12 heures et 18 heures. Rassurez-vous, au-delà de 18 heures, le destin ne vous laissera pas tomber. Il continuera de vous prodiguer ses bienfaits. `

0h 1 2 3 4 5 6 7 8 9 10 11 12 13 14 15 16 17 18 19 20 21 22 23 24h

☆	○	☆	○	☆	☆	○	☆	○	☆	★	○	☆	☆	○	○	☆	○	☆	★	☆	☆	★	★

SI VOTRE MOIS PERSONNEL EST 4, VOICI VOS PRÉVISIONS POUR CE JOUR

Durant toute la matinée, vous rayonnerez ! Votre enthousiasme dynamisera tout votre entourage et, tel un soleil, vous serez le centre d'où émaneront cet après-midi chaleur, réconfort et force. L'amour et l'amitié se mêleront et se confondront ; vous rêverez de grands sentiments. Vous vous plairez à vous laisser bercer par des flots d'émotions. Vous terminerez cette journée dans un état euphorique, entraîné par les ambitions et les projets les plus fous. Ce sera, dans l'ensemble, une journée très favorable. Profitez-en pour formuler vos demandes ou pour lancer de nouveaux projets.

0h 1 2 3 4 5 6 7 8 9 10 11 12 13 14 15 16 17 18 19 20 21 22 23 24h

☆	○	☆	○	☆	★	★	☆	○	☆	★	☆	☆	☆	★	○	☆	○	○	○	○	○	★	★

SI VOTRE MOIS PERSONNEL EST 5, VOICI VOS PRÉVISIONS POUR CE JOUR

Bien dans votre peau, sûr de vous, vous ne vous préoccuperez guère des questions matérielles et professionnelles. Les sentiments, l'amour, l'amitié et la famille seront vos priorités. Vous serez déterminé à conquérir l'élu de votre cœur, et les événements s'y prêteront en particulier entre 8 heures et 12 heures et au-delà de 18 heures. Un véritable charme magnétique se dégagera de vous. En revanche, un aspect dissonant entre 12 heures et 18 heures contrariera toute entreprise ou démarche professionnelle, financière et affective. Évitez donc tout ce qui est nouveau durant cette courte période.

0h	1	2	3	4	5	6	7	8	9	10	11	12	13	14	15	16	17	18	19	20	21	22	23	24h
☆	○	★	★	☆	☆	★	☆	★	☆	○	★	●	●	●	●	○	○	○	★	★	☆	★	☆	

SI VOTRE MOIS PERSONNEL EST 6, VOICI VOS PRÉVISIONS POUR CE JOUR

Aujourd'hui, vous vous sentirez motivé, prêt à prendre les initiatives les plus audacieuses. Bravo ! Tel un véritable alchimiste, vous réussirez l'œuvre à laquelle vous aspirez. Cependant, la patience sera de rigueur en début de journée. En effet, jusqu'à 12 heures, des aspects contraignants provoqueront des limitations et des petits obstacles. Ne vous butez pas, laissez faire les événements. Tout se débloquera dès midi, pour connaître ensuite une évolution positive jusqu'à très tard dans la soirée.

0h	1	2	3	4	5	6	7	8	9	10	11	12	13	14	15	16	17	18	19	20	21	22	23	24h
☆	★	★	★	☆	☆	○	☆	●	●	○	●	★	★	★	○	☆	☆	★	○	☆	☆	☆	☆	

SI VOTRE MOIS PERSONNEL EST 7, VOICI VOS PRÉVISIONS POUR CE JOUR

Si vous avez des projets financiers, ou liés au côté matériel des choses, ce sera le moment, durant la matinée, de les mettre à exécution. Tout vous sourira, alors n'hésitez pas, par exemple, à spéculer, puis à négocier des délais auprès de votre percepteur ou de votre banquier, s'il y a lieu ; dès 12 heures, des vibrations excellentes continueront à vous faciliter la journée. De toutes parts, les mots gentils, l'affection et les compliments afflueront. Dès 18 heures, le vent tournera. Vous devrez faire des concessions. En effet, des obligations vous rappelleront à l'ordre. Rassurez-vous, elles ne viendront pas troubler cette journée, heureuse dans l'ensemble.

0^h	1	2	3	4	5	6	7	8	9	10	11	12	13	14	15	16	17	18	19	20	21	22	23	24^h
☆	★	★	★	★	★	○	★	★	☆	○	☆	☆	☆	☆	★	☆	★	★	★	★	★	○	☆	

SI VOTRE MOIS PERSONNEL EST 8, VOICI VOS PRÉVISIONS POUR CE JOUR

Vous vous revêtirez d'une assurance et d'une maturité qui feront de vous un véritable leader, un personnage écouté et respecté. Alors, il est impératif, notamment entre 9 heures et 12 heures, et au-delà de 18 heures, de mettre à profit cette journée bénéfique. Laissez derrière vous vos craintes et vos petits complexes et essayez, demandez, frappez aux portes, et on vous ouvrira ! On vous donnera ! L'après-midi, moins favorable entre 12 heures et 18 heures, vous contraindra à prendre du recul ; ce que vous ne ferez certainement pas car, transporté par un tourbillon d'illusions, vous aurez l'impression que tout est acquis et que votre vie se transforme. Les aspects, en soirée, seront au beau fixe ; ils vous permettront de terminer la journée avec des amis, de manière constructive et harmonieuse.

0^h	1	2	3	4	5	6	7	8	9	10	11	12	13	14	15	16	17	18	19	20	21	22	23	24^h
☆	★	★	★	★	★	○	★	★	☆	○	☆	☆	☆	☆	★	☆	★	★	★	★	★	○	☆	

SI VOTRE MOIS PERSONNEL EST 9, VOICI VOS PRÉVISIONS POUR CE JOUR

Aujourd'hui, tout ira très vite et pas forcément toujours très bien. Vous serez très impatient de voir cette journée se terminer. En effet, à partir de 20 heures, un nombre 2 suscitera, sur le plan relationnel, de nouvelles amitiés très agréables et dignes d'intérêt. En revanche, la journée, et particulièrement la matinée, sera mouvementée et vous ne serez pas très apte à la maîtriser : vous vous sentirez dépassé par la multitude de nouveaux contacts, de nouvelles idées et de nouveaux plans. Prudence ! entre 12 heures et 18 heures, quelques tensions avec votre partenaire, et sur le plan relationnel en général, sont à envisager.

0h 1 2 3 4 5 6 7 8 9 10 11 12 13 14 15 16 17 18 19 20 21 22 23 24h

☆	★	★	★	★	☆	○	☆	○	○	★	○	★	○	○	○	☆	☆	☆	☆	☆	☆	☆	☆

SI VOTRE JOUR PERSONNEL EST 2

Voici les neuf différents jours personnels 2.
À l'aide du nombre de votre mois personnel (que vous avez calculé p. 22), vous allez rechercher votre jour personnel correspondant et lire vos prévisions.

Si votre mois personnel est : 1 voir p. 268
2 voir p. 268
3 voir p. 269
4 voir p. 269
5 voir p. 270
6 voir p. 270
7 voir p. 271
8 voir p. 271
9 voir p. 272

SI VOTRE MOIS PERSONNEL EST 1, VOICI VOS PRÉVISIONS POUR CE JOUR

Cette journée vous apportera de nombreuses satisfactions sur le plan relationnel. Vous serez communicatif et prêt à aller au-devant de personnes et de situations qui, jusque là, vous effrayaient ou vous bloquaient. Dans la vie affective comme dans la vie professionnelle, vous ferez des rencontres, à la fois insolites et providentielles. Les propositions afflueront. Restez ferme et, surtout, ne vous engagez pas : ce n'est pas le jour. Les périodes les plus favorables seront entre 8 et 12 heures et après 18 heures. Au cours de l'après-midi, une instabilité émotionnelle vous fera fuir les responsabilités et vous penserez à tout, sauf aux réalités du quotidien !

0h	1	2	3	4	5	6	7	8	9	10	11	12	13	14	15	16	17	18	19	20	21	22	23	24h
○	★	○	★	○	○	☆	○	☆	○	☆	★	●	★	○	☆	★	★	☆	☆	☆	☆	★	○	

SI VOTRE MOIS PERSONNEL EST 2, VOICI VOS PRÉVISIONS POUR CE JOUR

Quoi qu'il arrive, vous serez vainqueur. La force sera de votre côté et vous donnera raison, tout au moins en fin de journée. Toutefois, ce jour sera éprouvant. Vous rencontrerez des oppositions et des résistances inhabituelles. Un conseil : évitez d'engager la conversation sur des terrains glissants ou trop personnels, car vous risquez de ne pas savoir mesurer vos paroles et de tenir des propos imprudents, qui seraient ressentis comme des piques. Les dégâts ainsi occasionnés seront difficiles à réparer et les malentendus longs à dissiper. Très émotif aujourd'hui, vous vivrez certaines situations et leurs contraires : la dispute et la réconciliation, la haine et l'amour, la colère et l'amitié. La première partie de cette journée vous fera sortir de vos gonds ; la seconde, dès 17 heures, vous apaisera et vous comblera, tant l'affection que l'on vous prodiguera sera douce et généreuse.

0h	1	2	3	4	5	6	7	8	9	10	11	12	13	14	15	16	17	18	19	20	21	22	23	24h
○	★	○	★	☆	○	☆	○	☆	○	☆	★	●	●	○	☆	☆	☆	○	○	☆	☆	★	★	

SI VOTRE MOIS PERSONNEL EST 3, VOICI VOS PRÉVISIONS POUR CE JOUR

Ce matin, vous ne vous lèverez pas du bon pied. Morose, aigri, vous vous sentirez très seul et, curieusement, vous ne supporterez pas les autres. Vous leur trouverez tous les défauts de la terre. Pour bien passer cette journée, prenez des vitamines, naturelles si possible, et gardez le sourire. Évitez les longs entretiens dans le travail ou les tâches nécessitant de l'opiniâtreté, car vous ne serez pas au mieux de votre forme. Renoncez également à toute entreprise engageant votre destin à long terme. En bref, restez méfiant et prenez du recul. Votre entendement n'est pas à son meilleur niveau ; vous y verrez plus clair dans les jours à venir.

0^h 1 2 3 4 5 6 7 8 9 10 11 12 13 14 15 16 17 18 19 20 21 22 23 24^h

★	★	★	★	★	★	★	○	☆	★	★	★	●	●	●	○	○	○	○	○	☆	★	★	☆

SI VOTRE MOIS PERSONNEL EST 4, VOICI VOS PRÉVISIONS POUR CE JOUR

Une forte inspiration vous soutiendra tout au long de cette journée. L'utiliserez-vous à bon escient et de façon désintéressée, comme l'exige la règle de ce jour ? Ce serait préférable, si vous voulez éviter des revers de fortune en fin de soirée. De toute manière, une belle vivacité d'esprit et une perspicacité soudaine vous permettront de saisir des opportunités fort intéressantes, notamment entre 12 heures et 18 heures. Par conséquent, ne vous laissez pas envahir par le doute et l'indécision, surtout en début de matinée. Il n'y a pas de raison. L'intuition et l'impulsion dont vous ferez preuve seront des atouts sûrs, qui vous permettront de triompher des obstacles de la journée. Entre 8 et 12 heures, le moment sera surtout propice à l'affectif et au côté émotionnel des choses, alors qu'entre 12 et 18 heures, ce seront les entreprises professionnelles qui seront fructueuses. Au-delà de 18 heures, la prudence sera de rigueur.

0^h 1 2 3 4 5 6 7 8 9 10 11 12 13 14 15 16 17 18 19 20 21 22 23 24^h

★	☆	○	★	☆	★	☆	★	☆	★	★	★	☆	☆	★	☆	☆	★	○	○	★	★	★	★

SI VOTRE MOIS PERSONNEL EST 5, VOICI VOS PRÉVISIONS POUR CE JOUR

Cette journée sera placée sous le signe de la dualité. Elle vous fera vivre des moments difficiles où vous vous sentirez seul et rejeté (vous constaterez d'ailleurs que tout subit des retards, surtout entre 8 et 12 heures). À l'inverse, notamment en fin d'après-midi, vous serez étonné par des événements tournant à votre avantage. Sollicité de toutes parts, vous transformerez tel un alchimiste le pire en meilleur et le mauvais en excellent, de façon merveilleuse et spectaculaire. Faites confiance au temps, il travaillera pour vous tout au long de la journée. La patience sera de rigueur. Si vous vous en faites une alliée, la récompense sera d'autant plus importante. Vous subirez des tensions affectives toute la journée et de nombreux obstacles seront à prévoir dans ce domaine, entre 8 et 18 heures. En revanche, au-delà de 18 heures, une période excellente vous donnera toute l'efficacité et la facilité nécessaires à la réussite.

0^h 1 2 3 4 5 6 7 8 9 10 11 12 13 14 15 16 17 18 19 20 21 22 23 24^h

★	☆	○	☆	★	○	☆	○	●	●	●	●	○	○	★	☆	★	○	☆	☆	☆	☆	☆	★

SI VOTRE MOIS PERSONNEL EST 6, VOICI VOS PRÉVISIONS POUR CE JOUR

Des contacts sympathiques et des rencontres séduisantes vous rendront cette journée plus qu'agréable. Vous envisagerez même de nouvelles associations et en remettrez certaines en question. La matinée sera fort propice au développement de tout nouveau projet et, sur la lancée, le cycle, entre 12 et 18 heures, continuera à vous privilégier dans vos affaires. En effet, des idées nouvelles surgiront. Elles proviendront de collaborateurs ou de proches, ou seront suscitées par eux. Au-delà de 18 heures, un cycle moins dominant, beaucoup plus cérébral, sera favorable aux tâches administratives ou au classement de dossiers et de papiers. Après cette journée bien remplie, profitez de cet aspect pour vous « recentrer ». Cela vous permettra d'échapper aux pièges de cette période porteuse d'illusions et de déceptions sur le plan relationnel, surtout dans le monde du travail.

0^h 1 2 3 4 5 6 7 8 9 10 11 12 13 14 15 16 17 18 19 20 21 22 23 24^h

☆	☆	★	★	★	★	☆	○	☆	☆	☆	☆	○	○	★	☆	○	☆	○	○	○	★	★	★

SI VOTRE MOIS PERSONNEL EST 7, VOICI VOS PRÉVISIONS POUR CE JOUR

Un vieil adage dit : « On reconnaît la grandeur d'un homme à l'influence qu'il a sur ses proches. » Alors, serez-vous assez audacieux et assez téméraire pour imposer vos points de vue et vos pensées ? Deux raisons, aujourd'hui, devraient vous convaincre d'agir de la sorte : la première est que vous aurez de bonnes idées et des solutions pratiques ; la seconde est que votre rayonnement et votre ascendant sur les autres seront plus forts qu'à l'accoutumée. La matinée sera source de profits sur le plan relationnel et dans les affaires en général. Vous serez de très bon conseil, on vous écoutera. Dès 12 heures, mais surtout à partir de 18 heures, vous entrerez dans un cycle où l'ambiance favorisera plutôt les relations affectives. Vos pensées s'orienteront vers les plaisirs, les sentiments amoureux, et les événements s'y prêteront jusqu'à très tard dans la soirée.

0h 1 2 3 4 5 6 7 8 9 10 11 12 13 14 15 16 17 18 19 20 21 22 23 24h

○	✪	○	✪	☆	✪	☆	✪	●	●	✪	✪	●	●	✪	✪	○	✪	●	☆	☆	☆	☆	☆

SI VOTRE MOIS PERSONNEL EST 8, VOICI VOS PRÉVISIONS POUR CE JOUR

Cette journée exigera de vous discernement et analyse. Vous devrez en effet faire des choix, trouver des solutions. Pour cela, un esprit sélectif sera nécessaire. Vous allez devoir en bref, séparer le bon grain de l'ivraie et, surtout, ne pas reporter à demain ce que le destin vous demande de faire aujourd'hui. Agissez plus particulièrement dans la matinée car les vibrations favoriseront les changements et les renouvellements. Le problème ne se posera plus en cours d'après-midi, bien au contraire. Dès 12 heures, un cycle très positif incitera aux sorties, aux amitiés et aux relations nouvelles. Entre 12 et 18 heures, toute démarche qu'elle soit commerciale ou artistique, nécessitant tact et diplomatie, sera couronnée de succès. Audelà de 18 heures, une instabilité vous menacera. Seuls les plaisirs, les déplacements, les aventures et les joies de la vie vous préoccuperont. Dans la mesure du possible, évitez les excès durant cette période.

0h 1 2 3 4 5 6 7 8 9 10 11 12 13 14 15 16 17 18 19 20 21 22 23 24h

○	☆	✪	☆	☆	✪	☆	○	☆	✪	✪	✪	☆	☆	☆	☆	○	☆	○	○	○	☆	☆	☆

SI VOTRE MOIS PERSONNEL EST 9, VOICI VOS PRÉVISIONS POUR CE JOUR

Le destin exigera de vous, pendant cette journée, beaucoup de confiance. Vous serez confronté à des situations fort contradictoires, dans votre vie relationnelle, particulièrement dans le cadre professionnel. D'une part, vous déborderez d'idées originales qui vous motiveront et, d'autre part, vous serez déçu par le manque de reconnaissance et d'esprit constructif de vos proches collaborateurs. Cet aspect difficile durera toute la journée. Il sera particulièrement critique entre 12 et 18 heures. Il vous est donc conseillé de garder une prudente réserve, tout en conservant l'attitude de la force tranquille et de la confiance en soi. Vous assisterez à la situation en spectateur, sans vous impliquer car vos émotions risquent de se teinter d'agressivité, voire de violence. La confiance, la patience et la sagesse seront de rigueur si vous voulez vivre au mieux cette journée. La soirée, dès 18 heures, ne sera pas de tout repos ; certaines tâches ou certaines obligations inattendues devront être acceptées avec le sourire.

0h	1	2	3	4	5	6	7	8	9	10	11	12	13	14	15	16	17	18	19	20	21	22	23	24h
○	★	★	★	○	○	☆	○	○	○	☆	☆	○	○	☆	★	★	☆	○	○	★	☆	○	★	

SI VOTRE JOUR PERSONNEL EST 3

Voici les neuf différents jours personnels 3.
À l'aide du nombre de votre mois personnel (que vous avez calculé p. 22), vous allez rechercher votre jour personnel correspondant et lire vos prévisions.

Si votre mois personnel est : 1 voir p. 274
2 voir p. 274
3 voir p. 275
4 voir p. 275
5 voir p. 276
6 voir p. 276
7 voir p. 277
8 voir p. 277
9 voir p. 278

SI VOTRE MOIS PERSONNEL EST 1, VOICI VOS PRÉVISIONS POUR CE JOUR

Vous déborderez d'idées originales et de projets géniaux. Cependant, il faudra attendre très tard dans la journée pour que l'on vous écoute ou que l'on vous suive. Soyez rassuré, vos inventions ne s'envoleront pas. Alors, plutôt que de vous cogner la tête contre les murs ou de vous casser le nez sur des portes qui se ferment, restez un peu en retrait jusqu'à 18 heures au moins. Au-delà, des aspects faciliteront toutes vos démarches et vous permettront de tirer profit de tout contact et de tout investissement. En résumé, de 8 à 12 heures, vous risquerez de rencontrer des tensions dans votre travail ou dans vos démarches professionnelles ; entre 12 et 18 heures, les circonstances pourront être douces et calmes, si vous ne les brusquez pas par une impatience maladive. En effet, de nombreux retards seront à prévoir durant ce cycle. Heureusement dès 18 heures, l'amitié et le côté agréable de la vie ramèneront l'harmonie et le succès nécessaires à votre épanouissement.

0h 1 2 3 4 5 6 7 8 9 10 11 12 13 14 15 16 17 18 19 20 21 22 23 24h

☆	★	☆	★	○	☆	○	☆	○	★	★	☆	●	●	●	●	○	●	☆	○	☆	○	○	☆

SI VOTRE MOIS PERSONNEL EST 2, VOICI VOS PRÉVISIONS POUR CE JOUR

Vous serez reçu cinq sur cinq, alors n'hésitez pas un seul instant à vous exprimer. Ne craignez pas de passer pour un original : il est vrai que vos idées seront aujourd'hui un peu extravagantes, mais le génie peut-il exister sans un peu de folie ? Vous vous montrerez très inventif, et vos initiatives seront bien perçues. Ce matin, vous vous lèverez avec la joie dans le cœur et vous la garderez toute la journée ; les circonstances seront très favorables à la naissance d'une amitié. Entre 12 heures et 18 heures, vous connaîtrez la meilleure période de la journée et, peut-être même, de la semaine. Alors rien ne devra vous arrêter. C'est le moment d'agir. Au-delà de 18 heures, les aspects seront légèrement moins harmonieux, vous constaterez de légères limitations et observerez quelques blocages mais, rassurez-vous, sans gravité.

0h 1 2 3 4 5 6 7 8 9 10 11 12 13 14 15 16 17 18 19 20 21 22 23 24h

☆	★	★	★	★	☆	○	☆	★	☆	★	☆	☆	★	☆	☆	☆	★	○	○	★	★	★	★

SI VOTRE MOIS PERSONNEL EST 3, VOICI VOS PRÉVISIONS POUR CE JOUR

Les idées neuves, qui jailliront de votre esprit ce matin, mettront certains profits financiers à votre portée. Vous dessinerez de nouvelles stratégies dans votre travail ou dans vos activités. Vous serez apprécié pour les initiatives heureuses que vous aurez prises. Vous excellerez dans ce domaine. En revanche, dès 12 heures, la vie affective sera fragilisée. Contenez-vous, car votre tendance à la nostalgie vous poussera à vous torturer inutilement. Patientez jusqu'à ce soir. Au-delà de 18 heures, des sorties, des aventures et des contacts (peut-être superficiels), vous feront tout oublier. Vous serez animé d'une envie irraisonnée de dépenser sans compter. Méfiez-vous donc de vous-même, sinon vous le regretteriez.

0h 1 2 3 4 5 6 7 8 9 10 11 12 13 14 15 16 17 18 19 20 21 22 23 24h

☆	○	☆	☆	★	☆	○	☆	★	☆	○	☆	★	○	☆	☆	☆	☆	○	○	○	★	○	☆

SI VOTRE MOIS PERSONNEL EST 4, VOICI VOS PRÉVISIONS POUR CE JOUR

Ce matin, et jusqu'à midi environ, le moral ne sera pas au beau fixe. Ne vous découragez pas, les contrariétés ne seront que passagères. Dès 12 heures et jusqu'à ce soir tard, de très bons aspects vont rendre cette journée sympathique. Tout le monde sera à vos petits soins avec de nombreux mots gentils et de petits cadeaux. Vous constaterez une reconnaissance à votre égard inhabituelle. En résumé, cette journée sera idéale pour solliciter de l'aide, des appuis, pour mettre en valeur et faire reconnaître vos talents, vos projets. Un seul aspect négatif, entre 9 heures et 12 heures, requerra la prudence. Évitez de provoquer des déplacements à risques, ou de vous engager dans des actions peu sûres.

0h 1 2 3 4 5 6 7 8 9 10 11 12 13 14 15 16 17 18 19 20 21 22 23 24h

☆	○	☆	★	○	☆	○	☆	☆	☆	☆	☆	★	○	☆	○	☆	★	☆	★	☆	★	○	☆

SI VOTRE MOIS PERSONNEL EST 5, VOICI VOS PRÉVISIONS POUR CE JOUR

Aujourd'hui, une puissante imagination vous inspirera idées, plans et projets, que vous exprimerez et défendrez avec un zèle et un savoir-faire tels, que vous pourrez convaincre les plus sceptiques. Tout l'aspect financier sera protégé, notamment ce matin, entre 8 et 12 heures. Au-delà, entre 12 et 18 heures, vous serez toujours aussi brillant, mais évitez de provoquer ou de forcer les volontés, les décisions. On viendra vers vous, on vous sollicitera. Laissez faire. N'exigez rien ! Faites des propositions, d'un air dégagé, on acceptera. Vous serez certainement invité à une soirée. Malgré l'importance des contacts, restez sur vos gardes ; ils risqueront en effet de n'être que superficiels.

0h 1 2 3 4 5 6 7 8 9 10 11 12 13 14 15 16 17 18 19 20 21 22 23 24h

☆	○	☆	★	○	☆	○	☆	☆	☆	☆	☆	★	○	☆	○	☆	★	☆	★	☆	★	○	☆

SI VOTRE MOIS PERSONNEL EST 6, VOICI VOS PRÉVISIONS POUR CE JOUR

Une journée particulière où vous aurez tendance à vous dissiper, à gaspiller vos énergies dans les mondanités, les relations ou les situations superficielles. Méfiez-vous des mauvais conseils et de l'hypocrisie dont vous pourrez être victime, surtout entre 12 et 18 heures. En effet, rien de concret, de solide ni de durable ne pourra se dégager de cette période. La matinée sera moins houleuse, mais instable. Aussi sera-t-il essentiel de bien vous organiser. Le climat de la fin de soirée sera relatif aux efforts que vous aurez fournis dans la journée. Alors, un conseil : au travail ! Aujourd'hui, par exemple, développez votre goût pour la créativité.

0h 1 2 3 4 5 6 7 8 9 10 11 12 13 14 15 16 17 18 19 20 21 22 23 24h

☆	★	☆	★	★	★	★	☆	★	☆	☆	★	●	●	○	○	○	○	★	○	☆	★	○	☆

SI VOTRE MOIS PERSONNEL EST 7, VOICI VOS PRÉVISIONS POUR CE JOUR

C'est dans la joie, la gaieté et la bonne humeur que démarrera cette journée. Un simple aspect passager, à partir de 12 heures, créera quelques confusions dans la mise en route d'activités professionnelles. Mais, ne vous en souciez guère. Dès 18 heures, tout rentrera dans l'ordre. Une énergie nouvelle vous conférera punch, ambition et créativité. Vous improviserez avec un talent fou. Faites confiance à votre imagination, qui sera d'une fertilité exceptionnelle. Vous allez conquérir et subjuguer par votre rayonnement. En résumé, cette journée, entre 8 et 12 heures et au-delà de 18 heures, pourra vous apporter de grandes satisfactions. Saurez-vous bien gérer votre temps pour tirer profit au maximum de ces cycles et de ces opportunités ?

0^h 1 2 3 4 5 6 7 8 9 10 11 12 13 14 15 16 17 18 19 20 21 22 23 24^h

☆	○	★	★	○	○	○	☆	☆	☆	★	☆	○	○	☆	★	★	★	☆	☆	☆	★	○	★

SI VOTRE MOIS PERSONNEL EST 8, VOICI VOS PRÉVISIONS POUR CE JOUR

Saurez-vous, ce matin, profiter de ces belles vibrations pour partir à la conquête du succès et de la réussite ? Ce que vous entreprendrez aura toutes les chances de réussir. Alors, menez tout ça avec conviction et sincérité, surtout dans votre vie professionnelle et dans le cadre de vos responsabilités. Vous ne serez pas déçu. Après 12 heures et jusqu'à 18 heures, tout continuera à bien se dérouler, notamment sur le plan relationnel. Que vouloir de plus ? Certaines personnes vous donneront leur soutien ; des perspectives financières heureuses se profileront dans vos affaires. À partir de 18 heures, c'est avec des amis et de futurs amis que vous passerez une soirée fort enrichissante, dans une ambiance de lectures et de réflexions profondes. Il serait donc dommage de refuser une invitation, car les rencontres mémorables que vous allez faire seront un signe de la providence.

0^h 1 2 3 4 5 6 7 8 9 10 11 12 13 14 15 16 17 18 19 20 21 22 23 24^h

☆	★	★	★	●	☆	★	★	☆	☆	★	☆	★	○	☆	○	☆	○	○	○	☆	☆	●	☆

SI VOTRE MOIS PERSONNEL EST 9, VOICI VOS PRÉVISIONS POUR CE JOUR

Il est à craindre que vous ne passiez votre temps, ce matin, à démêler des situations embrouillées et compliquées. Le destin vous mettra en présence d'un vrai sac de nœuds ! Il vous est conseillé de ne pas mordre à l'hameçon. Évitez donc de courir partout. Les problèmes trouveront leurs solutions, mais certainement pas ce matin. Essayez de rester calme, sinon vous allez gaspiller vos énergies inutilement. Dès 12 heures, les turbulences cesseront ; de nouvelles responsabilités vous préoccuperont. Ne les fuyez pas, sous prétexte que vous avez beaucoup à faire ou à conclure, sinon elles vous poursuivront et s'imposeront à vous, non plus comme des responsabilités, mais bien comme des obligations. Il vous sera beaucoup demandé aujourd'hui, et les événements ne seront pas toujours tendres avec vous. Pour bien réussir cette fin de journée, il sera primordial d'accepter, avec le sourire, les différentes activités auxquelles vous serez convié : aller au-devant de certaines personnes, se déplacer à tel endroit, s'occuper de telle action… Votre phrase clé sera en fait : adaptez-vous et faites comme l'eau qui sait épouser, avec douceur, les formes les moins harmonieuses pour les placer sous sa domination.

0^h 1 2 3 4 5 6 7 8 9 10 11 12 13 14 15 16 17 18 19 20 21 22 23 24^h

☆	○	★	★	○	★	○	☆	○	●	●	○	★	○	☆	○	☆	★	○	○	☆	●	★	★

SI VOTRE JOUR PERSONNEL EST 4

Voici les neuf différents jours personnels 4.
À l'aide du nombre de votre mois personnel (que vous avez calculé p. 22), vous allez rechercher votre jour personnel correspondant et lire vos prévisions.

Si votre mois personnel est : 1 voir p. 280
2 voir p. 280
3 voir p. 281
4 voir p. 281
5 voir p. 282
6 voir p. 282
7 voir p. 283
8 voir p. 283
9 voir p. 284

SI VOTRE MOIS PERSONNEL EST 1, VOICI VOS PRÉVISIONS POUR CE JOUR

Aujourd'hui, un travail considérable vous sera demandé. Partagé entre le besoin perfectionniste de faire bien votre travail et le désir très fort, ce matin notamment, de faire du *public-relations* (avec déplacements, rencontres et situations nouvelles), vous serez en conflit, avec vous-même et, peut-être aussi, avec vos collègues et vos collaborateurs. Vous ne partagerez pas leurs points de vue. Soyez prudent. Votre entendement pourra être brouillé lors de cette matinée. Les aspects seront bien meilleurs au-delà de midi. Il semblerait que vous ayez une vision plus large des choses et que vous arriviez à trancher avec plus de fermeté, toujours dans le cadre d'une journée de travail et de tâches importantes. Vous serez appelé, après 18 heures, à vous relâcher. Ne continuez pas sur la lancée de cette journée. Prenez du recul et détendez-vous avec une bonne lecture ou un bon film. Lâchez prise, vous vous sentirez mieux dans votre peau et dans vos activités professionnelles sinon, dès 18 heures, vous rencontrerez trop d'obstacles et vous subirez des tensions très importantes.

0h	1	2	3	4	5	6	7	8	9	10	11	12	13	14	15	16	17	18	19	20	21	22	23	24h
☆	★	★	○	★	○	☆	○	☆	★	★	☆	○	★	○	☆	○	★	○	○	☆	○	★	○	

SI VOTRE MOIS PERSONNEL EST 2, VOICI VOS PRÉVISIONS POUR CE JOUR

Cette journée vous réservera des surprises fort agréables sur le plan professionnel. Responsable, consciencieux, vous envisagerez, dans la matinée et jusqu'à ce soir très tard, de nouvelles stratégies dans l'organisation de votre travail. Méticuleux et méthodique, vous serez apprécié pour vos heureuses initiatives. La matinée s'annonce constructive. Toutes les questions immobilières ou mobilières (que cela concerne votre appartement ou votre bureau) seront en situation favorable. Entre midi et 18 heures, des événements inattendus se présenteront. Ils tourneront vite à votre avantage, si vous savez faire preuve de maîtrise. Au-delà de 18 heures, de nouvelles responsabilités vous seront confiées. Votre journée ne va pas se terminer de si tôt. Il vous faudra tout accepter avec le sourire et vous adapter à des situations tout à fait imprévues. Dans l'ensemble, aujourd'hui vous apportera des satisfactions professionnelles tant que vous y mettrez de la bonne volonté et aborderez vos activités avec conscience.

0h	1	2	3	4	5	6	7	8	9	10	11	12	13	14	15	16	17	18	19	20	21	22	23	24h
☆	★	☆	○	★	○	☆	○	☆	☆	★	☆	○	★	○	☆	★	★	★	★	☆	○	★	★	

SI VOTRE MOIS PERSONNEL EST 3, VOICI VOS PRÉVISIONS POUR CE JOUR

Chateaubriand disait : « Le bonheur coûte peu, et s'il est cher, c'est qu'il n'est pas de bonne espèce. » Aujourd'hui, un conseil : n'allez pas chercher loin ce qui est tout près et si simple à saisir, d'autant plus que les aspects ne sont pas favorables à la réalisation de grands projets. Vous devrez prendre du recul, rester sur vos gardes sans aucune hésitation, et patienter jusqu'à demain pour prendre des initiatives plus heureuses. Ce matin, notamment entre 8 heures et midi, un aspect difficile révèle que toutes les démarches avorteront, et que d'éventuels contacts, apparemment fructueux pour l'avenir, seront en fait sans suite. La vibration de la matinée continuera d'agir : vous serez tenté par des actions nouvelles au sein de votre travail, mais le moment ne sera vraiment pas propice aux propositions et aux suggestions. Après 18 heures, il vous est conseillé d'oublier cette journée assez tendue et difficile, de laisser place aux loisirs, aux distractions et aux plaisirs de la vie. Laissez-vous aller à la joie du bien-être.

0h 1 2 3 4 5 6 7 8 9 10 11 12 13 14 15 16 17 18 19 20 21 22 23 24h

☆	★	★	●	★	★	☆	○	●	●	●	●	○	○	○	☆	★	★	○	○	☆	○	★	○

SI VOTRE MOIS PERSONNEL EST 4, VOICI VOS PRÉVISIONS POUR CE JOUR

Vous risquez de vous laisser entraîner malgré vous dans des situations difficiles. Rien de ce qui sera établi lors de vos entretiens ou de vos rendez-vous ne pourra se réaliser. En un mot, vous perdrez votre temps. Cependant, des liens nouveaux vont se créer et durer. Vous devrez, dans le futur, tirer une bonne leçon et faire le bilan de ces relations qui, vous le verrez, ne seront pas aussi positives que vous ne l'aviez imaginé au départ.

La situation, dans la journée, ne sera pas mirobolante. Ce sera un jour épineux. Dès le début de l'après-midi, les événements stagneront ou avanceront avec lenteur, subissant de multiples limitations ; l'ambiance générale, notamment vers 18 heures, sera monotone. Vous serez même comme paralysé ou bloqué. Ce ne sera pas le moment de mener une affaire car vous ne disposerez pas de tous vos moyens. Vous ne pourrez pas honorer vos rendez-vous ou votre parole normalement. Il vous est donc conseillé, en soirée, de vous occuper d'affaires administratives qui ont pris du retard, puis de vous adonner à vos obligations familiales ou affectives. En bref, pour cette fin de journée, prenez la vie avec philosophie, à défaut de la prendre du bon côté.

0h 1 2 3 4 5 6 7 8 9 10 11 12 13 14 15 16 17 18 19 20 21 22 23 24h

☆	★	★	○	★	★	☆	○	●	○	★	☆	○	★	○	☆	○	○	●	○	☆	★	★	○

SI VOTRE MOIS PERSONNEL EST 5, VOICI VOS PRÉVISIONS POUR CE JOUR

Aujourd'hui, vous serez animé d'une grande volonté et d'une forte détermination. Vous vous retrouverez dans des circonstances où vos qualités morales et votre sens de l'organisation seront sollicités. Ce matin, vous excellerez surtout dans votre vie professionnelle, où vous pourrez mettre à profit une certaine forme d'expérience, un savoir que vous détenez. Vous rencontrerez des difficultés, entre 12 heures et 18 heures, mais surtout vers midi : la situation se bloquera tout à coup et vous serez obligé de modifier le planning de la journée. Aux environs de 18 heures, malgré un déblocage de la situation, vous serez confronté à un autre type de difficultés : ne pas pouvoir réaliser matériellement les idées et les objectifs nouveaux que vous aviez élaborés. Sur le plan affectif, rien d'exceptionnel à signaler. Heureusement, des vibrations plus agréables vous permettront de terminer la journée dans une ambiance amicale et conviviale. Voilà donc une journée où, dans l'ensemble, il ne vous est pas conseillé d'investir à long terme. Vous devrez vous organiser et saisir le bel aspect (entre 8 heures et midi) pour bien vous mettre en valeur dans votre travail, le reste de la journée étant considéré comme critique, en ce qui concerne les démarches et les investissements.

0h 1 2 3 4 5 6 7 8 9 10 11 12 13 14 15 16 17 18 19 20 21 22 23 24h

☆	★	★	○	○	○	☆	★	☆	○	★	☆	○	○	○	★	○	★	○	○	☆	★	★	○

SI VOTRE MOIS PERSONNEL EST 6, VOICI VOS PRÉVISIONS POUR CE JOUR

Une journée puissante où l'action ne vous fera pas peur, bien au contraire. Vous serez motivé par une forme d'indépendance dans votre travail, et vous prouverez vos capacités à plusieurs reprises et de façon étonnante. L'enthousiasme ne vous manquera pas. Vous rayonnerez, jusqu'à 18 heures. Votre positivisme et votre satisfaction influenceront tout votre entourage professionnel. En véritable leader, vous trancherez avec fermeté, comme il se doit. De midi à 18 heures, soyez prudent dans vos investissements et vos démarches. Vous pourrez essuyer de petites pertes de temps et d'argent. Vous ne manquerez aucune occasion, rassurez-vous ; continuez votre train-train habituel. Surtout, ne négligez pas les détails dans votre travail, vous seriez très vite sanctionné. Votre sens pratique sera permanent tout au long de la journée. Ce soir, vous éprouverez le besoin de vous rapprocher de l'élu de votre cœur. Il se peut qu'avant que la soirée ne démarre, vous ressentiez une profonde mélancolie. Ne vous laissez pas submerger par votre émotivité qui sera simplement fragilisée à cet instant-là.

0h 1 2 3 4 5 6 7 8 9 10 11 12 13 14 15 16 17 18 19 20 21 22 23 24h

☆	★	☆	○	★	○	☆	★	★	★	★	☆	○	★	★	☆	○	☆	○	○	☆	★	★	○

SI VOTRE MOIS PERSONNEL EST 7, VOICI VOS PRÉVISIONS POUR CE JOUR

Eh bien, aujourd'hui, le destin va se charger de vous rappeler qu'il ne faut jamais rien négliger ! Le moindre détail omis, le plus petit oubli sera sanctionné ce matin de façon inattendue et soudaine. Évitez d'attendre d'autrui quoi que ce soit, vous serez déçu. Si vous devez déléguer, confier à certains de vos collaborateurs ou de vos proches une mission, soyez très vigilant. Après cette matinée tendue et stressante, vous passerez dès midi dans un cycle beaucoup plus constructif où, en effet, il semblerait que toutes les démarches de type professionnel aboutissent. Vous serez peut-être même sollicité pour de nouvelles responsabilités. L'investissement dont vous ferez preuve, dans votre vie professionnelle, sera apprécié. C'est une bonne période pour entreprendre et miser sur l'avenir. Au-delà de 20 heures, des tensions seront à prévoir, notamment sur le plan relationnel. À partir de ce moment, évitez de discuter de problèmes matériels car cette vibration révèle que dans ce domaine, au lieu de gagner, vous perdrez, au lieu d'économiser, vous dépenserez. Alors, soyez particulièrement prudent. Vos démarches n'iront pas dans le sens escompté.

0h 1 2 3 4 5 6 7 8 9 10 11 12 13 14 15 16 17 18 19 20 21 22 23 24h

☆	○	☆	○	★	○	☆	○	○	○	★	☆	☆	☆	☆	☆	★	☆	○	○	☆	○	○	○

SI VOTRE MOIS PERSONNEL EST 8, VOICI VOS PRÉVISIONS POUR CE JOUR

Aujourd'hui, ne vous laissez pas emporter par vos sentiments, vous risqueriez de vivre une déception ou une trahison. Ne vous lancez pas non plus dans des projets qui nécessiteraient des déplacements, des voyages, etc. Soyez très vigilant à propos de ce que vous entendrez et de ce que l'on vous proposera durant la journée. En fait, il ne faudra pas changer d'avis à chaque instant. Organisez votre journée et n'en démordez pas. Ce ne sera pas un grand jour, mais si vous faites bien les petites choses, les grandes s'établiront d'elles-mêmes. Puisque le destin semble vous appeler aujourd'hui à de menues tâches, profitez-en pour régler des problèmes de type administratif, surtout entre 8 heures et 18 heures. Ce sera le bon moment pour classer vos dossiers, pour vous occuper de votre chez-vous, pour bricoler, pour jardiner, pour décorer. Au-delà de 18 heures, des aspects meilleurs vous permettront d'oublier le travail et, pourquoi pas, de vous préoccuper de philosophie et de recherche spirituelle. Si vous avez un hobby, si vous aimez le sport, profitez-en. Vous aurez besoin d'oxygène, d'espace. Donc, occupez-vous de votre bien-être spirituel et physique.

0h 1 2 3 4 5 6 7 8 9 10 11 12 13 14 15 16 17 18 19 20 21 22 23 24h

☆	○	☆	★	★	★	★	○	★	○	☆	☆	●	●	●	○	●	●	○	○	☆	○	★	○

SI VOTRE MOIS PERSONNEL EST 9, VOICI VOS PRÉVISIONS POUR CE JOUR

La journée pourra se révéler pour vous fort riche, au sens figuré comme au sens propre. Cependant, vous aurez du mal à lutter contre votre envie de ne rien faire ou de tout envoyer au diable. En effet, vous serez peu enclin à l'action, et votre sensibilité sera extrême. Vous risquez de ne pas supporter les concessions pourtant indispensables à la réussite de cette journée. La matinée s'annoncera, dès la première heure, tendue. Vous ne vous lèverez pas du bon pied, c'est certain et, aux environs de midi, des conflits risquent d'éclater. Cet aspect pourra durer jusqu'à peu près 18 heures. La fin de la journée sera à double tranchant. Elle sera relative aux efforts que vous aurez fournis. Si vous avez fait les concessions et les investissements nécessaires, vous serez récompensé par des succès, sinon, vous serez très angoissé et très énervé, voire agressif. En un mot, le conseil est : prenez des risques, allez de l'avant, ne vous laissez pas aller à vos humeurs, passez au-dessus des malentendus, n'écoutez pas les rumeurs qui sont exagérées, restez dans la loyauté, comme il se doit, et faites attention à ne pas faire d'erreur de jugement. Soyez prudent, investissez en temps, mais pas en finance.

0h	1	2	3	4	5	6	7	8	9	10	11	12	13	14	15	16	17	18	19	20	21	22	23	24h
☆	○	☆	○	○	○	☆	○	●	●	★	☆	●	●	○	☆	○	★	●	●	☆	○	○	○	

SI VOTRE JOUR PERSONNEL EST 5

Voici les neuf différents jours personnels 5.
À l'aide du nombre de votre mois personnel (que vous avez calculé p. 22), vous allez rechercher votre jour personnel correspondant et lire vos prévisions.

Si votre mois personnel est : 1 voir p. 286
2 voir p. 286
3 voir p. 287
4 voir p. 287
5 voir p. 288
6 voir p. 289
7 voir p. 290
8 voir p. 290
9 voir p. 291

SI VOTRE MOIS PERSONNEL EST 1, VOICI VOS PRÉVISIONS POUR CE JOUR

Aujourd'hui, vous devriez vivre une journée très étrange. D'un côté, vous aurez le punch, le dynamisme, le désir d'avancer vers des horizons nouveaux et de tout bousculer ; de l'autre, un sentiment de sécurité vous rappellera à l'ordre. Ce matin, surtout entre 8 et 12 heures, évitez de suivre vos impulsions et gardez vos forces et vos acquis. Attendez d'obtenir quelque chose avant de lâcher ce que vous avez pour aller vers l'inconnu. En revanche, vous aurez d'excellentes idées, notamment cet après-midi et jusqu'à ce soir très tard. Une forme de sensualité et de vie affective nouvelle va naître dans votre esprit durant l'après-midi. Vous serez particulièrement euphorique entre midi et 20 heures. Encore une fois, essayez de maîtriser vos passions. La fin de soirée suscitera en vous le désir de vous déplacer, d'aller rencontrer des gens nouveaux et des situations insolites. Le destin s'y prêtera. Ne résistez pas.

0h 1 2 3 4 5 6 7 8 9 10 11 12 13 14 15 16 17 18 19 20 21 22 23 24h

★	○	○	☆	○	☆	★	☆	○	☆	★	○	☆	○	☆	★	☆	○	☆	○	○	☆	○	☆

SI VOTRE MOIS PERSONNEL EST 2, VOICI VOS PRÉVISIONS POUR CE JOUR

Ce matin, si vous êtes attentif, vous observerez que les obstacles auxquels vous vous heurtez sont porteurs de messages précieux. L'illusion vous guettera. En effet, les rencontres, tant affectives, émotionnelles, amicales que professionnelles, ne seront pas durables. Soyez sur vos gardes. Vous devez comprendre que la fragilité des émotions, dont vous pourrez être victime, doit être contrôlée et maîtrisée. Ne vous emportez pas. Heureusement, cet aspect critique et dangereux ne sera que passager et, dès 12 heures, vous entrerez dans une période favorisant les affaires et la créativité. Passionné par vos activités, vous serez appelé, après des imprévus fort enrichissants et sympathiques, à discerner les meilleures opportunités qui afflueront, il faut bien le dire. L'amitié sera protégée et vous pourrez faire confiance aux conseils et aux ouvertures faites par ces amis. Dans l'ensemble, cet après-midi sera excellent pour tout. Au-delà de 18 heures, vous continuerez à réaliser des affaires très intéressantes. Une certaine harmonie régnera. Une bonne vivacité d'esprit vous permettra de saisir l'essentiel, tant sur le plan relationnel que sur le plan professionnel. Cette journée sera très fructueuse, vu tous les nouveaux profits qui se dessineront à l'horizon. Le monde des médias, de la communication vous sera favorable durant la seconde moitié de cette journée.

0h 1 2 3 4 5 6 7 8 9 10 11 12 13 14 15 16 17 18 19 20 21 22 23 24h

★	○	○	★	○	☆	★	☆	★	☆	★	○	○	○	☆	★	☆	★	○	○	○	☆	○	☆

SI VOTRE MOIS PERSONNEL EST 3, VOICI VOS PRÉVISIONS POUR CE JOUR

La clé du succès, aujourd'hui, sera de mener de front plusieurs affaires. Il va falloir vous battre ; le climat ambiant vous insufflera une grande joie de vivre, et la perspective de cette lutte ne sera pas pour vous déplaire, au contraire : elle vous stimulera ! Vos entreprises seront soutenues, notamment ce matin entre 8 et 12 heures. Vous vous lancerez dans l'élaboration de la construction de plans et de projets très intéressants. Ne vous laissez pas déstabiliser par les oppositions, risques ou dangers rencontrés aux environs de midi : ils ne dureront pas, soyez rassuré. Vous terminerez ce jour avec un aspect moins matériel. En effet, votre goût pour le côté poétique des choses sera très marqué, ainsi que le désir puissant que vous avez de vous imprégner de la nature. Laissez-vous aller à une forme ou une autre de spiritualité, de façon à dépassionner cette journée qui vous a par ailleurs beaucoup enrichi, dynamisé, et même un peu excité. En soirée vous serez pris d'une envie nouvelle de vous recentrer et de vous retrouver réellement. Seront alors à l'honneur le recueillement, la prière, la recherche et la soif de connaissances toujours nouvelles.

0h 1 2 3 4 5 6 7 8 9 10 11 12 13 14 15 16 17 18 19 20 21 22 23 24h

★	○	○	★	○	☆	★	☆	★	☆	★	○	○	○	☆	★	☆	★	○	○	○	☆	○	☆

SI VOTRE MOIS PERSONNEL EST 4, VOICI VOS PRÉVISIONS POUR CE JOUR

Un air d'instabilité régnera aujourd'hui. Vous rêverez de grands voyages et de vastes espaces, penserez à des amis éloignés et souhaiterez partir pour vivre des situations insolites. Dès le lever, vous croquerez cette journée à pleines dents. Un peu insouciant et irresponsable, vous ferez entièrement confiance à votre étoile et à la chance. Freinez tout de même vos élans, ce sera plus prudent ; vous limiterez les risques par la même occasion. Rien ne vous fera peur et c'est hardiment que vous vivrez, sans vous soucier du qu'en-dira-t-on. La matinée sera très favorable aux affaires, aux voyages et aux déplacements. Dans le courant de l'après-midi, vous aurez une soif de liberté intense. Mieux vaut ne pas céder à cette tentation proposée par le destin, car vous seriez vite sanctionné. Au-delà de 18 heures, des obligations vous rappelleront à l'ordre et, apparemment, vous les accepterez sans difficulté. Ce seront des obligations d'ordre affectif ou familial. Dans l'ensemble, ce sera un jour riche en événements qui pourrait vous amener des contacts fort intéressants pour l'avenir. N'hésitez pas à aller au-devant des autres et à faire des déplacements, si nécessaire.

0h 1 2 3 4 5 6 7 8 9 10 11 12 13 14 15 16 17 18 19 20 21 22 23 24h

★	○	○	★	○	☆	☆	☆	★	☆	★	○	○	○	☆	○	★	○	○	○	○	★	○	★

SI VOTRE MOIS PERSONNEL EST 5, VOICI VOS PRÉVISIONS POUR CE JOUR

Eh bien ! Ce sera vraiment la journée des changements et des renouvellements pour vous. Avec une rapidité et une vivacité d'esprit incroyables, vous vous adapterez à toutes les nouvelles situations. Entre 8 et 12 heures, les événements évolueront à une vitesse étonnante et déconcertante. Tout se bousculera. Vous trouverez les solutions aux problèmes qui vous préoccupaient ces jours derniers. La période sera vraiment favorable à toutes sortes de démarches. De midi à 18 heures, vous aurez quelques difficultés à trouver une stabilité dans votre voie, dans votre travail. En effet, les situations inattendues, qui se succéderont depuis la matinée, ne seront pas toujours les bienvenues... Ce qui était mouvements et changements bénéfiques ce matin deviendra cet après-midi agitation et instabilité. Heureusement, après 18 heures, vous pourrez profiter pleinement d'un cycle hyper-dynamique, qui vous redonnera un punch, un optimisme et un enthousiasme à drainer des foules. Il serait préférable, vu l'énergie débordante dont vous ferez preuve, que vous changiez d'ambiance pour la soirée. Après une journée si professionnelle, octroyez-vous une bonne heure de footing. Un charme exceptionnel se dégagera de vous, laissant libre cours au puissant magnétisme qui vous aura étreint toute la journée. Il pourrait vous amener à connaître et à vivre une soirée affective plus intense et plus passionnelle qu'à l'accoutumée.

0h–1	1–2	2–3	3–4	4–5	5–6	6–7	7–8	8–9	9–10	10–11	11–12	12–13	13–14	14–15	15–16	16–17	17–18	18–19	19–20	20–21	21–22	22–23	23–24h
★	○	○	★	○	☆	★	☆	★	☆	☆	★	○	○	☆	★	☆	★	★	○	★	★	○	★

SI VOTRE MOIS PERSONNEL EST 6, VOICI VOS PRÉVISIONS POUR CE JOUR

À une matinée riche en bonnes surprises, va succéder un après-midi beaucoup moins sympathique. Aujourd'hui, vous serez comblé pour la semaine. En effet, des contacts fort intéressants pour votre avenir professionnel se présenteront entre 8 et 12 heures. Si vous souhaitez séduire, conquérir et convaincre, profitez de ce créneau horaire. Au-delà de midi, de nombreux obstacles seront à envisager, ainsi que des contrariétés sur le plan relationnel. Vous n'arrivez pas à vous débarrasser de situations qui, ces derniers temps, vous étouffent : vous devrez attendre encore quelques jours avant de pouvoir trancher et de vous en dégager totalement. Cet aspect vous invitera donc à la prudence dans vos démarches. Après 18 heures, une période moins difficile s'annoncera ; ce ne sera pourtant pas de tout repos car quelques tâches fort opiniâtres vous seront réclamées. Il faudra vous préparer au lendemain qui risque d'être également assez rude et lourd de responsabilités. En résumé, la matinée sera excellente pour mener à bien des actions. L'après-midi, en revanche, mieux vaudra éviter de prendre des risques. Occupez-vous plutôt d'affaires purement administratives, sans conséquences, telles que le rangement de votre bureau ou l'aménagement de votre appartement.

0h 1 2 3 4 5 6 7 8 9 10 11 12 13 14 15 16 17 18 19 20 21 22 23 24h

✬	○	○	✬	○	☆	✬	☆	○	☆	✬	○	●	●	●	●	●	●	☆	✬	○	✬	○	☆

SI VOTRE MOIS PERSONNEL EST 7, VOICI VOS PRÉVISIONS POUR CE JOUR

Votre moral sera au beau fixe. Vous aurez l'impression que rien ni personne ne peut vous résister. Voici une journée qui favorisera le succès et la réussite. Toutes les actions que vous mènerez seront, sans aucun doute, fructueuses. Rien ne vous arrêtera. Le destin stimulera votre enthousiasme et accélérera les événements d'une façon magique. Une prodigieuse amélioration se fera sentir dans tous les domaines, aussi bien sur le plan familial, financier, professionnel, que dans la vie affective. Vous découvrirez de nouvelles amitiés ; des anciennes resurgiront, des personnes avec qui vous n'aviez plus de contact, se manifesteront et vous porteront une profonde affection. Plus que jamais, vous ressentirez le besoin de plaire et de charmer. Vous souhaiterez être considéré, et vous ferez tout votre possible pour cela. Ce sera une excellente journée dans l'ensemble, particulièrement lors du cycle 8 heures-midi et après 18 heures. Vous serez comblé par une fin de soirée qui sera fort riche en contacts et en opportunités.

0h–1	1–2	2–3	3–4	4–5	5–6	6–7	7–8	8–9	9–10	10–11	11–12	12–13	13–14	14–15	15–16	16–17	17–18	18–19	19–20	20–21	21–22	22–23	23–24h
★	○	○	☆	★	☆	★	☆	○	☆	★	○	☆	○	☆	★	☆	★	☆	★	○	☆	○	☆

SI VOTRE MOIS PERSONNEL EST 8, VOICI VOS PRÉVISIONS POUR CE JOUR

Si la journée ne démarre pas comme vous l'auriez souhaité, ne vous découragez pas. Vous serez déçu car vous aurez attendu beaucoup d'autrui et de vos collaborateurs en l'occurrence : inutile de vous énerver ! Les retards pris ce matin, entre 8 et 12 heures, seront vite rattrapés au cours de l'après-midi. Des solutions tout à fait inattendues se présenteront à vous. Elles exigeront, peut-être, certaines conditions et concessions. Cependant, n'hésitez pas, elles seront fructueuses. Acceptez-les. Dès midi, votre rayon d'action s'agrandira et vous vous sentirez, tout d'un coup, libre, prêt à vivre de nouvelles aventures. Profitez de cette bonne période pour entamer des transactions, engager des pourparlers, provoquer des entretiens et solliciter des appuis. C'est, en somme, un cycle favorable, qui revêtira une forme différente aux environs de 20 heures : c'est de façon désintéressée que vous aborderez la soirée. En effet, vous allez rechercher le luxe, le plaisir et le bien-être épicurien. La soirée va favoriser ce type d'ambiance ; un programme sympathique a des chances de se présenter à vous, et vous aurez le choix d'accepter ou de refuser de vous faire des nouvelles connaissances, de faire des sorties entre amis, des bons repas… et le tout, dans la bonne humeur.

0h–1	1–2	2–3	3–4	4–5	5–6	6–7	7–8	8–9	9–10	10–11	11–12	12–13	13–14	14–15	15–16	16–17	17–18	18–19	19–20	20–21	21–22	22–23	23–24
★	★	○	★	○	☆	☆	☆	★	☆	☆	○	☆	○	☆	☆	☆	★	☆	★	○	☆	★	☆

SI VOTRE MOIS PERSONNEL EST 9, VOICI VOS PRÉVISIONS POUR CE JOUR

Saurez-vous profiter du courant d'ouvertures et de renouveau qui va se présenter à vous aujourd'hui ? N'hésitez pas, saisissez l'occasion, élargissez vos connaissances et vos possibilités d'actions. Donnez un nouvel élan à vos finances, à vos affaires. Décidez, avancez, tranchez, affirmez, investissez, notamment entre 12 et 18 heures. La matinée sera une bonne période également mais plus sujette à l'instabilité. Le rayonnement de votre personnalité sera très apprécié. On fera appel à vos talents et à vos compétences. Durant l'après-midi, vous allez être placé dans des circonstances nécessitant habileté, adresse et ingéniosité. On exigera beaucoup de vous. Les mots clés, lors de cette période, seront changement et transformation. Le climat sera moins favorable après 18 heures. En effet, des tensions importantes risqueront de se produire sur les plans relationnel, familial et affectif. Surtout, évitez de vous laisser aller à ces crises de doute et d'instabilité. Dans l'ensemble, ce cycle favorisera une belle évolution. Des décisions seront prises, des solutions seront trouvées. Vous manifesterez une sérénité qui encouragera remarquablement vos interlocuteurs. Persévérez dans cette attitude de confiance en vous, vous avez tout à y gagner. Les exercices physiques, ou le sport tout simplement, sont recommandés en cette fin de journée : rien de tel pour évacuer la tension ressentie dès 18 heures, pour libérer vos énergies et pour digérer tout ce que vous avez pu vivre aujourd'hui. Inutile de perdre votre temps en questions vaines.

0h	1	2	3	4	5	6	7	8	9	10	11	12	13	14	15	16	17	18	19	20	21	22	23	24h
★	○	○	★	★	☆	★	★	○	★	○	○	☆	☆	☆	☆	☆	☆	★	○	★	★	○	☆	

SI VOTRE JOUR PERSONNEL EST 6

Voici les neuf différents jours personnels 6.
À l'aide du nombre de votre mois personnel (que vous aurez calculé p. 22), vous allez rechercher votre jour personnel correspondant et lire vos prévisions.

Si votre mois personnel est : 1 voir p. 294
2 voir p. 294
3 voir p. 295
4 voir p. 295
5 voir p. 296
6 voir p. 296
7 voir p. 297
8 voir p. 297
9 voir p. 298

SI VOTRE MOIS PERSONNEL EST 1, VOICI VOS PRÉVISIONS POUR CE JOUR

La journée s'avérera constructive si, ce matin, vous savez rester patient. En effet, entre 8 et 12 heures, évitez de trop vous mettre en avant. Vous seriez vite découragé et d'importants obstacles se dresseraient inéluctablement devant vous. Soyez sur vos gardes. En revanche, dès midi, vous serez surpris par l'accélération soudaine que vos entreprises vont connaître. Tout fonctionnera comme sur des roulettes, jusqu'à 18 heures. Ce sera le moment d'investir, de vous occuper de vos affaires. Votre image de marque grandira considérablement auprès de vos interlocuteurs, tant la sérénité et la confiance émaneront de votre personnalité. Après 18 heures, vous pourrez lâcher prise, pour vous reposer auprès de ceux que vous aimez et qui vous aiment. En effet, ce dernier cycle, favorable aux sentiments et à l'affection, ne l'est pas au point de vue professionnel et financier ; vous pourriez essuyer des échecs ou des pertes, si vous veniez à prendre des initiatives lors de cette période.

0h 1 2 3 4 5 6 7 8 9 10 11 12 13 14 15 16 17 18 19 20 21 22 23 24h

☆	○	☆	★	☆	★	★	☆	●	●	●	●	★	☆	○	★	☆	★	○	○	☆	★	☆	☆

SI VOTRE MOIS PERSONNEL EST 2, VOICI VOS PRÉVISIONS POUR CE JOUR

De très bonnes affaires pourront être réalisées ce matin, si vous savez allier dynamisme et diplomatie. Le dynamisme semble en effet être à l'ordre du jour ; la diplomatie en revanche ne fait pas vraiment partie de vos motivations aujourd'hui. Vous aurez du punch mais vous serez surtout soucieux de questions familiales et affectives. Vous n'aspirerez qu'à une chose, serrer très fort l'élu(e) de votre cœur dans vos bras. Vous rêverez d'amour et d'affection. Soyez patient, les responsabilités professionnelles seront importantes et contraignantes. Au-delà de 18 heures, un très bel aspect révèle que vous serez amoureux jusqu'à ce soir tard ; ce sera réciproque et merveilleux. Ce seront des moments très agréables qui embaumeront votre cœur durant plusieurs jours. En attendant, profitez de la matinée pour mener à bien vos démarches et vos actions. Entre midi et 18 heures, tendu, énervé, vous n'aurez pas envie de travailler, et l'ambiance ne s'y prêtera guère. Vivement ce soir !

0h 1 2 3 4 5 6 7 8 9 10 11 12 13 14 15 16 17 18 19 20 21 22 23 24h

☆	○	★	★	☆	★	☆	☆	☆	○	★	★	○	★	○	★	★	★	☆	○	☆	○	☆	★

SI VOTRE MOIS PERSONNEL EST 3, VOICI VOS PRÉVISIONS POUR CE JOUR

Aujourd'hui, vous serez sollicité de toutes parts : on fera appel à votre bonne volonté, votre sens du social et votre esprit de bon samaritain. Un conseil : évitez d'accepter trop rapidement les services que l'on vous demandera. Réfléchissez bien avant de vous engager, vous pourriez le regretter plus tard. En effet, la vibration du jour indique que vous devez éviter de vous mêler d'affaires qui ne vous concernent pas. Vous vous en mordriez les doigts, vous perdriez votre temps et en feriez perdre aux autres. Demandez-leur une journée de réflexion, et demain, vous y verrez plus clair pour agir, si nécessaire. Dans la matinée et après 18 heures, ne vous laissez pas attendrir. Votre émotivité sera trop grande et votre sensibilité trop forte. Côté cœur, vous risquez de vous enflammer rapidement. Prudence ! ce n'est pas une journée propice aux affaires importantes ni aux investissements, surtout entre 12 et 18 heures, où votre entendement sera brouillé. La surcharge d'activités et d'obligations vous semblera très lourde. Vous vous sentirez surmené.

0h 1 2 3 4 5 6 7 8 9 10 11 12 13 14 15 16 17 18 19 20 21 22 23 24h

☆	○	★	○	☆	★	★	☆	☆	★	★	★	○	★	○	★	☆	☆	★	○	★	○	★	★

SI VOTRE MOIS PERSONNEL EST 4, VOICI VOS PRÉVISIONS POUR CE JOUR

Aimer en secret, souvent, cela ne suffit pas. Votre cœur avouera-t-il aujourd'hui son tendre drame ? Osez exprimer vos pensées, durant la matinée et la soirée de préférence, mais surtout pas cet après-midi. Amoureux dès le réveil, vous fuirez le monde du travail et l'univers de l'argent. Peu vous importeront les réalités, vous ne croirez plus qu'à l'amour, au grand Amour. Rassurez-vous, vous ne perdrez pas la tête, au contraire. Bien dans votre peau, vous souhaiterez connaître les limites de votre liberté, et ce soir, dès 18 heures, des obligations familiales vous rappelleront à l'ordre. Ces petits écarts, bien vécus, vous redonneront du courage pour la semaine. Quoi qu'il arrive, ne forcez rien, tout particulièrement pendant l'après-midi, où un mauvais aspect vous ferait faire des bêtises dans vos affaires ou dans vos activités professionnelles. Soyez patient.

0h 1 2 3 4 5 6 7 8 9 10 11 12 13 14 15 16 17 18 19 20 21 22 23 24h

☆	●	☆	○	☆	○	★	☆	○	★	○	☆	●	○	●	●	●	●	★	○	☆	★	☆	★

SI VOTRE MOIS PERSONNEL EST 5, VOICI VOS PRÉVISIONS POUR CE JOUR

Aimer et être aimé à la fois est un privilège que la providence sait distribuer, mais avec parcimonie. Vous bénéficierez ce matin de ce privilège-là. C'est donc le moment ou jamais de placer vos pions, d'agir avec perspicacité et stratégie, d'autant plus que, sur le reste de la journée, la situation amoureuse risque d'être un peu confuse. Vous descendrez très vite de votre petit nuage pour affronter des réalités soudaines et imprévues. Pour éviter le pire, n'en faites pas trop et n'en dites pas trop : vos paroles ne seraient pas en accord avec vos pensées et seraient mal perçues. Si les amours vous comblent ce matin et vous échappent dans la seconde partie de la journée, l'inverse se produira dans vos activités professionnelles. Cet après-midi sera source de succès. Il va falloir vous organiser en fonction de ces cycles. Donc, ne réalisez aucune démarche importante exigeant méthode et analyse entre 8 heures et midi. En revanche, entre 12 et 18 heures, tous les investissements, même à long terme, seront fructueux. N'hésitez pas à penser argent et profit. Vos idées seront claires en ce domaine.

0h 1 2 3 4 5 6 7 8 9 10 11 12 13 14 15 16 17 18 19 20 21 22 23 24h

☆	○	☆	★	☆	☆	★	★	★	○	○	☆	○	☆	★	★	☆	☆	○	○	★	○	☆	☆

SI VOTRE MOIS PERSONNEL EST 6, VOICI VOS PRÉVISIONS POUR CE JOUR

Des amis rechercheront votre compagnie, ce matin. N'hésitez pas à partager un peu de votre temps avec eux. La discussion sera fructueuse et vous permettra d'envisager des situations professionnelles heureuses, dont vous ne pouviez soupçonner l'existence jusqu'alors. Les activités artistiques sont recommandées, notamment dans la matinée. L'ambiance change dès midi. Stimulé par les responsabilités quotidiennes, vous penserez à régler des affaires en cours et intenterez, avec succès, des actions auprès d'administrations ou d'organisations pseudo-officielles. Même si cet univers ne vous enthousiasme pas particulièrement aujourd'hui, vous mènerez vos entreprises avec brio. À partir de 18 heures, attendez-vous à des surprises fort désagréables. Le climat ne sera pas au beau fixe et il y aura du conflit dans l'air. Vous n'accepterez pas certains comportements ou certaines attitudes chez votre partenaire, et vous risquez d'avoir du mal à vous adapter à des situations imprévues, pas très faciles à surmonter.

0h 1 2 3 4 5 6 7 8 9 10 11 12 13 14 15 16 17 18 19 20 21 22 23 24h

☆	○	☆	★	☆	○	○	☆	★	☆	○	☆	○	☆	○	○	☆	☆	★	○	☆	★	☆	○

SI VOTRE MOIS PERSONNEL EST 7, VOICI VOS PRÉVISIONS POUR CE JOUR

Il n'y aura pas une minute à perdre ce matin : tout vous sourira au point de vue travail. Vous entendrez parler d'avancement et de profits. Des points nouveaux viendront vous encourager dans votre métier. Si vous attendez de l'aide ou des appuis pour faire avancer un projet ou réaliser des objectifs, n'hésitez pas à contacter des personnes influentes. Si elles peuvent vous recevoir pendant ce cycle, elles vous écouteront avec attention et réagiront de façon très positive. Au-delà de midi et jusqu'à ce soir très tard, les préoccupations professionnelles vous ennuieront. Votre cœur sera en manque d'affection. Si vous êtes célibataire, une rencontre sera tout à fait possible. Un conseil, acceptez les invitations, les sorties, vous ne serez pas déçu. Si votre cœur est déjà pris, vous serez alors comblé par celui ou celle qui s'en est emparé.

0h	1	2	3	4	5	6	7	8	9	10	11	12	13	14	15	16	17	18	19	20	21	22	23	24h
☆	○	☆	★	☆	★	★	★	★	★	○	★	○	☆	○	★	★	★	★	○	★	○	☆	○	

SI VOTRE MOIS PERSONNEL EST 8, VOICI VOS PRÉVISIONS POUR CE JOUR

Ce sera la journée idéale pour vous consacrer à vos proches, à votre famille, à ceux que vous aimez. Aussi, arrangez-vous pour terminer votre journée de façon agréable, avec les vôtres, autour d'une bonne table bien garnie. Après une rude journée de travail, ce climat de convivialité, d'authenticité et de franchise, vous fera le plus grand bien. La journée en effet ne sera pas facile : entre 8 et 18 heures, vous trouverez sur votre chemin de nombreux obstacles au niveau relationnel. Ne baissez pas les bras. Cherchez plutôt à instaurer de solides bases de dialogue, de discussion et de communication, que ce soit au sein de votre activité professionnelle ou extra-professionnelle. C'est effectivement à ce niveau-là que les tensions risquent de surgir. Tout dépendra de la manière dont vous réagirez avec vos interlocuteurs. Aujourd'hui, de nouvelles charges vous seront confiées. Vous devrez, avec tact et diplomatie, les assumer comme il se doit. Le secret, pour venir à bout de cette ambiance tendue, de façon intelligente et efficace, sera de rechercher et d'exécuter les tâches les plus difficiles et de vous y plonger avec détermination.

0h	1	2	3	4	5	6	7	8	9	10	11	12	13	14	15	16	17	18	19	20	21	22	23	24h
☆	○	☆	★	☆	★	★	☆	☆	★	○	☆	○	★	○	○	★	☆	☆	○	☆	★	☆	★	

SI VOTRE MOIS PERSONNEL EST 9, VOICI VOS PRÉVISIONS POUR CE JOUR

La matinée promet d'être mouvementée : surchargé de responsabilités, vous n'aurez pas le temps de penser à vous. Si vous vous sentez agressé, attaqué, ne réagissez pas, cela risque de durer toute la matinée. Peu de reconnaissance de la part de vos proches à votre égard. Vous constaterez, en revanche, que l'on exigera beaucoup de vous, sans retour. Stressé, vous aurez une grande propension à courir dans tous les sens, sans être constructif. Méfiez-vous des apparences trompeuses entre 8 heures et midi. Décrochez un peu, même si cela vous paraît impossible. Dans le courant de l'après-midi, cet état d'excitation, d'agitation, cessera pour laisser place à une ambiance agréable, douce et sympathique. Amitié et relations très enrichissantes agrémenteront cette fin de journée. Toutes les affaires et les actions que vous mènerez, dans le courant de l'après-midi, connaîtront une issue favorable. Si l'on vous doit de l'argent ou si vous devez régler des problèmes avec des amis, de la famille, profitez de la seconde partie de cette journée, placée sous le signe de l'harmonie et de la réconciliation.

0h 1 2 3 4 5 6 7 8 9 10 11 12 13 14 15 16 17 18 19 20 21 22 23 24h

☆	○	☆	★	☆	★	★	★	☆	☆	○	☆	★	☆	○	★	★	☆	☆	○	☆	★	☆	○

SI VOTRE JOUR PERSONNEL EST 7

Voici les neuf différents jours personnels 7.
À l'aide du nombre de votre mois personnel (que vous avez calculé p. 22), vous allez rechercher votre jour personnel correspondant et lire vos prévisions.

Si votre mois personnel est : 1 voir p. 300
2 voir p. 300
3 voir p. 301
4 voir p. 301
5 voir p. 302
6 voir p. 303
7 voir p. 304
8 voir p. 304
9 voir p. 305

SI VOTRE MOIS PERSONNEL EST 1, VOICI VOS PRÉVISIONS POUR CE JOUR

Ce n'est pas le sourire aux lèvres que vous démarrerez cette journée. En effet, des soucis d'ordre financier seront à prévoir en cours de matinée. Ce ne sera pas le moment d'aller négocier avec votre banquier, ni même de spéculer sur de nouvelles affaires. Dans le courant de l'après-midi, vous pourrez profiter d'un meilleur aspect. Pour l'heure, réglez les affaires courantes, les problèmes de paperasses ou administratifs. Si les dossiers se sont empilés sur votre bureau ces derniers jours, il deviendra urgent, aujourd'hui, de les classer. Ce travail risquera de vous mobiliser jusqu'à ce soir très tard car, au-delà de 18 heures, un regain d'énergie vous stimulera à nouveau et vous donnera envie de structurer, d'organiser, de planifier.

0h 1 2 3 4 5 6 7 8 9 10 11 12 13 14 15 16 17 18 19 20 21 22 23 24h

○	★	★	☆	★	☆	★	☆	★	○	★	★	☆	★	☆	★	☆	★	○	○	○	☆	★	☆

SI VOTRE MOIS PERSONNEL EST 2, VOICI VOS PRÉVISIONS POUR CE JOUR

Si vous êtes un intellectuel, un étudiant, un scientifique ou un religieux, cette journée sera source de grâce et d'épanouissement. En effet, un élan puissant vous entraînera dans votre univers intérieur ; vous y découvrirez de nombreux trésors, apportant la réponse aux questions que vous vous posiez. Votre sens de l'introspection, de l'analyse et de la recherche, sera développé. Il vous permettra d'obtenir d'excellents résultats. En dehors de ces domaines, abstenez-vous. Surtout, ne vous engagez pas dans quelque entreprise que ce soit. Seules, les démarches de type intellectuel pourront aboutir positivement, encore que, entre midi et 18 heures, tout type de démarches sera fortement déconseillé. Si vous avez prévu de faire le point, profitez-en : les aspects seront favorables toute la journée. Toutes les transactions et actions matérielles ou financières vous décourageront sur tous les points. Soyez prudents !

0h 1 2 3 4 5 6 7 8 9 10 11 12 13 14 15 16 17 18 19 20 21 22 23 24h

○	★	○	☆	★	☆	★	☆	★	○	★	○	○	●	●	●	●	●	○	★	★	☆	★	☆

SI VOTRE MOIS PERSONNEL EST 3, VOICI VOS PRÉVISIONS POUR CE JOUR

La journée sera marquée par le sceau des transformations et des imprévus. Dès ce matin, il va vous falloir faire face à des événements inattendus et par conséquent improviser. Un aspect entre 8 heures et midi révèle un changement de direction, une modification dans le programme établi. Surtout, ne résistez pas en refusant systématiquement ces impondérables. Restez très serein et philosophe, sinon l'évolution de votre situation en pâtirait. Des aspects, un peu moins surprenants mais toujours assez durs, continueront de sévir entre 12 et 18 heures. Tout le côté financier et matériel ne sera pas en situation favorable. Un achat, opéré durant cette période, serait une erreur dont vous vous souviendriez. Ne vous démobilisez pas pour autant. La soirée promet d'être tendre. Tous les tracas de la journée vont être largement compensés par une compagnie douce, protectrice et très présente. Vous serez ainsi récompensé de votre bonne volonté ou, au contraire, sanctionné pour votre intolérance et votre impatience.

0h 1 2 3 4 5 6 7 8 9 10 11 12 13 14 15 16 17 18 19 20 21 22 23 24h

○	★	○	☆	○	☆	○	☆	★	○	☆	○	○	○	☆	★	☆	★	○	☆	★	☆	★	☆

SI VOTRE MOIS PERSONNEL EST 4, VOICI VOS PRÉVISIONS POUR CE JOUR

En véritable philosophe, vous serez aujourd'hui à la recherche du bonheur et de la vérité. Vous rechercherez les librairies, les manifestations culturelles, les conférences, tous les endroits propices à la réflexion et à l'analyse. Au-delà de 18 heures, tout ce qui est superficiel vous fera fuir. Vous serez plus à l'aise dans un contexte proche de la solitude. Toutes vos pensées, vos paroles et vos actions seront animées d'une grande sagesse. Une belle soirée en perspective si vous acceptez cette solitude. Vous vivrez des moments intenses, surtout entre 8 et 12 heures, où vous pourrez partager, avec de nouvelles relations, des rêves et des discussions savantes et hardies. Si la journée est favorable sur le plan spirituel, elle le sera moins dans les réalités du quotidien. Le contraste très important, qui s'instaurera entre votre pensée et le quotidien, risque d'être source de tensions. Le meilleur moyen de maîtriser et de sublimer ces conflits sera de vous ménager des moments de détente tout au long de cette journée.

0h 1 2 3 4 5 6 7 8 9 10 11 12 13 14 15 16 17 18 19 20 21 22 23 24h

○	★	○	☆	○	☆	★	☆	○	○	★	○	☆	★	☆	★	☆	★	○	○	○	☆	☆	☆

SI VOTRE MOIS PERSONNEL EST 5, VOICI VOS PRÉVISIONS POUR CE JOUR

À l'écoute de votre Moi profond, vous méditerez, tout au long de ce jour, sur la façon de vous renouveler. En effet, vous aspirerez à donner de vous une image de marque différente et à adopter de nouvelles stratégies dans votre carrière professionnelle. Une excellente matinée vous procurera un magnétisme très attractif. Profitez-en, imposez vos points de vue, votre créativité sera au top ! Des tensions, à partir de midi, bousculeront vos habitudes. Du remue-ménage sera à prévoir et si rien n'est facile, ne vous alarmez pas, tout redeviendra paisible dès 18 heures. Vous apprécierez les longues discussions dans les réunions amicales et familiales. Soutenu par une forte imagination, vous vous entendrez avec vos proches sur la façon d'entrevoir l'avenir. Cette journée prendra fin dans la paix et la sérénité.

0h 1 2 3 4 5 6 7 8 9 10 11 12 13 14 15 16 17 18 19 20 21 22 23 24h

○	★	★	★	★	☆	★	☆	★	○	★	★	☆	★	☆	★	★	★	○	○	○	☆	★	☆

SI VOTRE MOIS PERSONNEL EST 6, VOICI VOS PRÉVISIONS POUR CE JOUR

Quelle mouche vous a piqué aujourd'hui ? En effet, agressivité, ressentiment, nervosité, impatience et révolte animeront vos faits et gestes durant toute la journée. Ce matin, vous rencontrerez d'énormes difficultés pour vous affirmer dans votre vie professionnelle. Les démarches que vous entreprendrez n'aboutiront pas comme vous le souhaitez. Si vous travaillez, une tâche difficile vous sera demandée, et vous ne pourrez la réussir, par manque de méthode, d'analyse et de précision. Entre midi et 18 heures, des conflits risquent d'éclater avec des collègues de travail ou même avec des amis. Une « dés-harmonie », surtout vers midi, pourra naître dans votre vie. Ce ne sera pas le moment de prendre des risques, ni physiques ni psychologiques. Vous pourriez connaître des pertes, dans tout ce qui concerne l'argent, les biens matériels, le mobilier et l'immobilier. Soyez vigilant. Évitez les achats, les ventes et, bien sûr, la spéculation. Après 18 heures, cette forme de nervosité devrait en principe vous abandonner. Dans le cas contraire, d'autres incidents pourront encore se produire. L'absence d'harmonie intérieure vous nuira considérablement. C'est dans un climat de combativité et de tensions que vous vivrez vos relations, même avec vos proches. Seul un obstacle majeur ou un événement négatif pourra vous freiner. Évitez donc tout ce qui pourrait déboucher sur des conflits. Pour réussir cette journée, il faudrait absolument éviter les longs déplacements. Mieux vaut ne pas rechercher dans votre métier les nouvelles missions, mais terminer celles déjà entamées. Ne négligez pas les détails, soyez loyal. Aujourd'hui, rien de merveilleux ne pourra vous être proposé. Ne tombez pas dans les pièges. Faites de l'exercice physique, psychique ou intellectuel.

0h 1 2 3 4 5 6 7 8 9 10 11 12 13 14 15 16 17 18 19 20 21 22 23 24h

○	☆	★	☆	★	★	★	★	★	●	☆	★	☆	★	☆	★	★	★	○	★	★	☆	☆	☆

SI VOTRE MOIS PERSONNEL EST 7, VOICI VOS PRÉVISIONS POUR CE JOUR

Vous vous poserez beaucoup de questions, et vous obtiendrez de nombreuses réponses. Un esprit de synthèse et d'analyse fort développé vous aidera à faire le point de façon constructive. Évitez donc de vous éparpiller : vos mille et une actions ne vous apporteraient que des déceptions. Écoutez plutôt votre intuition. Elle vous donnera des indications sur des sujets qui, jusque-là, vous tracassaient beaucoup. Toutes les opérations de type financier seront fortement déconseillées. Patientez, demain sera plus propice. Vous terminerez cette journée épanoui, psychologiquement et physiquement. Si vous pratiquez une religion, vous serez comblé : l'aspect, l'un des plus beaux qui vous soit donné cette semaine, sera source de grâce et d'inspiration spirituelles. C'est un moment privilégié, qui appartient plus au monde divin et surnaturel qu'à vous-même.

0^{h} 1 2 3 4 5 6 7 8 9 10 11 12 13 14 15 16 17 18 19 20 21 22 23 24^{h}

○	☆	○	☆	○	★	★	★	★	●	☆	○	☆	○	☆	★	★	★	○	★	○	★	○	★

SI VOTRE MOIS PERSONNEL EST 8, VOICI VOS PRÉVISIONS POUR CE JOUR

Dieu créa le monde en six jours et « il se reposa au septième jour de toute l'œuvre qu'il avait faite » (*Gen.*, II, 2). Cette journée, marquée par le nombre 7, vous demande de ne pas trop travailler, de vous reposer, mais surtout, de faire confiance. Les efforts des jours précédents continueront d'œuvrer en votre faveur. Inutile de faire le forcing. Si vous savez rester patient, vous pourrez être surpris des bienfaits spirituels, et même matériels, que la providence vous prodiguera. S'il est de bon ton aujourd'hui de faire le point, il serait très mal venu de pleurer sur son passé, d'avoir du ressentiment ou de la nostalgie. Cette journée pourra être source de richesse providentielle et de chance comme de pauvreté et d'humiliation. L'action n'est pas recommandée ; seules la confiance et la prudence seront récompensées. Si, en revanche, vous ne pouvez cesser vos activités (parfois « raison d'État oblige »), il vous est conseillé d'analyser votre action et de la perfectionner, surtout entre 12 et 18 heures. La fin de la journée risque de vous entraîner dans de longues conversations avec votre famille, qui fera appel à votre savoir et à votre efficacité pour régler les nombreux problèmes.

0^{h} 1 2 3 4 5 6 7 8 9 10 11 12 13 14 15 16 17 18 19 20 21 22 23 24^{h}

○	☆	○	☆	○	★	★	★	★	●	☆	○	☆	○	☆	★	★	★	○	★	○	★	○	★

SI VOTRE MOIS PERSONNEL EST 9, VOICI VOS PRÉVISIONS POUR CE JOUR

Ne vous laissez pas envahir ce matin par des pensées nostalgiques ou des impressions de ras-le-bol. Il est vrai que ce cycle, qui durera jusqu'à midi, ralentit tout et influence négativement votre psychisme. Ce ne sera pas une période rêvée pour démarrer, ou même envisager de nouvelles entreprises. La seconde partie de la journée favorisera, au contraire, l'élaboration, la création et la mise en œuvre. À partir de midi, vous serez saisi par un besoin nouveau de découvertes, d'aventures et de sensations fortes. Tempérez vos passions, affectives ou professionnelles, sans étouffer votre ardeur, et tout se passera bien. Sur le plan relationnel, vous serez très réceptif et très sensible à certaines rencontres passionnantes. En bref, la journée démarrera mal mais se terminera dans un climat dynamique et passionnant. Dans l'ensemble, votre créativité et votre émotivité seront au mieux de leur forme. Exploitez cet aspect sans rechercher à tout prix à réaliser ou à concrétiser.

0h 1 2 3 4 5 6 7 8 9 10 11 12 13 14 15 16 17 18 19 20 21 22 23 24h

○	★	○	☆	○	★	★	★	●	●	●	●	☆	○	☆	★	★	★	○	○	○	☆	○	★

SI VOTRE JOUR PERSONNEL EST 8

Voici les neuf différents jours personnels 8.
À l'aide du nombre de votre mois personnel (que vous avez calculé p. 22), vous allez rechercher votre jour personnel correspondant et lire vos prévisions.

Si votre mois personnel est : 1 voir p. 308
2 voir p. 308
3 voir p. 309
4 voir p. 309
5 voir p. 310
6 voir p. 310
7 voir p. 311
8 voir p. 311
9 voir p. 312

SI VOTRE MOIS PERSONNEL EST 1, VOICI VOS PRÉVISIONS POUR CE JOUR

Vous voilà décidé et déterminé, ce matin, à régler de nombreuses situations et de nombreux points confus. Les discussions s'ouvriront, les dialogues seront tranchants et les actions teintées d'agressivité. Dès midi, vous perdrez de votre belle énergie et tout vous paraîtra flou, ce qui risque de vous déstabiliser et de brouiller votre vision des choses. Soyez prudent dans vos engagements, ainsi que dans vos investissements financiers ou personnels. Après 18 heures, en revanche, vous pourrez réaliser des affaires ; un climat de spéculation et de transaction favorisera le commerce. Dans l'ensemble, cette journée ne sera pas de tout repos, et vous n'aurez pas de temps à vous. Les clés du succès seront de bien planifier votre emploi du temps, de bien vous organiser. En résumé : le matin, n'entreprenez rien de nouveau mais profitez-en pour régler les affaires en cours. Prenez du recul, durant l'après-midi, et reportez vers 18 heures ou au-delà vos rendez-vous importants, si cela est possible.

0h 1 2 3 4 5 6 7 8 9 10 11 12 13 14 15 16 17 18 19 20 21 22 23 24h

☆	○	☆	☆	☆	○	★	☆	●	○	○	☆	○	○	○	☆	☆	○	★	○	☆	★	☆	○

SI VOTRE MOIS PERSONNEL EST 2, VOICI VOS PRÉVISIONS POUR CE JOUR

Des impondérables vont bouleverser le planning de votre matinée. Vous devrez faire face à des tensions et à des refus. Évitez donc de prendre des risques ou de solliciter des aides. Entre 12 et 18 heures, tous les voyages, les déplacements, les départs, seront pour bien faire à retarder. Ce cycle sera propice aux activités de bureau, aux longues discussions et aux recherches de solutions appropriées. Après une journée lourde en événements non désirés et ennuyeux, vous aurez toute liberté et tout loisir de vivre, passé 18 heures, des instants agréables et sympathiques. C'est en très bonne compagnie que vous aurez une soirée de détente et de plaisir. De manière générale, évitez aujourd'hui de faire des projets, surtout en ce qui concerne les finances et le professionnel. En revanche, n'hésitez pas à régler ce qui est en cours. Malgré le stress et le surmenage de ce jour, vous finirez cette journée dans une atmosphère chaleureuse.

0h 1 2 3 4 5 6 7 8 9 10 11 12 13 14 15 16 17 18 19 20 21 22 23 24h

☆	○	☆	★	☆	●	☆	☆	○	○	○	☆	○	☆	○	☆	☆	○	☆	★	☆	☆	☆	●

SI VOTRE MOIS PERSONNEL EST 3, VOICI VOS PRÉVISIONS POUR CE JOUR

Une matinée exceptionnelle vous offrira tous les éléments pour bâtir et édifier l'empire financier et professionnel auquel vous aspirez. C'est l'instant idéal pour accomplir et manifester vos désirs. Ce début de journée sera très propice à l'élargissement de vos relations et à l'augmentation de votre potentiel financier, mais des aspects viendront contrarier tous vos plans, à partir de midi. La seconde mi-journée s'annonce plus rude. Vous connaîtrez un sentiment d'impuissance très net devant des circonstances fort embarrassantes. Vous ne devrez accorder aucune crédibilité à ce qui peut se présenter de nouveau, car l'utopie et l'illusion vous poursuivront. En personne avisée, vous prendrez les mesures et les précautions qui s'imposent, à savoir : ne rien démarrer de nouveau, ne rien signer, ne pas accepter de propositions à la légère, ne prendre aucun risque financier, physique ou psychologique.

0h 1 2 3 4 5 6 7 8 9 10 11 12 13 14 15 16 17 18 19 20 21 22 23 24h

☆	○	☆	★	☆	○	☆	☆	○	☆	★	☆	★	☆	●	★	●	●	●	●	★	☆	★	○

SI VOTRE MOIS PERSONNEL EST 4, VOICI VOS PRÉVISIONS POUR CE JOUR

Si vous êtes dans un secteur artistique ou créatif, vous excellerez tant votre imagination sera fertile et productive, notamment ce matin et après 18 heures. De toute façon, cette journée, marquée par des nombres forts d'harmonie et de succès, sera pour tous source de profits. Les actions, que vous mènerez, évolueront très rapidement, vous amèneront à prendre des décisions imprévisibles surtout entre 12 et 18 heures et provoqueront des réactions volontaires inattendues qu'il faudra gérer. Tel un leader, on vous suivra les yeux fermés tant vos idées seront géniales et votre verbe convaincant. Afin de mieux profiter de ces aspects uniques et pour faire en sorte que cette journée soit couronnée de succès, voici les pièges à éviter et les conseils à suivre : soyez très tolérant quoi qu'il vous arrive ; restez déterminé et volontaire dans vos actions ; employez la main de fer dans un gant de velours ; évitez de trop vous déplacer, de flâner, de vous amuser, un travail important pourra être réalisé ; envisagez de vous détendre, une fois vos objectifs atteints ; exprimez avec éloquence vos pensées, n'imposez pas vos points de vue de façon arbitraire (surtout entre midi et 18 heures). Si vous vous conformez à ces règles et à cet état d'esprit, vous serez surpris des résultats positifs immédiats.

0h 1 2 3 4 5 6 7 8 9 10 11 12 13 14 15 16 17 18 19 20 21 22 23 24h

☆	○	☆	☆	☆	○	☆	☆	★	☆	☆	☆	☆	☆	○	★	☆	○	○	★	☆	☆	☆	★

SI VOTRE MOIS PERSONNEL EST 5, VOICI VOS PRÉVISIONS POUR CE JOUR

L'heure sera aux actes manqués ce matin. Si vous avez l'impression que vous venez d'effectuer une bonne affaire ou de rencontrer quelqu'un d'exceptionnel, détrompez-vous. Le destin vous a roulé dans la farine ! Alors, un conseil : tenez-vous sur vos gardes. Entre midi et 18 heures, vous aurez au contraire la possibilité d'améliorer vos conditions financières et matérielles. Des perspectives heureuses se profileront et laisseront entrevoir un avenir plus sécurisant. Au-delà de 18 heures, ces aspects continueront à vous sourire mais cette fois sur le plan relationnel, amical et affectif ; les liens d'amitié en sortiront consolidés. En bref, cette journée vous apportera chimères et problèmes le matin, réussite en affaires l'après-midi et bonheur en fin de soirée.

0h 1 2 3 4 5 6 7 8 9 10 11 12 13 14 15 16 17 18 19 20 21 22 23 24h

☆	○	☆	★	★	○	★	★	●	★	○	★	☆	☆	○	☆	☆	○	○	☆	☆	☆	☆	★

SI VOTRE MOIS PERSONNEL EST 6, VOICI VOS PRÉVISIONS POUR CE JOUR

Si vous avez décidé de faire des achats, d'investir sur le plan mobilier ou immobilier, c'est un bon choix car ce matin, vous disposerez de toutes les ressources nécessaires pour faire fructifier votre argent et vos biens. Dès midi, les événements se gâteront. L'instabilité prédominera. Votre regard sur le monde extérieur sera légèrement faussé. Contenez donc vos impulsions et votre envie d'agir avec précipitation. Dès 18 heures, si vous sentez de l'orage dans l'air, fuyez. De grandes tensions surgiront dans la soirée. La meilleure façon de les sublimer sera l'exercice, l'action, le sport. Alors n'hésitez pas, un grand bol d'oxygène vous calmera et vous régénèrera. En un mot, la seconde partie de cette journée vous demande, pour éviter le pire, de ne pas vous mêler d'affaires qui ne vous regardent pas ; occupez-vous avant tout de votre bien-être psychologique et physique.

0h 1 2 3 4 5 6 7 8 9 10 11 12 13 14 15 16 17 18 19 20 21 22 23 24h

☆	○	☆	★	☆	○	★	☆	○	☆	★	☆	○	○	○	☆	☆	○	○	★	☆	○	○	○

SI VOTRE MOIS PERSONNEL EST 7, VOICI VOS PRÉVISIONS POUR CE JOUR

L'énergie ne vous fera pas défaut, bien au contraire. Profitez-en, prenez des initiatives hardies et audacieuses. Ce matin, il n'y aura pas de temps à perdre. Osez. Épris de justice et de vérité, vous laisserez de côté la crainte et la timidité. Comme Perceval à la quête du Graal, agissez en véritable chevalier, maître de vous et des mystères de la vie. L'après-midi risque de vous apporter votre lot de soucis, particulièrement d'ordre financier : vous devrez trouver les solutions adéquates. Surtout, ne perdez pas confiance car d'ici la fin de la soirée, et probablement après 18 heures, la providence vous rendra justice de vos sacrifices, de vos efforts et de vos combats. En résumé, la meilleure période pour démarcher et investir reste le matin, entre 8 et 12 heures. L'après-midi, il sera sage de ne pas trop prendre de décisions importantes tout en luttant et en se bagarrant. Ce soir, des solutions inattendues se profileront à votre avantage.

0h 1 2 3 4 5 6 7 8 9 10 11 12 13 14 15 16 17 18 19 20 21 22 23 24h

☆	●	☆	○	★	●	★	★	○	★	○	☆	○	○	○	☆	★	●	●	○	☆	○	☆	○

SI VOTRE MOIS PERSONNEL EST 8, VOICI VOS PRÉVISIONS POUR CE JOUR

Un vrai parcours du combattant vous attend aujourd'hui, vous réservant de nombreuses surprises, parfois désagréables. Quoi qu'il arrive, apprenez que rien ne sera jamais acquis, et que tout peut s'effondrer à chaque instant. Baisser les bras serait une erreur car les résultats de cette journée seront à la hauteur des efforts que vous aurez fournis. Foncez la tête la première sur les obstacles infranchissables. Votre perspicacité et votre intelligence seront mises à rude épreuve. Utilisez-les. Des retards constants s'opposeront ce matin à une réalisation rapide des objectifs prévus. Sollicité, arrêté à plusieurs reprises par des impondérables, vous devrez vous adapter en conservant en mémoire vos objectifs, dans un esprit de confiance et de sérénité. De midi à 18 heures, les circonstances seront plus harmonieuses pour démarcher et investir. Au-delà, une atmosphère agressive réapparaîtra. Vous serez appelé, à nouveau, à vous battre ; la nonchalance et le laisser-aller seraient sanctionnés immédiatement. Encore un peu de volonté, et vous assisterez, en fin de soirée, au couronnement de vos efforts et de votre obstination.

0h 1 2 3 4 5 6 7 8 9 10 11 12 13 14 15 16 17 18 19 20 21 22 23 24h

☆	○	☆	★	☆	○	★	☆	●	●	●	○	○	★	☆	○	★	○	●	★	☆	☆	★	○

SI VOTRE MOIS PERSONNEL EST 9, VOICI VOS PRÉVISIONS POUR CE JOUR

Tolérance et diplomatie seront de rigueur aujourd'hui, si vous souhaitez éviter les confrontations. L'atmosphère sera empreinte d'agressivité ce matin et votre tension nerveuse n'arrangera rien. Sublimez cette combativité en faisant une longue marche ou un bon footing. Vous oublierez tous vos problèmes, tout en éliminant les toxines. L'ambiance ne s'améliorera pas vraiment pendant midi, bien que plus calme. À vrai dire, ça ne sera pas votre jour. Esquivez les grandes discussions, les démarches et les rendez-vous importants et surtout, évitez les prises de position trop directes, au moins jusqu'à 18 heures. En ce début de soirée, « vous conjurerez le mauvais sort ». Vous allez entrer dans un cycle spirituel, favorable au repos, à la solitude, à la lecture, à la réflexion, aux travaux de l'esprit. Pour vous aider à mieux vivre la journée, pensez à ce soir, où vous serez loin des tracasseries quotidiennes.

0h	1	2	3	4	5	6	7	8	9	10	11	12	13	14	15	16	17	18	19	20	21	22	23	24h
☆	○	☆	★	★	○	★	☆	●	★	○	☆	●	●	●	●	●	●	○	○	☆	○	★	○	

SI VOTRE JOUR PERSONNEL EST 9

Voici les neuf différents jours personnels 9.
À l'aide du nombre de votre mois personnel (que vous avez calculé p. 22), vous allez rechercher votre jour personnel correspondant et lire vos prévisions.

Si votre mois personnel est : 1 voir p. 314
2 voir p. 314
3 voir p. 315
4 voir p. 315
5 voir p. 316
6 voir p. 316
7 voir p. 317
8 voir p. 317
9 voir p. 318

SI VOTRE MOIS PERSONNEL EST 1, VOICI VOS PRÉVISIONS POUR CE JOUR

Que de bouleversements et de changements heureux vous attendent aujourd'hui avec, à la clé, le succès et les honneurs ! Votre esprit, ferme et déterminé, vous incitera à des actions de grand nettoyage. Vous ferez du ménage dans votre entourage, dans votre milieu professionnel et privé. Vous serez désireux de mettre un terme à une situation fort délicate qui vous pesait déjà depuis quelque temps. Entre 8 et 18 heures, il vous est conseillé de rester disponible, car des nouvelles inopinées vous parviendront, à votre grand étonnement d'ailleurs, et solutionneront bien des problèmes. Aussi, certaines rencontres intéressantes risquent-elles, dans l'après-midi, d'apporter de l'eau à votre moulin. Après 18 heures, vous serez tenté de reprendre certaines tâches. Foncez, vous aurez toute l'énergie et tout l'esprit nécessaires pour mener à bien ces derniers travaux.

0h 1 2 3 4 5 6 7 8 9 10 11 12 13 14 15 16 17 18 19 20 21 22 23 24h

○	☆	○	★	○	☆	★	○	☆	○	☆	○	★	○	★	★	○	☆	○	☆	○	★	○	★

SI VOTRE MOIS PERSONNEL EST 2, VOICI VOS PRÉVISIONS POUR CE JOUR

Les tensions affectives vont sans cesse s'accumuler au cours de la journée. Vous n'aurez qu'une envie : être à ce soir, seul, loin du brouhaha du monde et proche de vous-même. La matinée sera la période où régnera le climat affectif le plus difficile. Lors de ce transit, des conflits, sur le plan relationnel, pourront éclater ou s'aggraver, s'ils existaient déjà. Dans le cadre de vos activités, évitez, si possible, les entretiens, les négociations ou les discussions, visant à obtenir une faveur. Dès midi, la vibration sera excellente pour les créateurs. Ils rayonneront de génie et innoveront avec brio. Tous ceux et toutes celles qui pratiquent la musique, la peinture, l'architecture, la poésie, la philosophie et la divination seront stimulés par une grande inspiration qui persistera jusqu'au soir mais elle suscitera en vous un besoin de fuir la reconnaissance, pour vous recentrer et faire le point. Cette journée sera favorable aux activités de l'esprit, et non aux valeurs matérielles.

0h 1 2 3 4 5 6 7 8 9 10 11 12 13 14 15 16 17 18 19 20 21 22 23 24h

○	☆	★	★	○	★	★	○	☆	○	☆	★	★	○	★	★	○	☆	●	●	●	★	○	★

SI VOTRE MOIS PERSONNEL EST 3, VOICI VOS PRÉVISIONS POUR CE JOUR

Vous ne pourrez éviter les grandes discussions et, si une rupture ou un conflit éclatent, soyez rassuré, un tiers viendra, avant la fin de la journée, provoquer une réconciliation. Vous aurez tout à gagner aujourd'hui. Une personne proche de vous fera tout pour vous aider. Écoutez-la. Elle vous sera très utile, on peut même dire qu'elle sera votre mascotte. Vous la reconnaîtrez car elle manifestera, à votre égard, de l'affection et des sentiments généreux. En revanche, la situation matérielle, déjà affaiblie, ne prendra pas une tournure favorable, bien au contraire. À ce sujet, vous apprendrez une nouvelle qui ne vous mettra pas de bonne humeur. Ce ne sera pas le moment d'investir ni de vous engager professionnellement ou matériellement. La vie affective sera très tendue au cours de la journée, mais elle évoluera positivement après 18 heures. On vous fera alors confiance et on recherchera votre compagnie.

0h–1	1–2	2–3	3–4	4–5	5–6	6–7	7–8	8–9	9–10	10–11	11–12	12–13	13–14	14–15	15–16	16–17	17–18	18–19	19–20	20–21	21–22	22–23	23–24h
○	☆	○	☆	○	★	★	○	☆	○	☆	○	☆	○	☆	★	○	☆	○	○	○	☆	○	★

SI VOTRE MOIS PERSONNEL EST 4, VOICI VOS PRÉVISIONS POUR CE JOUR

Ce sera un jour favorable, notamment de 8 à 18 heures, pour conclure ou mettre au point des dossiers administratifs ou des actes notariés concernant les biens familiaux. Il ne sera bon ni d'acheter, ni d'investir. Cependant, il est conseillé de clore les procédures déjà en cours. Cela vous libérera l'esprit. Dégagé de ces obligations qui vous pesaient, vous verrez de nombreux ennuis toucher à leur fin. Dès 18 heures, vous connaîtrez un sentiment nouveau et vous n'aurez qu'une idée en tête : vous évader loin des autres, mais en compagnie de ceux que vous aimez. À défaut d'être riche en affection, cette journée restera néanmoins excellente par les satisfactions matérielles qu'elle procurera. Les projets de voyages, qui germeront aujourd'hui, connaîtront un heureux dénouement dans l'avenir.

0h–1	1–2	2–3	3–4	4–5	5–6	6–7	7–8	8–9	9–10	10–11	11–12	12–13	13–14	14–15	15–16	16–17	17–18	18–19	19–20	20–21	21–22	22–23	23–24h
○	☆	○	★	★	★	☆	○	☆	○	☆	○	★	★	★	☆	○	☆	○	☆	★	☆	★	☆

SI VOTRE MOIS PERSONNEL EST 5, VOICI VOS PRÉVISIONS POUR CE JOUR

La matinée se prêtera particulièrement aux déplacements ou aux visites, qui auront pour but de conclure des affaires déjà engagées. Toute la matinée, vous ferez preuve d'un certain dynamisme, stimulant en vous la vivacité intellectuelle et physique. La situation prendra une tournure différente en milieu de journée : abandonnez les voyages et les entreprises de longue haleine et laissez la place aux rendez-vous, rencontres et entretiens. Profitez de cet aspect pour faire le point en compagnie d'amis ou de relations proches. C'est autour d'un dîner, avec des personnalités fort avisées et dans un cadre amical, que vous trouverez les solutions recherchées. N'hésitez pas, durant cette période, à rencontrer des autorités compétentes. Vous honorerez vos rendez-vous avec brio. Vous ne manquerez pas d'arguments et saurez les exposer avec une grande facilité, parvenant à vos fins et obtenant entière satisfaction. Pour bien résumer, les déplacements ou les voyages seront source de succès ce matin, mais déconseillés l'après-midi. En revanche, les aides et les appuis sollicités cet après-midi aboutiront positivement. Évitez, lors de cette journée, de réaliser des transactions financières ou de spéculer : ce serait voué à l'échec.

0^{h}	1	2	3	4	5	6	7	8	9	10	11	12	13	14	15	16	17	18	19	20	21	22	23	24^{h}
○	☆	★	★	○	☆	★	○	☆	○	☆	★	★	○	☆	★	○	☆	○	★	○	★	○	☆	

SI VOTRE MOIS PERSONNEL EST 6, VOICI VOS PRÉVISIONS POUR CE JOUR

Vous allez vivre une journée tendancieuse que vous serez heureux d'effacer de votre souvenir. En effet, de 8 heures à 18 heures, il vaudra mieux prendre du recul et rester en retrait autant que possible. Sur le plan matériel, des pertes seront à prévoir ; sur le plan spirituel, l'état ne sera pas du tout brillant. Soyez donc très prudent dans tous vos faits et gestes et, si ces derniers sont à risques, abstenez-vous. Faites passer votre santé avant tout ; si elle est déjà fragilisée, elle pourrait connaître des complications. Les longues discussions, les grandes assemblées et les réunions importantes n'auront pas les résultats escomptés. S'il vous est possible, sans fuir vos responsabilités, de prendre du recul dans vos décisions, n'hésitez pas un seul instant. Évitez de donner votre opinion ou votre point de vue, sur des affaires qui ne vous concernent pas, ce serait très mal perçu et cela amoindrirait votre crédibilité. Dès 18 heures, un aspect bien meilleur vous redonnera goût à certains plaisirs de la vie tels que les bons moments de partage sincère et authentique avec des amis sûrs et fidèles. L'amitié sera votre refuge, après une journée de doutes, parsemée de pièges et d'embûches.

0^{h}	1	2	3	4	5	6	7	8	9	10	11	12	13	14	15	16	17	18	19	20	21	22	23	24^{h}
○	☆	★	★	○	★	☆	○	☆	○	☆	★	★	○	★	☆	○	☆	○	☆	★	☆	○	☆	

SI VOTRE MOIS PERSONNEL EST 7, VOICI VOS PRÉVISIONS POUR CE JOUR

Lors de cette journée, et tout spécialement entre 8 et 18 heures, les nombres vous invitent à user à la fois de malice, de douceur et de fermeté. En effet, le destin, par des propositions ou des relations nouvelles, risque de vous tendre un piège. Vous pouvez considérer d'emblée qu'aucun contact nouveau ne tiendra dans le temps et que les promesses faites ne seront pas tenues. Si vous vous engagez que ce soit dans un lien affectif ou une procédure judiciaire, vous allez au-devant de déboires. Évitez aussi, au cours de cette période (toujours de 8 à 18 heures), de négocier avec vos supérieurs hiérarchiques. Vous seriez déçu par la manifestation d'une cruauté, peut-être inhabituelle. Un conflit, avec ces derniers, provoquerait à long terme des entraves dans votre vie en général. Pour bien vivre ce cycle passager, ne prenez aucun risque. Vous gagnerez beaucoup au contraire à prier, à méditer, à vous instruire et à lire. Vers 18 heures, une nouvelle période vous dégagera de cet état critique. Elle restera, cependant, fragile surtout sur le plan affectif. Vous serez un peu triste. Vivement ce soir très tard où, là, il semblerait y avoir une amélioration dans vos rapports avec l'élu(e) de votre cœur.

0h 1 2 3 4 5 6 7 8 9 10 11 12 13 14 15 16 17 18 19 20 21 22 23 24h

○	✫	○	✫	○	☆	✫	○	●	●	○	●	●	●	●	●	●	●	○	✫	○	☆	○	☆

SI VOTRE MOIS PERSONNEL EST 8, VOICI VOS PRÉVISIONS POUR CE JOUR

Vous allez vivre une journée éprouvante, sur le plan physique comme sur le plan psychologique. Vous allez rencontrer des personnes qui, de façon providentielle, vont vous donner la possibilité (après des contacts répétés) de régler des problèmes considérés jusque là confus et insolubles. Un aspect de lutte et de tensions, émaillé de nombreuses entraves, durera de 8 heures à 18 heures. Au-delà, vous serez envahi d'un sentiment de liberté et de satisfaction intense. Bien dans votre peau et dans votre tête, vous serez un véritable rayon de soleil. Vous constaterez alors pendant la soirée que beaucoup de relations viendront, soudainement, vous demander de vos nouvelles. Ces honneurs et ces sollicitations ne seront pas pour vous déplaire, bien au contraire. Vous y verrez le signe d'une récompense bien méritée, après une journée difficile.

0h 1 2 3 4 5 6 7 8 9 10 11 12 13 14 15 16 17 18 19 20 21 22 23 24h

○	☆	○	✫	○	✫	✫	○	☆	○	☆	○	✫	○	✫	☆	○	✫	○	☆	○	☆	○	☆

SI VOTRE MOIS PERSONNEL EST 9, VOICI VOS PRÉVISIONS POUR CE JOUR

Cette journée sera à double tranchant : ou bien elle sera merveilleuse, ou bien elle sera destructive. Elle réservera à certaines personnes des grâces et des inspirations puissantes, et pour d'autres, elle sera source d'épreuves, de pertes et de déceptions. Une chose est valable pour tous : évitez d'entreprendre quoi que ce soit de nouveau aujourd'hui. Les êtres spirituels, les scientifiques et ceux qui ont une mission humanitaire, même à une petite échelle, verront leur notoriété grandir, leur action prendre une expansion inespérée ; les matérialistes au contraire, les égoïstes, tous ceux qui dépendent trop de l'humeur des autres, verront leur petit monde s'effondrer, s'abîmer, se détériorer. Pour vivre au mieux cette vibration complexe, il sera préférable, dans les jours qui la précèdent, d'ouvrir son cœur aux autres, d'être à l'écoute de ceux qui veulent vous aborder, de donner ce que vous pouvez donner. Ce sera le seul moyen pour vous de réussir cette journée.

0h 1 2 3 4 5 6 7 8 9 10 11 12 13 14 15 16 17 18 19 20 21 22 23 24h

○	☆	○	○	○	☆	○	○	☆	○	☆	○	○	○	☆	○	○	☆	○	☆	○	○	○	☆

Achevé d'imprimer sur les presses
de l'imprimerie Hérissey à Évreux
Dépôt légal : 3529-03-1996
N° d'édition : 19776 - N° d'impression : 72039
23-29-4793-8-05
ISBN : 2-01-018684-2